"十三五"国家科技重大专项课题"适配于传统村落价值体系的保护利用监测体系与管理体制"
编号：2019YFD1100903

·中国传统村落及其民居保护与文化地理研究文库·

肖大威　主编

历史文化村镇保护规划理论与技术

黄家平　肖大威　著

中国建筑工业出版社
中国城市出版社

图书在版编目（CIP）数据

历史文化村镇保护规划理论与技术／黄家平，肖大威著．—北京：中国城市出版社，2019.12

（中国传统村落及其民居保护与文化地理研究文库／肖大威主编）

ISBN 978-7-5074-3251-0

Ⅰ．①历… Ⅱ．①黄…②肖… Ⅲ．①乡村－文化遗产－保护－研究－中国 Ⅳ．①G122

中国版本图书馆CIP数据核字（2019）第280945号

责任编辑：付　娇　兰丽婷
责任校对：张　颖

中国传统村落及其民居保护与文化地理研究文库
肖大威　主编

历史文化村镇保护规划理论与技术

黄家平　肖大威　著

*

中国建筑工业出版社、中国城市出版社出版、发行（北京海淀三里河路9号）
各地新华书店、建筑书店经销
北京锋尚制版有限公司制版
北京富诚彩色印刷有限公司印刷

*

开本：787毫米×1092毫米　1/16　印张：17½　字数：388千字
2020年11月第一版　2020年11月第一次印刷
定价：168.00元
ISBN 978 - 7 - 5074 - 3251 - 0
（904230）

版权所有　翻印必究
如有印装质量问题，可寄本社图书出版中心退换
（邮政编码100037）

序

中国的人居文化源远流长，最早可追溯到农耕文化时代，以家族为基础的居住群组产生，并延续至今。星罗棋布、量大面广的传统村落可以说是最能反映中国农耕历史的物质风貌，蕴涵了丰富的历史文化信息，具有很高的历史、文化、科学、艺术、社会和经济价值。传统村落及其基础设施体现了先民与自然和谐共存的生态智慧，是中华民族的宝贵遗产，也是地域文化、建筑艺术、建设科技的载体和活化石。

近百年来，由于文化理念和建设变迁的原因，全国300多万个村落到今天能够称得上是传统村落（含未报认定）的，可能不足15000个，而且有迅速灭失之趋。据相关单位研究的数据显示，中国平均每天消亡1.6个传统村落，这给传统村落的保护与传承带来了严峻的挑战。中国在历经近四十多年的经济高速增长后，如今则是该保护传统村落（是全世界最大的一批历史文化遗产）的时候了。可喜的是，近年来，国家开始重视对传统村落的保护。住房和城乡建设部、文物局等部门组织了传统村落的普查与认定工作，并逐年给予抢救保护工作的财政补助。自2012年至2018年分5批认定公布了6819个中国传统村落，这对传统村落的保护起到了重要的推动作用。尽管认定公布的传统村落分布非常不均衡，多是根据各地上报而选定的，从而造成上报积极性高的地区获批者众多，而上报积极性弱的地区获批者少的局面。但随着对传统村落保护工作的深入和保护理念的推广，必将会有更多的传统村落出现在世人的视野里。

历史文化村镇保护是历史文化遗产保护事业的一个重要组成部分，关于保护与保护规划的关系问题，需要放到整个历史文化遗产保护的发展进程的大背景下才能认识清楚。首先，保护规划是历史文化遗产保护内容不断发展的必然。从历史文化遗产保护发展的历程来看，保护的内容和范围越来越广泛，历史文化遗产村镇保护也由单体建筑保护向历史文化村镇整体历史风貌和非物质文化遗产保护发展；随着保护内容越来越复杂，保护范围越来越大，需要明确一定时间内的保护目标，并对这一阶段的保护工作进行计划和安排，协调处理好保护的空间关系，这就需要科学的保护规划。其次，历史文化村镇保护的内涵由静态的保护向保护与发展兼顾的方向发展，需要保护规划来处理、协调保护与发展的关系。再者，历史文化村镇的保护是一个循序渐进的历史过程，需要保护规划来处理好近期目标与远期目标的关系。

历史文化村镇旅游化是在历史文化村镇发展进程中的一个普遍现象，是目前社会经济背景下历史文化村镇正在经历的一个特殊阶段。旅游活动的开展会导致历史文化村镇的一系列变化，一是旅游化导致村镇空间属性的变化；二是旅游化导致村镇人口结构和成分的变化；三是旅游化导致村镇产业结构的变化。历史文化村镇需要科学的保护规划来应对旅游化带来的这些变化。

随着历史村镇保护制度的确立与完善，我国历史文化村镇保护规划的编制和实施取得了一定的效果。而在保护规划理论、技术、实施和规划效果等方面仍然存在一系列的问题：①缺乏针对性的保护规划技术。历史文化村镇这一概念是继文物保护单位、历史文化名城、历史文化街区概念提出后才逐渐与之区别开来，而在此之前，其长期从属于历史文化名城、历史文化保护区，造成了概念上的模糊，有的地方将历史文化村镇等同于历史文化街区、文物保护单位进行保护规划编制，而有的地方将其纳入历史文化名城保护体系，不再单独编制保护规划，还有的地方将历史文化村镇归入历史文化保护区进行保护。②缺乏深层次的理论思考。历史文化村镇保护的研究虽取得了可喜的进展，研究的内容主要集中于对保护内容、保护技术、保护规划、保护方法和民居修缮等技术性问题的探讨，但对历史文化村镇保护的内涵、意义及保护的目标等问题缺乏深层次的思考，无法对历史文化村镇保护和保护规划的内涵和外延进行整体把握，许多内容只能建立在理所当然的基础上，无法向更为广泛的社会领域证明其客观的必然性。③保护规划的实施效果不理想。历史文化村镇保护规划在国内尚处于研究摸索阶段，实施结果并不一定符合保护规划中的预期，有些甚至出现了以保护之名而导致更加严重的破坏。因此，保护规划是历史文化遗产保护内容和内涵不断深化和发展的产物，是对历史文化村镇进行科学、有序保护的关键。

本书的撰写基于"十一五"国家科技支撑计划课题"历史文化村镇保护规划技术研究"（2008BAJ08B02）和"十三五"国家科技重大专项课题"适配于传统村落价值体系的保护利用监测体系与管理体制"（2019YFD1100903）。自2008年课题启动与开展以来，团队分别对北方地区（山西、陕西、河北、山东）、南方地区（广东、广西、海南、浙江、福建）、中部地区（安徽、江西、湖北、湖南）以及西部地区（四川、重庆、贵州、云南、新疆、宁夏）等地的历史文化村镇资源进行了广泛而深入的调查研究。收集了大量的第一手资料。同时，团队还收集了全国各地的保护规划案例100余个进行深入分析研究。为本书的撰写提供了重要的资料支撑。另外，本书的撰写也梳理并参考了大量的既有保护与保护规划研究文献与地方史志资料。

本书在撰写过程中，得到了许多单位、专家和朋友的大力帮助。感谢"十一五"国家科技支撑计划课题"历史文化村镇保护规划技术研究"的参与单位同济大学、重庆大学和西安建筑科技大学研究团队为课题圆满完成付出的辛苦劳动。感谢"十三五"国家科技重大专项课题"适配于传统村落价值体系的保护利用监测体系与管理体制"课题研究团队的通力协作。感谢华南理工大学亚热带建筑科学国家重点实验室为我们提供了优质的研究条件与技术支持。在成书的过程中，还得到亚热带建筑科学国家重点实验室开放课题"城乡一体的广州市文化景观体系构建研究"和广州市科技重点项目"地域特色与绿建技术融合的广州乡村既有建筑改造研究与示范"的资助。感谢中国建筑工业出版社（中国城市出版社）的大力支持与精心编审。由于时间紧促，笔者的能力所限，本书的错误与疏漏之处，恳请学界同仁批评指正。

2020年11月于广州

前言

灿若星河点缀于中华大地上的历史文化村镇是世界上最庞大的文化遗产，是几千年华夏文明和农耕居住文化的根本及亿万农民生产生活的家园；是今天研究古代政治、经济、文化及其交流、村镇选址布局、生产力技术水平、古代礼制、建筑艺术及其审美心理的百科全书；是群众旅游度假，接受历史文化熏陶的好去处；也是人类艺术宝库中的瑰宝，将其世代传承，具有极其深远的历史意义。中国在乡村振兴和新型城镇化进程中，众多历史文化村镇逐渐消解，附着其中的历史文化也随之消失。如何使历史文化村镇在文化传承的基础上可持续发展，既是文化遗产保护的国际学术前沿与热点问题，也是传承历史文脉、增强民族文化自信的战略需求，更是使历史文化村镇融入新时代发展，振兴乡村、脱贫攻坚、改善民生的经济重要阵地。

本书作者所在团队从2008年开始主持完成"十一五"国家科技支撑计划课题"历史文化村镇保护规划技术研究"（2008BAJ08B02）。经过4年研究，课题取得了一系列研究成果，包括"历史文化村镇资源普查标准和数据库系统""历史文化村镇分层次的综合评价体系"国家标准《历史文化名镇名村保护规划标准》"历史文化村镇动态监测技术指南及软件系统""历史文化村镇资源开发的环境影响预测与评价指南"和"历史文化村镇开发利用技术指南"等。在此基础上，团队又主持完成"十二五"国家科技支撑计划课题《传统村落基础设施完善与使用功能拓展关键技术研究及示范》（2014BAL06B02）。该课题以经济性、实用性、系统性和可持续发展为出发点，开展传统村落基础设施完善与使用功能拓展关键技术研究，在3个典型地区传统村落进行关键技术集成与示范，建立传统村落基础设施完善与功能拓展的技术体系和支撑基础，为大规模开展传统村落保护和基础设施完善与功能拓展提供一个可参照、可实施的示范样板，探索不同地域和经济发展条件下传统村落保护和基础设施的利用形式，提升传统村落基础设施利用水平。课题取得的研究成果包括"传统村落基础设施评价关键技术与供给模式""传统村落道路设施完善与建设技术""传统村落供水排水设施完善与功能拓展关键技术""传统村落环卫设施完善与功能拓展关键技术"和"传统村落小型化污水处理设备研制及集成示范"等。

本书正是在这两项国家科技支撑计划研究成果的基础上，结合当前乡村振兴和城乡文化遗产保护的发展趋势，针对历史文化村镇保护规划进行专题论述。历史文化村镇保护规划既要具有一定的思想内涵又要具有实践的可操作性，应从理论和技术两个方面进行研究。

本书分为上篇和下篇，分别对历史文化村镇保护规划的理论和技术展开论述，具有如下几个特点：

（1）历史文化村镇"精英保护"与"全面保护"相结合

我国的城乡文化遗产保护事业经过近几十年的发展，已经建立起由文物保护单位—历史文化街区—历史文化名城—历史文化名镇名村—文化线路—传统村落—传统民居等组成的点、线、面一体的城乡文化遗产保护体系。随着城乡文化遗产保护体系的不断完善和深化，逐渐暴露出一些亟待解决的问题。其中比较突出的是城乡遗产保护精英化现象。

城乡遗产保护精英化指保护对象的精英化，即目前城乡文化遗产保护的主要关注对象都集中在一些遗产价值特别突出的名城、名镇、名村或传统村落。在目前的城乡文化遗产保护体系中，除文化线路尚未开展等级评定以外，文物保护单位、历史文化街区、历史文化名城、历史文化名镇名村、传统村落等，均需要经过政府组织的严格审批程序进行命名，再进入政府主导的文化遗产保护序列，才有可能获得相应的保护资金和政策扶持。

保护对象的精英化为城乡文化遗产保护带来诸多的困扰。具体到乡村地区主要表现在：我国历史文化村镇数量众多，情况各有不同，但是现有的历史文化村镇保护与利用技术体系主要针对遗产价值非常突出的典型村镇，即历史文化名镇名村；对于同样具有历史文化价值但未被命名为历史文化名镇名村的普通历史文化村镇不具备有效的技术指导性。如《中国文物古迹保护准则》严格意义上仅针对历史文化村镇中的文物保护单位或者已申报为"村落古建筑群"的历史文化村镇。再如《历史文化名镇名村保护规划编制办法》中指出"历史文化名镇、名村保护规划的编制工作，应当依照本办法执行"，也就是说实际上该技术标准的指导对象基本仅限于已公布为中国历史文化名镇名村的历史文化村镇以及地方上拟申报中国历史文化名镇名村的历史文化村镇。虽然《历史文化名城保护规划规范》中有提到"非历史文化名城的历史城区、历史地段、文物古迹的保护规划以及历史文化村、镇的保护规划可依照本规范执行"；《历史文化名镇名村保护规划编制办法》中也指出"其他具有历史文化价值的村镇，保护规划的编制工作可以参照本办法执行"，但实际操作过程中，因为这些技术规范或标准的内容过于系统，各保护内容或要求之间多有穿插，不同保护对象或者保护措施拆分使用要求不明确，因此对于具有历史文化价值的普通历史文化村镇难具备有效的技术指导。

当然，城乡文化遗产保护的精英化现象，在一定的历史阶段符合文化遗产保护由特殊到一般、由个体到群体，循序渐进的发展规律；也符合我国文化遗产保护事业起点低、底子薄、集中力量办大事的现实国情。经过近40年的努力，我国城乡文化遗产保护工作取得了可喜的成绩。同时也要看到，2020年，我国城乡贫困人口即将全面脱贫，中国人民已经踏上了奔向全面小康社会的新征程。中华民族的全面复兴必将带来中华传统文化的全面复兴。新的历史阶段对城乡文化遗产保护工作提出了新的要求，作为中华传统文化的载体，城乡文化遗产保护必将由精英保护阶段进入全面保护阶段。对普通的历史文化村镇进行全面保护，将对乡村振兴和中华传统文化的复兴具有非常深远的意义。因此，对于历史文化村镇特别是未被命名为历史文化名镇名村的普通历史文化村镇进行科学分类，并进行相应的系统和全面的保护利用十分必要。

值此城乡文化遗产由精英保护向全面保护转化的历史转折点，本书的目标是要全面推进历史文化村镇的保护规划研究。在新时期，在历史文化村镇保护规划领域做到有技术、有机制、有规范，切实促进村镇的规划建设，而不破坏历史文化信息，处理好保护与发展的关系。

（2）探索以发展带动保护与协同保护的新模式

跳出"唯保护"的思维定势，从历史文化村镇综合发展潜力出发，寻找结合实际可操作的多元发展模式，再叠合历史文化村镇文化资源的合理利用，探索以发展带动保护与协同保护的模式，是破解历史文化村镇保护与发展矛盾这一瓶颈难题的思路创新。

对历史文化村镇在保护的前提下进行活化利用已逐渐成为研究和实践领域的共识。但我们在对大量历史文化村镇的调研和保护实践中体会到，由于人们对"保护"这一概念的理解相对偏于静态，以往从保护出发的观念，往往会预先为历史文化村镇的发展设限，保护的要求甚至会被当地的村民视为谋求发展的"绊脚石"，影响群众保护意识的维持。另一方面，将历史文化资源作为历史文化村镇首要特色和资源，则可能过度依赖，将其作为经济效益的主要来源，导致过度开发，造成建设性破坏，也忽视了历史文化村镇保护与发展方式的多样性和针对性。实际上，将历史文化村镇所具有的历史文化看作限制和羁绊而避之不用，或过度依赖单一的历史文化资源，都有可能造成传统文化遗产的损毁。在当前保护应结合活化利用已成为共识的基础上，可尝试跳出原有的思维定势，从发展出发，基于自身条件综合考虑发展可能性，将历史文化村镇的历史文化要素作为促进历史文化村镇发展的优势资源，在切实把握安全底线的基础上，充分利用其弹性空间，以合理有效的利用方式，促进保护与发展达到协调统一。

根据上述思路，为历史文化村镇寻找发展途径必然需要依据乡村发展的客观规律，从村镇本身的发展潜力出发，构建发展潜力的评估与可选的发展模式之间的科学对应关系。当前关于历史文化村镇保护发展模式的研究，多属于对现有典型案例从不同角度对历史文化村镇的发展方式进行归纳总结或分析借鉴，缺乏从发展条件评估到发展模式之间相互对应的系统构建。结合案例调查和实践体会可以看出，历史文化村镇的发展受自身条件和外在区域条件两个方面的制约，其发展模式的选择不仅要从自身的优势出发，也要站在区域的角度上，考虑其所在的环境所能给予的支撑和依托关系。因此，只有从历史文化村镇自身发展条件和外部条件结构双向维度出发，才能为历史文化村镇找到依赖于内生动力的发展模式，实现历史文化村镇生命的延续和再生。

从历史文化村镇自身的发展潜力出发，探寻历史文化村镇多元化发展思路和模式，加强为历史文化村镇选择发展途径的科学性、适宜性和可行性，再叠合历史文化村镇历史文化资源利用指引，探索以发展带动保护与协同保护的模式，实现历史文化村镇保护与发展的有机统一。

（3）体现历史文化村镇自身特点和规律的保护规划技术体系

通过对大量历史文化村镇保护规划案例文本进行研究发现，目前历史文化村镇保护规划大部分采用的是历史文化名城保护规划的技术路线，还没有形成一套真正符合历史文化村镇自身特点的保护规划技术路线。这是因为历史文化名城的保护工作相对来说起步较早，1994年，建设部、国家文物局发布了《历史文化名城保护规划编制要求》，使得历史文化名城的保护规划编制有了法制依据，技术路线日趋成熟；而历史文化村镇的保护工作相对滞后，相应的保护规划技术标准尚未出台，导致各单位在编制历史文化村镇保护规划时直接借鉴了历史文化名城保护规划的技术路线。

本书作者所在团队在进行两个国家科技支撑计划课题研究时，组织了对全国各地的历史文化村镇调查，在此基础上，归纳总结出我国历史文化村镇的特点和规律，并以此为出发点构建历史文化村镇保护规划技术。历史文化村镇保护规划的每一项技术内容都能从历史文化村镇的特点和规律中找到依据。

（4）以"地域文化"为核心的历史文化资源调查

由于我国历史文化村镇数量众多，历史形成原因、文化特色和现状情况各不相同。因此在历史文化资源调查工作中，引入文化地理学研究方法，通过研究次级地域文化，以文化区和文化线路为单位确定研究对象，不仅研究其自身文化资源特色，还研究各文化区和文化线路之间的相互关系和演进规律。例如，华东地区的文化区包括：齐鲁文化区、江淮文化区（苏北亚文化区、皖北亚文化区、皖中亚文化区）、吴越文化区（江南水乡、浙东亚文化区、浙南亚文化区、皖南亚文化区）、闽台文化区、客家文化区、鄱阳文化区；文化线路包括：湖泊、河道及近代铁路沿线等。

根据特色地域文化区开展工作有利于我们更好地把握资源调查的工作方向。主要体现在以下几个方面：有利于更好地理解历史文化村镇的形成原因，以及因之产生的历史文化特征和价值；有利于制定更加合理的历史文化村镇资源普查标准，以及确定科学的数据库技术；有利于形成更加科学的历史文化村镇综合评价体系，在"普遍价值"认定的同时更好地认知和突出"核心价值"；有利于形成更加科学的历史文化村镇保护规划技术，能够以"价值为导向"编制保护规划，科学地处理保护与发展的问题，以及形成更加科学的历史文化资源开发模式；有利于形成具有可操作性和实效性的历史文化村镇保护规划实施管理与监测技术。

（5）以"价值为导向"的历史文化村镇综合评价分类体系

历史文化村镇综合评价体系是"以价值为导向"的历史文化村镇保护规划的关键技术，也是保证保护规划实效性和可操作性的关键技术。

综合评价体系以"价值"为核心，制定每个阶段的评价因子和指标，从而建立起连续的、具有针对性的评价体系，以保证历史文化村镇最具有价值的部分能够得到科学的认定与评估，在发展过程中能够对可能出现的风险进行预判断，采取有效的措施，避免价值受损。"以价值为导向"的历史文化村镇综合评价体系避免了目前保护规划中提出的发展策略缺乏风险判断，从而造成"建设性破坏"等问题。

通过"以价值为导向"的历史文化村镇综合评价体系，将历史文化村镇分为不同的历史文化价值等级类型。针对不同历史文化价值等级类型的历史文化村镇，分别构建相应的保护规划技术，以实现保护规划技术对历史文化村镇的全覆盖。

参加本书撰写的人员还有：张哲（广州市城市规划勘测设计研究院，第8章）；刘付强（华南农业大学，第9章）；任栋（广州大学，第10章）。

目录

序

前言

上篇　历史文化村镇保护与保护规划理论

01　城乡文化遗产的保护　　3
　　1.1　文化遗产及遗产危机　　4
　　1.2　文化遗产的保护　　17
　　1.3　城乡文化遗产及其保护　　28

02　历史文化村镇及其特点　　43
　　2.1　历史文化村镇的概念　　44
　　2.2　历史文化村镇的特点　　46
　　2.3　历史文化村镇的发展趋势　　56

03　历史文化村镇的保护与发展　　63
　　3.1　历史文化村镇的困境　　64
　　3.2　历史文化村镇的保护　　68
　　3.3　保护与发展的关系　　72

04　历史文化村镇保护规划的内涵　　77
　　4.1　保护规划的概念　　78
　　4.2　保护规划的特征　　80
　　4.3　"保护规划技术"释义　　82

下篇 历史文化村镇保护规划技术

05 基础资源的收集与分析　　　　　　　　　　　　87
　　5.1　基础资源调查与分析　　　　　　　　　88
　　5.2　数据库的建立　　　　　　　　　　　　95
　　5.3　综合评价与分类　　　　　　　　　　　111

06 "整体型历史文化村镇"保护规划　　　　　　　121
　　6.1　"整体型历史文化古镇"保护规划　　　124
　　6.2　"整体型历史文化村落"保护规划　　　127
　　6.3　建筑分类保护与利用　　　　　　　　　131

07 "普通型历史文化村镇"保护规划　　　　　　　137
　　7.1　历史文化资源分析　　　　　　　　　　138
　　7.2　保护网络构建　　　　　　　　　　　　140
　　7.3　景观环境与传统格局保护　　　　　　　141
　　7.4　非物质文化遗产保护　　　　　　　　　151

08 历史文化村镇风貌导控　　　　　　　　　　　155
　　8.1　历史风貌整治内容　　　　　　　　　　156
　　8.2　风貌导控要素界定　　　　　　　　　　159
　　8.3　风貌导控体系构建　　　　　　　　　　168
　　8.4　风貌导控表述方法　　　　　　　　　　183
　　8.5　风貌导控体系特点　　　　　　　　　　188

09 历史文化村镇现代适应性更新   191

    9.1   现代适应性更新的概念   192
    9.2   历史文化村落的发展   193
    9.3   历史文化古镇的更新   201
    9.4   保护与展示利用规划   213

10 历史文化村镇保护规划的评估与实施   219

    10.1   保护规划编制的评估   220
    10.2   保护规划效果的评估   239
    10.3   保护规划的实施与管理   253

余论   258

参考文献   260

上篇

历史文化村镇保护与保护规划理论

01
城乡文化遗产的保护

- 文化遗产及遗产危机
- 文化遗产的保护
- 城乡文化遗产及其保护

1.1 文化遗产及遗产危机

1.1.1 遗产的含义

关于遗产及遗产的保护，徐嵩龄先生在《第三国策：论中国文化与自然遗产保护》（2005）一书中有过精彩的论述，这里引述部分内容，以飨读者。

遗产是自然演进与人类文明发展过程中历史积淀的精华。根据联合国教科文组织（UNESCO）有关文献，可以为遗产概念建立下述框架。

（1）遗产包括"文化遗产"与"自然遗产"。

（2）"文化遗产"包括"物质"类与"非物质"类，或称"可触摸"类与"不可触摸"类，"有形"类与"无形"类。"物质"类文化遗产包括我国"文物"概念下的全部内容（《中华人民共和国文物保护法》，2002年），即"可移动文物"与"不可移动文物"。前者包含器物、文书、典籍、服饰、艺术品等；后者包含古迹、古建、遗址等。"非物质"类文化遗产包括民间艺术、口头文学、语言、工艺、习俗、节庆礼仪等。

（3）"自然遗产"是指自然界在演替和进化过程中形成的地质地貌、生态景观、生物群落与物种。如"自然保护区""国家公园""地质公园"等。

应当指出，遗产不是一个凝固的概念，自1972年联合国教科文组织（UNESCO）制定和实施《保护世界文化和自然遗产公约》（以下简称《世界遗产公约》）以来，它的内容一直在扩展和深化。国际遗产界对遗产概念的认识呈现出以下发展趋势：

1）在遗产要素方面，由注重单一要素遗产向同时注重多要素集成遗产方向发展。这表现为：注重兼具文化和自然双重特征的遗产，即"复合遗产"；注重由文化要素与自然要素相互作用而形成的遗产，如"文化景观"；注重遗产中"物质要素"与"非物质要素"的结合，如自然遗产中的"圣山""圣湖"等"圣地"类遗产。

2）在遗产类型方面，由注重"静态遗产"向同时注重"活态遗产"方向发展。所谓"静态遗产"是指现已失去原初和历史过程中使用功能的遗产，如古迹、遗址等；所谓"活态遗产"或"动态遗产"是指现仍保持着原初或历史过程中使用功能的遗产，如历史城镇、村落等。一些活态遗产在国际遗产界往往又称为"生态博物馆"。同时，对于静态遗产，由注重"古迹、古建"向同时注重"与人类有关的所有领域"发展（Whitboum，2002），如欧美国家中反映人类工业革命与现代化进程的厂房、矿山、铁路等遗产。

3）在遗产的空间尺度方面，由注重遗产单体向同时注重因历史和自然相关性而构成的遗产群体方向发展。这样，遗产的空间尺度由传统的"点"升级为"面"，由传统的"物"升级为"地"。这是为什么"遗产地"和"系列遗产"概念在国际遗产界日益受到重视的原因。并且，遗产的空间尺度还在向跨地区、跨国方向发展。

应当指出，上述3种趋势在遗产保护实践中往往是交织在一起的，从而推动着遗产的综合化和大型化。这些无疑会对遗产概念的认知产生影响。在英国，政府的遗产主管部门已接受历史环境这一术语（DCMS，2000），以此表达对遗产发展趋势的适应性和概括力。

1.1.2 文化遗产特点与"系列遗产"

"文化遗产"概念，既有客观性一面，又有主观性一面。所谓"客观性"，是指它与具体事物联系着；所谓"主观性"，是指对这些事物的价值认知是主观的。

在西方遗产界，往往将"过去"视为"遗产"的同义语。的确，遗产属于"过去"，也代表"过去"，这是遗产客观性的一面。然而，并非所有的"过去"都具有同等价值，都能视为"遗产"。这是因为它还受主观性的影响，具体来说是受人们知识因素和价值观因素的影响。所谓"知识因素"，是指人们对遗产所包含的知识的认知程度；所谓"价值观因素"，是指人们因文化背景、阶级和意识形态，以及国家政治取向（如帝国主义、殖民主义及它们的对立面）不同而导致的价值认知差异。"知识因素"使遗产概念的内容呈现出不断扩展的趋势。"价值观因素"既能使遗产内容扩展，又能使遗产价值认知具有相当的可变性。由于价值观不同，可能会使遗产价值发生高低易位（如苏联东欧国家在制度转型后对其社会主义阵营时期遗产的评价），甚至发生价值的正负易位（如宗主国与原殖民地国家对殖民主义者遗产的评价）。应当看到，随着世界的进步，因文化背景引起的价值观差异正在加强理解中的互尊、共存与融合，因阶级和意识形态产生的价值观差异正在明显缩小，因国家政治取向产生的价值观差异也开始趋向缩小。

由于上述知识因素和价值观因素的作用，遗产概念无论在世界层面还是国家层面，一直在扩展着。

《保护世界文化和自然遗产公约》中的"遗产"概念相对于《威尼斯宪章》是一次扩展，不仅包括"古迹""建筑群"和"遗产地"，而且还包括"历史城镇""文化景观""自然遗产""复合遗产"等。

即使在《世界遗产公约》名下，"遗产"概念仍在发展。英国文化大臣Chris Smith在介绍新的世界遗产预备名单时建议，这一名单"应使世界遗产概念超越古迹和建筑而推向与全人类相关的领域"，他特别提出始于英国工业化进程产生的"工业遗产"（Whitboum，2002）。事实上，在《世界遗产名录》中，新的遗产类型不断涌现，除"工业遗产"外，还出现"历史运河""历史交通线路""历史桥梁"等。

就世界而言，文化遗产总体上呈现出以下扩展趋势。①由重视皇宫、宫廷、上流社会遗产向同时重视民间和社会草根阶层遗产方向发展。②由重视城市遗产向同时重视乡镇、农村遗产方向发展。③由重视主体民族遗产向同时重视少数民族和原住民遗产的方向发展。④由重视政治、军事、艺术遗产向同时重视经济、工程、民俗遗产方向发展。⑤由重视"静态遗产"向同时重视"活态遗产"方向发展。⑥由重视"单体遗产"向同时重视"群体遗产""系列遗产"方向发展。⑦由重视纯文化意义遗产向同时重视综合反映天–地–人关系的"自然–文化复合遗产"方向发展。⑧由单纯重视遗产的"物质"即"有形"内容向同时重视遗产的"非物质"即"无形"内容方向发展。

文化遗产的上述发展趋势，无疑会给中国遗产界以丰富的启示。这些趋势有利于激发认识中国遗产的新思路。

为了从宏观尺度把握中国文化遗产的特点，有4类非常重要的背景因素。它们是：中华文明的起源、文化融合与变异；中国历史上王朝的兴衰更替；民族意识形态；遗产的空间分布。

（1）中华文明的起源、文化融合与变异

中华文明的多源性。现有的中国考古学资料表明，中国的原始文明有多个源头。尽管不能排除这些原始文明之间的交往，但是这些文明所表现的生产方式，乃至文化、娱乐活动等，主要是由当时、当地的自然地理环境气候和资源条件决定的。自然环境的多样性，决定了文明的多源性，决定了原始文明（即原始族群）的多样性；自然环境的封闭性，保护了原始文明的独特性。这类多样性和独特性，至今仍可以在一些边远和少数民族地区看到。

中华文明内部的文化融合与变异。中华文明与世界上其他文明体一样，不断发生着不同源头文化的交流。这既可导致文化同化，也会产生文化融合与变异。后者中的相当部分是由移民产生的。外来移民为适应当地的自然环境与社会环境，会对原有的文化形态进行变革。这类体现着文化融合与变异的遗产，至今在我国东南、西南地区，均有存在。它们既保存着某些中原文化要素，又具有鲜明的当地文化特点。

中华文明与域外文明融合与变异。这里既有和平状态下的文化交流，又有战争状态下的文化入侵。体现此类文化融合与变异的遗产，在古代可见于中国历史上的主要国际交通线路（如陆上和海上丝绸之路），在近代可见于中国受帝国主义、殖民主义入侵的沿海和边疆地区的遗迹。

（2）中国历史上王朝的兴衰更替

中国绵延五千余年的有符号和文字记载的历史，是王朝兴衰更替的历史。其中，既有和平地实现权力传承，也有暴力地实现权力更替。后者往往会成为中国历史的重要关节点（或作为间断点，或作为拐点），形成中国社会发展的一个断层。由此产生的遗产，构成中华民族发展史的整体性的见证。当王朝兴衰更替发生在同一地点时，会形成可能是中国才有的历史遗产叠加现象。另外，由于王朝更替，一些标记前朝特征的遗产或许会在其主要流行的地区消失，但却可能在受其影响的边远地区、少数民族地区被发现，有的还会以文化融合与变异的方式表现出来。

（3）民族意识形态

在中华民族的意识形态中，有3种观念对文化遗产的产生有着关键性影响。

天人合一观。尽管中国典籍对"天人合一"有不同解释,但它被共同认为是一种反映着"天-地-人"共生共存的整体观,支配着中国传统社会的主要行动。就文化遗产而言,它既体现于遗产的选址,又体现于遗产的设计与营建;既体现于遗产的实用性功能,又体现于遗产的精神含义;既体现于宫廷和上流社会,又体现于民间市井社会;既体现于城市,又体现于穷乡僻壤;既体现于人的居所,又体现于人的社会活动场所;既体现于人的生前环境,又体现于人的死后环境。几乎可以相信,中国传统社会涉及土地利用的所有不可移动遗产,无不烙有"天人合一"观念的印记。

生死观。中华文化的生死观对一个人死后的安葬方式有着重大影响。它与基督教和伊斯兰教文化相比,更为具象,更为物质化。其生之享用,要求死后延续;其生之意愿,要求死后实现;其生之社会角色,要求死后继续发挥其符号作用。由此形成传统中国的墓葬文化与祭祀文化。其中,帝王、高官、巨贾的墓葬(陵墓及陪葬),由于需要反映死者的生前地位、生活方式、死后意愿等,内容相当丰富、多样和完整。这些为说明当时、当地中国社会的经济、政治、文化面貌提供了物证,成为解读中国历史的一面镜子。

宗教观。历史上的中国,尽管每个时代占据主流地位的宗教有所不同,但同时又是一个多宗教、多神论、泛神论国家。历史上中国的宗教观,既有儒、释、道(虽然儒学主要是思想意义上的,但在中国历史上也具有一定的宗教意义),又有对历史人物崇拜而产生的信仰(如对关羽、岳飞以及地方性英雄的崇拜),还有对某些特定自然物(圣山、圣湖)或传说人物的崇拜。这些宗教观的影响遍及整个中国社会,遍及中国疆域各处,并且大多不受王朝更替的影响。由此形成了中国丰富多彩的由人造物和自然物表现的宗教遗产。

(4)海外遗产:遗产的空间分布

对于中国遗产的研究,不仅要关注中国本土遗产,还应关注海外遗产。这如同研究中华民族,不仅要研究本土的中国人,同时还应研究海外华人一样。中华文化海外遗产的分布,主要表现为两类方式:其一是通过国外来使或海外传道方式进行的文化传播;其二是以移民方式进行的文化移植。这些遗产不具帝国主义或殖民主义性质和色彩,是可以与所在国价值认同和共享的。

文化传播。历史上的中国,由于长期处于优势的政治、经济、文化地位,中华文明一直通过国外来使或国人海外传道等方式进行文化传播。如中华文化之于日本,之于朝鲜和韩国,之于越南,之于陆上丝绸之路的中亚和西亚国家,之于海上丝绸之路的东南亚、南亚、东非和南欧国家等。历史上中国的一些文化特征,可能在当代中国已不存在,或已相当败落,但在那些受影响的周边国家中,却成为构成其文化遗产的重要组成部分。

文化移植。中国主要自明代后,逐渐开始迁居海外的历史,于近、现代尤甚。范围自近而远,现已遍及世界各地。这些移民现已成为所在国的华裔族群,他们大多较为完整地保存着原来的生活方式及习俗与信仰。其聚居地，即形形色色的"唐人街""中国城"，现已成这些国家文化遗产的重要组成部分（澳大利亚《龙迹》，2002）。这些遗产曲折地映射出中华文明的光辉，其中有些在中国已经消失或衰落。

在上述4项因素作用下，中国遗产具有以下特点：

（1）中国遗产是在大时空尺度（数千年历史与上千万平方公里空间）中发展起来的，既具有丰富性、多样性、独特性，又具有延续性、演替性以及相互作用，呈现出明显的遗产链、遗产网关系。

（2）就中国遗产类型而言，考古类遗产多，墓葬类遗产多，积淀型遗产和演化型遗产多（同一城市曾为数个朝代的都城，如西安、洛阳、开封、南京、北京等），体现文化交流和传播的遗产多，体现人与自然相互关系、相互作用的遗产多，系列性遗产多。

（3）根据中国遗产特点和类型可以评价国际遗产界的遗产概念体系。一方面，这一概念体系越来越适用于中国；另一方面，中国遗产仍有自己的独特内容，可以为世界遗产概念体系作出有创新意义的贡献。

一个国家在制定和实施本国的遗产战略时，应当根据自身的遗产特点和现实存在与需求，建立一个最有利于自己国家遗产保护的核心概念。在英国，就是以"历史环境"概念统率各类遗产的，以此将不同类型、不同等级遗产，以及遗产的不同功能和利用，整合在一起。就中国而言，倡导"系列遗产"更有意义。

"系列遗产"是UNESCO的世界遗产委员会（WHC）提出的新概念（Rossler，2003）。它力图在一个主题框架下建立现存遗产之间的关系。根据《操作指南》"Paragraphic"的定义，一项系列型遗产可以包括不同地理位置的一系列文化（或/和）自然遗产，它们应属于：①同一历史文化群体；②具有同一地理区特征；③同一地质地貌构成，同一生物地理省，或同一生态系统。并且，它们是系列性的，每个都具有突出的普世价值，没有必要单个处理。世界遗产中心关注的是遗产之间的地质、地理联系，如东非大裂谷、太平洋岛屿。然而，在中国，系列性遗产的类型会更多，并且会赋有更多的主题，尤其是文化与历史主题。

如果说，国外的系列型遗产多为"自然"主题，那么中国的系列型遗产多为"文化"主题或"文化-自然"交叉主题。中国的系列遗产可以从以下主题出发：

（1）文明起源系列。主要通过远古考古遗址，通过它们的历史年代排序，说明中华文明的多源性，说明它们之间的关联与影响，及至最后形成以黄河流域为主体的文明主流。

（2）王朝更替系列。主要通过中国历史上朝代都城的遗址，说明各朝代政治、经济、文化、社会状况，通过它们之间的比较，说明中国历史上王朝更替的过程及特征。

（3）历史事件系列。主要是指影响中国历史进程的重大政治、军事、经济、文化、社会事件的发生地或发生场所。它们是表征和说明中国历史进程的重要关节点。

（4）宗教文化系列。包括主要宗教或思想流派的创建和形成地点、典型的传播地点，以及其演化过程的代表性地点。

（5）国际交往系列。包括中国历史主要国际交通线路上的分布于国内外的古迹与遗址。这些国际交通线路，通常概称为"陆上丝绸之路"与"海上丝绸之路"。

（6）文明的国际传播系列。这一系列是说明中国宗教与思想文化如何影响国外，又如何受国外影响。它应由反映着这种国际传播的出发地与目的地的中国本土及海外的古迹和遗址共同构成。

（7）移民系列（国内移民）。中国历史上因自然灾害、战争动乱、政治统治需要而导致的大规模跨地区移民，是塑造中国政治史、经济史、文化史的重要因素。散布于中国各地，主要在边远地区、少数民族地区、贫困地区等的移民古迹和遗产地，包括现在仍有生命力的活态遗产，是说明主要移民事件、规模和影响的物证。

（8）侨民系列（海外移民）。包括海外移民的输出地和输入地，以及这些移民的聚居地。这一系列遗产将说明海外移民族群与其祖籍文化之间的联系，祖籍文化与所在地文化的融合，以及移民文化的演变。

（9）历史工程与技术发明系列。包括不同的工程类型，如水利、古建筑、民居等，以及不同的技术发明，如造纸、指南针、火药、活字印刷等。有关的古迹与遗产地将是这些工程与技术发明诞生和发展的物证。

（10）原住民系列。指迄今仍保持其历史上传统的文化形态、未受现代化浸染的族群。他们的文化形态通过保护可以免遭消亡，成为现代文化多样性的组成部分，成为原住民值得自豪的文化身份，成为他们文化、经济和社会发展的重要支持和推动力量。

（11）综合系列。这一系列遗产可以包含多种系列特征。在中国，最典型者莫过于黄河。黄河是一条具有"突出的普世价值"的遗产河流。它既包括自然遗产（上游的高原草甸风光，中游的塬-沟地貌和沙漠地貌，以及河流的高含沙量、河流三角洲、黄淮海平原），又包括多种系列的文化遗产。其中，有反映中华文明起源的旧、新石器文化点（如丁村文化、龙牙洞文化、裴李岗文化、仰韶文化、龙山文化、二里头文化等），反映中国历史更替的王朝都城系列（如安阳、西安、洛阳、开封），反映历代治河工程和技术的古迹与遗产地（中游段的历史输水渠道，下游段远远高出地面的河床及堤岸大坝，以及反映河流治理与河流交通的其他遗迹）等。像这样一条具有众多综合遗产价值的河流，在世界难有出其右者。

"系列遗产"概念对中国遗产事业的意义是：

它从一个更高的层次，从遗产间的相互关联上透视遗产的价值，从而摆脱孤立评价单体遗产的狭隘眼光，使遗产的真正价值得到充分揭示。这样，对遗产价值的认知，应着眼于"系列遗产"而不是仅仅孤立地看"系列遗产"中的组分。有可能会出现两种情况：① "系列遗产"具有"突出的普世价值"，而孤立地看其中某些组分仅具有"特殊价值"；② "系列遗产"具有"特殊价值"，而它的某些组分却具有"突出的普世价值"。因此，人们应针对上述两种情况实施不同的保护和处理方案。

它为中国的世界遗产申报开辟了一条新的途径。中国不必像大多数国家那样走单体遗产申报之路，而可采取系列遗产申报方式。这种以"系列"替代"单体"的做法，既可使中国对同一"系列遗产"名下的遗产单体数量不断扩展，同时又能在《世界遗产名录》中与其他国家保持名义上的平衡，不至于发生巨大差异。它为中国遗产展示、遗产教育、遗产旅游提供了新的途径。这就是以"系列遗产"为主题组织活动。这样的展示、教育、旅游，更能突出遗产的历史、科学、美学价值，更有知识的广度与深度，更具文化和精神的感召力。

1.1.3　遗产的价值与功能

遗产价值属于"文化"范畴，因此应从"文化意义"角度加以认识。这一价值取向既适用于文化遗产，也适用于自然遗产。对于自然遗产，文化意义的价值取向与传统生态环境功能的价值取向相比是有区别的；前者更为深邃。

遗产的价值是有层次的。首先，作为基础的是遗产的"本征价值"。其次，是由本征价值"衍生"或"派生"而来的"功利性价值"，亦可称为"功能"。

遗产的"本征价值"，是指遗产的历史、科学、美学意义。《实施世界遗产公约操作指南》就此提出世界文化遗产的6项标准与世界自然遗产的4项标准。应当说，这一价值认知的思路适用于整个遗产领域，差异仅在于遗产的不同价值等级。世界遗产着眼于"突出的普世价值"（UNESCO，1972），其他遗产会因品位差距而在价值等级上有所降低。如在UNESCO《关于保护国家层次文化和自然遗产的建议》（1972）中，将所论遗产的价值等级定位于"特殊价值"。这样，根据世界遗产标准，更换其中反映着"突出的普世价值"的词语，则可以作为表征一般遗产本征价值的内容。

文化遗产价值：

代表着人类的创造性才能；代表着人类的某种价值观；代表着一种已消失或仍存在的文化传统或文明的见证；代表着一种人类传统生活方式或土地利用方式；代表着人类历史上的设计、技术、艺术、文学等方面的成就；与某一重要历史事件、习俗、思想、信仰有着可感知的直接联系。

自然遗产价值：

代表着地球演变的地质、地貌特征；代表着地球生态系统、动植物群落、种群、物种的功能和行为特征；具有审美价值的自然现象与自然景观区；对生物多样性保护及濒危物种生存具有重要价值的自然栖息地。

遗产的本征价值，一直是遗产价值研究的基本方面。随着人们认识的进展，还会有新的提炼、概括和提升。

在本征价值基础上，会产生遗产的使用价值，或称"功利性价值"，简称"遗产功能"。不能认识遗产的使用价值，或者说，不能将遗产的本征价值转化为"功利性价值"或"遗产功能"是一大损失。因此，遗产的功利性价值，一直是遗产价值研究的又一极其重要的方面，其内容不断扩展和深化。从宏观角度看，可将遗产的功利性价值，即遗产功能，概括为3类：教育功能、政治功能、经济功能。

（1）教育功能

遗产既包含物质内容，又包含非物质内容；既具有久远的历史感，又具有与广泛事物的丰富联系；既具有外形的可视性，又具有内涵的可感知性。这些特点使遗产成为多学科、多领域的知识综合体，其中的杰出者会升华成为文化符号或精神象征。因此，遗产在任何民族、任何国家、任何社会中都被视为具有极高价值的不可替代的教育资源。遗产教育包含两个基本层面，即知识层面与精神层面。遗产教育与学校教育不同，是一种社会教育；与书本教育不同，是一种实物教育；与一般单一定向的教育不同，是一种综合性教育。遗产教育的领域涵盖人文社会科学、自然科学、技术科学。它的服务对象涵盖整个社会，包括各种职业背景、知识水平和年龄层次。它实施教育的方式是观赏性和体验性的，既可与愉悦的休闲活动相结合，也可与富有创造性的探索性活动相结合。正因为如此，无论是国际遗产界还是各国政府，均将教育列为对遗产的基本和永恒的功能需求。

（2）政治功能

遗产的政治功能，不仅是遗产教育功能的一个延伸结果，更有其独立意义。由于遗产凝聚着与所在地区、社会和族群的历史、自然环境、精神联系，因此，它既可代表为一种社会规范的传承，又可表征一种政治与意识形态延续的合法性。在西方国家，不仅将文化遗产视为一个社区、一个族群、一个国家的"文化身份"，同时也从政治上视为"国家身份"和"民族身份"。其实，自然遗产同样具有这种"身份"功能。自然遗产能激发人们的乡土意识、家国意识。一些被视为"圣山""圣湖""圣地"的自然遗产，本身就是一种精神符号或文化政治符号。最为重视遗产政治功能的莫过于欧洲国家。在小国林立的中欧、西欧、东欧，文化遗产历来被视为国家独立和历史合法性的象征。在已经解体并正处于社会制度剧变的苏联、东欧国家中，文化遗产的修复与重建，与其说出于文化目的，不如说表达着对国家前景的政治意愿。欧盟扩大与欧洲统一进程的加速，进一步强化了对遗产"身份"功能的重视。欧洲遗产界认为（Ashworsh & Larkham，1994），欧洲在处理自身经济、政治整合和过渡时，在面对经济全球化、信息社会、北-南差距、全球环境变化等一系列不确定性的挑战时，不仅需要首脑会议，需要制定各种条约和规则，同时还需要建立欧洲公众共同的情感基础。这一情感基础的主要组分就是对欧洲遗产的再认识。这需要对欧洲遗产所表征的"过去"进行重新诠释，以"地方身份"取代"国家身份"，建设与新欧洲相适应的"新遗产"，重绘欧洲大陆新的人文精神地图。应当说，尽管不同国家对遗产政治功能的具体需求可能不同，但这些政治功能是客观存在的，不能轻视。事实上，当代各国对遗产事务的处理，已超越保护与管理的技术性问题，而深入到意识形态、政治、权力、公民权益等领域。英国人Whitboum（2002）在评述《世界遗产公约》30年发展历程时认为，"（它的）第三个10年（1992～2002年），政治之花繁茂"，此之谓也。

（3）经济功能

遗产的"经济功能"这一提法，较之教育功能与政治功能，是一个新生事物。遗产与经济挂钩，起始于20世纪80年代。由于"经济"一词包含着商业和赢利性质，这一提法曾在国际遗产界引起很大争议。今天，人们已经越来越认识到遗产经济功能的重要性和必要性。它绝不只是为遗产保护而开拓新的资金来源。更重要的是，利用遗产向全球社会提供各种文化消费服务。这不仅提高了人类社会的生活质量，使其更好地履行遗产事业使命，同时还提高了社会就业率和国民收入。这种以遗产为资源和主题的服务活动，可以概称为"遗产产业"（Hewison，1987）或"遗产商务"（Carr，1994）。与此同时，"遗产经济学"已成为遗产研究的新方向、新热点。今天，遗产作为一项重要的、独特的"经济资产"已毫无争议。遗产管理的非营利性与遗产经营的营利性正在新的认知中相互协调。当代遗产产业的核心是以遗产为目的地的"文化旅游"或"遗产旅游"。国际遗产界为此颁布了《国际文化旅游宪章》（ICOMOS，1999）。应当认识到，遗产旅游是现代旅游业的脊梁。2000年，英国旅游消费为750亿英镑，其经济贡献约为英国GDP的5%，超过了轿车业、钢铁业和煤炭业的总和（DCMS，2001）。宽泛地说，遗产产业还可包括更多的经营内容，如文物交易和拍卖，遗产与传媒结合而产生的遗产信息业，遗产咨询和技术服务业（DCMS，2001）等。

遗产的上述3项主要功能，既相互独立，又彼此相关。一般来说，政治功能起着主导作用，决定着教育功能与经济功能的实施导向。教育功能是遗产最为基础的功能，是任何时候都不应轻视或丢弃的。经济功能作为一项新兴功能，开辟了遗产为国家和地区经济社会发展服务的新途径，正在发挥愈来愈大的作用，也为遗产保护提供了新的思路与途径。

1.1.4　中国遗产及其当代意义

中国是一个文化和自然遗产的世界大国。

就自然遗产而言，它与中国自然环境条件紧密相连。中国疆域辽阔，自北而南地跨寒温带、温带、热带；自东而西域贯海洋、平原、丘陵、高原、沙漠、世界屋脊。其间，还分布着森林、草原、高山、峡谷、河流、湖泊、瀑布、绿洲、冰川等。尤其重要的是，中国中部多山的地理气候环境，避免了第四纪冰期的劫难，特别有利于古老物种的保护。这一切使中国具有突出的自然多样性，即地质多样性、地貌多样性、生态景观多样性、物种多样性。这样，反映上述地质、地貌、生态景观、物种等演变信息的物证，使我国成为世界上自然遗产最为丰富的国家之一。

与世界其他国家相比，中国文化遗产有三大特点：

（1）中华文明古老、延续、独特。中华文明是世界迄今发现的最古老文明之一。她能延续发展至今，是世界古老文明中仅见的。同时，中华文明与任何独立起源的伟大文明一样，因其异质性而独特。在历史上如此，在现代依然显著。

（2）中华文明的源流作用和影响力。由于中华文明的古老和灿烂，历史上她是中国周边国家，尤其是东亚国家（如日本、朝鲜、越南等）文明发展的母体或源流。同时，她还通过商贸和文化交往，向更远的世界（整个亚洲、欧洲、东非与北非，可能还包括美洲）产生影响。这使得那些国家不仅产生了直接源自中华文化的遗产，更多的则是本民族遗产中包含着中华文化要素。

（3）中华文明在近、现代的扩展。这种扩展是借助中华民族在近、现代的海外移民。由于这种移民大多是战争以及殖民主义和帝国主义政治、经济迫害的结果，他们在西方国家中的生存不得不采取聚族而居的方式，从而形成一种局域完整的、独特的社会人文景观，如"唐人街""中国城"等。这些既是所在国重要的"活态遗产"，也是中华文明的一个见证和海外组成部分。

对于遗产意义的认识，中国人应向欧洲人学习。当代欧洲人将"文化"视为"欧洲具有比较优势的最后资源"（Newby，1994），而遗产则是欧洲文化中最为璀璨的明珠。与欧洲相比，中国遗产的价值只能有过之而无不及。欧洲遗产界将"过去"视为遗产的同义语（Peacock，1998）。在中国，遗产则意味着中国的"沧海桑田"。如果说欧洲的"过去"就是一种资源，那么中国的这种"沧海桑田般的过去"更是极为难得的资源。最为重要的是，应当认识中国遗产的当代意义，如同当代欧洲人从欧洲统一角度重新认识欧洲遗产的意义一样。

当代中国有着怎样的特点呢？

（1）在国内，中国现正经历着国家经济和社会制度的深刻转型，正由一个贫困国家向小康和发达社会迈进，进而实现中华民族在世界上的伟大复兴。

（2）在国际上，中国的现代化已成为发展中国家的发展主流。而发达国家正向后现代化迈进，是一个在经济、政治、文化诸方面日益全球化的世界，是一个国际性挑战与机遇、风险与成功、竞争与合作交织和并存的世界。

上述特点使得当代中国的遗产保护有着特殊意义，应当从精神、文化、政治、经济多角度进行考察。

中国遗产保护的意义首先在精神方面。"在现代社会，人们的第一要务是了解自己的意识形态渊源"（Rhyne，1995）。对此人们首先通过遗产建立自己的意识形态家园。这就是遗产作为"文化身份"的含义。这可多见诸近、现代欧洲人对于古希腊、古罗马遗产的保护。连1776年才立国的美国，一方面向欧洲文化回归，另一方面精心地点滴积累和保护开国以来的各种遗产，来建立自己的意识形态基础。当代中国的意识形态建设面临着新形势。改革开放政策和全球一体化趋势，使得国外（主要是西方国家）的物质技术成就、社会制度、生活方式、文化艺术作品、价值观甚至习惯和习俗等，如潮水般涌入。中国在建立和发展国家意识形态、价值观和民族精神时，不能被这股潮水冲垮，而应辨识、消化和有选择地汲取其中优秀的思想文化成果，并嫁接到中国传统之树上。由此看来，遗产在当代中国有着特殊的重要性。由于遗产反映着中国政治、经济、社会、文化、自然环境的历史进程，反映着国家兴衰与荣辱、成就与劫难，反映着中华民族的智慧、思想、价值观和民族精神，因而是中国的"国脉"和中华民族的"文脉"，应成为当代改革开放意识形态建设的基石。

中国遗产保护的意义同样在政治方面。遗产之于中国，远不只是表明中国国家的历史合法性。在现代世界，"文化"与"领土""政治制度"一同构成国家利益和完整性的三要素（Morgenthau，1952）。文化已成为捍卫国家安全、发展国家利益的软实力。在政治、经济、文化三大领域，文化是功利性竞争最少的，最为和平的。在文化领域，遗产因其历史、科学、美学价值而最易被共同欣赏和接受。中国的遗产最能体现中国文化的吸引力和感召力。遗产对当代中国的文化-政治意义，既表现为国内层面，即台湾回归和祖国统一问题；又表现为国际层面，即中国在世界的和平崛起。中国遗产的独特、丰富、多样，它的时空分布，它所禀赋的历史内涵、文化和精神内涵、家国和乡土内涵，无不构成对中国台湾同胞、海外侨胞和华裔的感召力，激发他们的国家认同感和民族自豪感。中国遗产对当代世界认识中国更有特殊意义。当代世界已由传统殖民主义、帝国主义与民族解放运动对战，过渡到霸权主义与恐怖主义对战、霸权主义文化与原教旨主义文化对战。这是一个企盼新的政治、文化的时代。中华遗产不仅展示了历史中国的智慧、成就和命运，而且更是中华文化和政治经典的生动教科书。它所遵循的"和而不同"观、"天下为公"观、"兼爱"观、"义利"观、"天人合一"观等，应当对当代世界解决霸权政治、文明冲突、反恐战争、贸易壁垒、全球环境等问题，具有启发和导向意义。

尤其应当看到，移民潮正成为全球化的一项主要内容。它将改变着未来世界的经济、社会和政治图景。从历史到现在，再到未来，中国始终是一个移民大国。现在，分布于周边国家中受中华文化影响的遗产，分布于华裔族群所在国由中国海外移民创造的遗产，它们均不是侵略和战争的记录，而是文化交流与传播的记录，是贡献与合作的记录。它们有力地证明了，扩张主义、殖民主义从不是中华民族的传统。今天，中国的文化复兴将造就新一代的华裔移民、经商者、旅游者、文化和知识交流者。他们具有中华文化素质、文化品位、文化风范。他们将摆脱过去时代的屈辱境遇，成为所在国经济、文化、社会和政治建设中生气勃勃并受欢迎的贡献者。同时，这一文化复兴将造就一个新的文化中国。她将像历史上的汉、唐、宋、明那样，成为世界民族文化和经济的一个中心。

中国遗产保护的意义还在于文化-经济方面。它有着比欧美国家更为重要的内容。由于历史和现实原因，中国遗产格局呈现出与欧美发达国家不同的状况。在中国，历史古都和城市遗产大多因现代化建设而被破坏得七零八落。只有位于落后地区、边远地区、贫穷地区的古城镇、古村落中的遗产，因远离现代化而得到保护。这一状况印证了国际遗产界的一句老话，"贫困是最好的保护者"（Petzet，1992）。然而，应当注意的是，这些地区正是中国亟待发展的重点地区。这样，遗产的保护和利用将具有特殊意义。以遗产旅游为核心的遗产产业，对于这些地区的发展具有非同一般的经济社会重要性。它有可能成为塑造这些地区远景的一个关键因素。这一点不应低估，也不能低估。当然，遗产的经济利用必须建立在遗产真实性价值基础上。脱离真实性的利用将十分脆弱。

综上所述，遗产之于当代中国的意义在于：它是中国文化、政治、经济发展的优势资源，是塑造国家意识形态、社会价值观和民族精神的支柱，是促进中华民族复兴事业与日俱增的重要力量。

1.1.5　当代中国的遗产危机

中国近、现代的大规模遗产破坏，始自英法联军1860年劫掠、焚毁圆明园。其后，遗产状况一直在恶化中。

如果说中华人民共和国成立前，遗产破坏的主要原因是国外对中国可移动文物的偷盗、攫取和走私，以及战争和国内动乱对不可移动文物的损毁；那么，中华人民共和国成立后，上述破坏因素得到遏制，但又出现新的问题。50余年来，中国遗产破坏由可移动文物为主转化为不可移动文物为主；破坏行为由国外为主转化为国内为主，由民间、个人为主转化为政府行为为主。在讨论这一时期的破坏原因时，国内遗产界和学术界往往关注各类破坏行为。这样的认识是见表不见里。应当看到，这一时期的破坏，尽管受突发因素影响，如"文化大革命"，但更为大量和持续的破坏是在现代化价值观影响下产生的。

世界现代化以工业文明为标志。它起源于西方国家，并由他们主导。就遗产保护而言，这种现代化对西方国家的影响与对中国的影响是迥然不同的。对于西方国家，现代化植根于自身传统，是土生土长的。他们的现代化价值观与其传统价值观是一脉相承的。因此，体现传统的遗产在西方反而得到格外尊重和保护，不会发生因价值观变更而导致遗产破坏的问题。

然而在中国，情况则不同。中国自鸦片战争后与西方列强对战中的失败，中国在近、现代经济和社会发展中的落伍，均被视为中国传统文化的失败。现代化成为举国一致的目标。中国不仅在形式与内容上移植西方模式，同时还引入源自西方的现代化价值观。由于它与中华传统价值观天生不属"一脉"，这种引入往往简单地变为"取代"。价值观变更使得体现着中华传统文明的遗产被视为愚昧、落后，或无足轻重。国家现代化战略与发展决策，不是与遗产保护相协调，而是忽视或无视遗产保护。它们已成为当代中国遗产破坏的主因，是遗产保护的最大障碍。其主要表现是：

（1）50余年来一直存在的现象是：在基础设施建设、城市化和城镇化、工业和技术开发区建设中，遗产为建设"让路"。有时是将古迹或遗址搬迁，更多的则是听任它们损毁。甚至连交通路线的去弯取直，企业或事业单位的选址，也会以牺牲遗产为代价。

（2）改革开放以来，中国的发展以经济为中心并向市场体制转型。然而，狭隘的经济动机、不成熟的市场制度和不完善的法规体系，使遗产破坏又增加了新的因素。它不仅使一度灭绝的文物偷盗、走私现象死灰复燃，而且使更为严重的破坏发生在遗产旅游上。在"所有权与经营权分离""一套班子，两块牌子"等观念指导下，祖国遗产在旅游中被耗损、被肢解，或在修复或重建的名义下丧失真实性。

尽管政府一直强化遗产保护立法和遗产保护投入，但迄今为止不能认为已能有效遏制、克服和扭转上述负面影响。自中华人民共和国成立以来始终身处文物事业高端，始终对全国文物状况保持认真观察的资深文物专家谢辰生先生（2002）认为，尽管改革开放以来，中国对文物保护的努力超过历史上任何时期，但对文物的破坏也超过历史上任何时期。应当承认，中国存在并正在经历着遗产危机。

当代中国的遗产危机还与另一个深刻的发展障碍联系着，这就是"文化–精神瓶颈"。这是指我国当前经济制度转型期出现的一种负面现象："经济"成为唯一的发展主题；"市场"超越经济领域而成为一切行为的准则；"金钱"成为一切价值评价的标尺。这样，在我国经济高速发展的同时，出现了在意识形态、价值观、民族精神方面的短缺，在文化主体性、历史传统和创新精神方面的式微。这一现象及其影响广泛见诸我国的文化、经济、社会领域，并影响着政治领域。

在文化领域，相对于逐利性文化，公益性文化萎缩了；相对于娱乐性文化，思辨性文化萎缩了；相对于享受性文化，忧患性文化萎缩了；相对于外来文化，中国传统文化和乡土文化萎缩了；相对于英语教育，中文教育萎缩了。当世界呼吁和鼓励保护文化多样性时，中国文化却在商业化中变得浅薄，在西化中逐渐失去了它的博大精深、多样性和创新精神。今日中国的文化尚不足以称为伟大的文化。

在经济领域，我国企业界较为热衷于对国外技术与产品的引进和模仿，对国外企业管理模式的效仿和亦步亦趋，无视旧中国时代民族资本家的艰苦创业传统、计划经济时代的精神激励和群众参与传统、海外华人同时追求经济绩效与人和的长效管理传统，更遑论那些无视知识产权、假冒伪劣产品、虚假广告等丧失商业道德的行为。这种企业文化和精神状况使中国只能成为时下世界经济中的蓝领（生产工人），而不能同时成为具有自主意识和创新精神的真正白领（技术创造者和制度制定者）。

在社会领域，西方（尤其是美国）的生活方式和价值观在中国任意流行，甚至将那里的个别当作普遍，将探讨当作定论，将痈疽当作鲜花来接受。一方面它们以压倒优势对中国传统道德和价值观、对中国革命时期诞生和发展的共产主义道德和价值观取而代之；另一方面又诱使旧中国、旧社会的污浊泛起。人们看到的不是引入与继承的"双优"，却是令人担忧的"双劣"。一些被中国社会历来视为社会价值观基础的伦理、道德和品德要素，如社会责任、国家前途、民族命运，如正义、无私、廉洁、忠诚、勇敢、勤俭，如孝顺、敬老、助人、济贫、惜才等，正在形形色色的、似是而非的、外来的、"现代"观点的围剿下流失。甚至连"诚信""守法"这样一些在任何社会都没有争议的起码道德素质，都成为今日中国社会上上下下的吁求。社会价值观需要拨乱反正，社会风气需要清正纯洁，中国社会才能成为和谐而有凝聚力的社会。

在政治领域。一个鄙视自己历史和文化传统，失去民族自主意识、创新精神和道德追求的国家，一个甘受外来文化和价值观牵引而亦步亦趋的国家，一个在与国际接轨中只能被动接受国际规范而不能对其建设有所贡献，在向世界开放时只会接受国外观念、文化、生活方式的输入而不能同时向世界输出的国家，一个缺乏文化教养、文化品位、文化风范的国家，是不可能获得世界的尊重的。如果中国出现这样的状况，即使她的经济再发展、再强大，也只能是"经济动物"，不可能具有文化和精神吸引力，也不可能受到中国台湾同胞、海外侨胞的尊重，也难以成为全国各民族团结的黏合剂。就国际政治而言，则不可能受到世界各国包括发达国家与发展中国家的尊重。应当说，今日中国的文化、精神状况，使中国的文化安全受到挑战，文化软实力正被削弱。

我国的遗产危机与文化-精神瓶颈是互为因果的。就负面而言，文化-精神瓶颈必然导致和加剧遗产破坏；就正面而言，遗产保护将成为克服中国文化-精神瓶颈的重要途径。抓住遗产保护与当代中国文化-精神建设之间的关系，就抓住了中国遗产决策的关键。

1.2 文化遗产的保护

1.2.1 中国遗产的保护

中国遗产界对于"保护"一词，传统上只是作为一个习语使用，并未作为一个概念严格界定其组分和内涵。

然而在国际遗产界，对"保护"概念的讨论是始终进行并不断发展的。它有多种术语表述。就英语而言，对"保护"概念的表述，主要有"conservation"与"preservation"。并且对"保护"的理解，也有"狭义"与"广义"之分。这里将conservation与preservation同视为"拱形术语"（overarching term），即能包括较多内涵的术语，或"通称类术语"（generic term）。它们的使用者及相应定义见表1-1。

conservation与preservation的使用者与界定　　　　　　　　　　表1-1

术语	主要文件或地区	定义
conservation	英国	conservation包含"prevention"（防止）、"preservation"（保存）、"consolidation"（加固）、"restoration"（修复）、"rehabilitation"（重新启用）、"reproduction"（复制）、"reconstruction"（重建）等含义。见Nathanie，Lichfie M《Economicsin Urban Construction》（1998）
conservation	澳大利亚	conservation被定义为"照管一个遗产地使之保持其文化价值的全部过程"。见《巴拉宪章》
conservation	ICOMOS《奈良文献》	conservation "是用于理解文化遗产，知悉它的历史及含义，确保它的物质安全，并且，按照需求，确保它的展示、修复和强化的全部活动"
conservation	美国保护研究所	conservation是一种专业，它致力于为未来保存（preservation）文化财产。conservation的活动包括examination（考查）、documentation（记录）、treatment（处置）、preventive care（预防性照管），并且受到研究和教育的支持
preservation	美国 内政部的历史保护标准	采取措施，延续一幢建筑物的现存形态、完整性和材料，以及一个遗产地的现存形态和植被。它包括初期的稳定化工作，如有必要，进行历史建筑材料的不断维护
preservation	美国 美国保护研究所	采取行动，使化学破坏与物理破坏最小化，并防止信息流失，以保护文化财产。它的首要目的是延长文化财产的存在
preservation	加拿大《加拿大遗产基金》	一类术语的通称，包括历史建筑的修复、重新启用、改造后再使用，还包括认证、评价、展示、维护、管理
preservation	澳大利亚《巴拉宪章》	是指维持遗产地的现存状况，使其免受损坏

由表1-1可知：

（1）当conservation与preservation作狭义应用时，均是指遗产本体的物质层面。事实上，"稳定遗产的现状与部分重绘一幅绘画或部分重建一座建筑以再现其过去某一时期的形状，这两者是有重要区别的"（Rhyne，1995）。这里，preservation意指"保存"，而conservation不仅含"保存"之意，还包括遗产利用方面的内容，因而译为"保护"。

（2）当conservation与preservation作广义应用时，前者见澳大利亚《巴拉宪章》，后者见加拿大《加拿大遗产基金》。它们不仅包括物质层面，还包括非物质层面，包括更大的时空和更多的遗产功能内容。加拿大遗产基金定义的"preservation"甚至将"administration"（管理）也纳入其内。这时，它们的含义是相似的，均可译为"保护"，但使用时仍有区别。一般来说，在将conservation作广义理解时，会将preservation视为其内容之一。而preservation作广义理解时，不会提及conservation。

（3）在国际组织方面，无论是作为文化遗产保护的主要国际机构ICOMOS，还是作为自然遗产保护的主要国际机构IUCN，均是采用conservation作为广义保护概念，而将"preservation"定义为"保存"，作为conservation的一项内容。这样，在中文中，应根据

conservation来认识和理解广义"保护"概念，并且摈除对conservation作过分狭义的解读（如有人将它译为"保育"）。

国际遗产界对"保护"的理解，是不断从狭义向广义扩展的。在ICOMOS的《威尼斯宪章》中，"保护"仅是指遗产物质层面的抗销蚀行动，其主要措施为"日常维护"与"修复"。及至《奈良文献》，"保护"概念的内涵则向着3个方向扩展：由遗产的物质层面向非物质层面扩展；由纯粹的"抗销蚀"行动向遗产的功能与利用方向扩展；由遗产及其环境向更广阔的时空联系（遗产地点及相关的人、物、事）方向扩展。1999年版的《巴拉宪章》对这种较为广义的"保护"有更为具体的说明。在其第14款"保护方法"中，详细列举了以下的内容：保持、引入新的利用，保持遗产与人的联系及其含义，维护、保存、修复、重建、展示以及超越上述单项内容的组合。《巴拉宪章》还进一步对"保护"中有关"改变""维护""保存""修复""重建""改建""保护性利用""保持遗产（与人的）联系及其意义""展示"等内容作了具体说明。

与国际遗产界对"保护"概念认识的进展相比，中国遗产界赋予"保护"概念的内容则显得比较单薄。

第一，中国遗产界对"保护"概念的理解基本上是《威尼斯宪章》框架下的。它强调遗产物质层面的保护，忽视非物质层面的保护。对物质层面，它强调遗产本体，忽视遗产在历史和现实中的时空联系；强调遗产保护的静态方面，忽视活态遗产保护的特殊要求。更应注意的是，在国际遗产界，"利用"与"展示"统属"保护"的内容。然而，中国文物界对"保护"与"利用"有截然不同的理解，将"展示"和"利用"排除在"保护"之外，从而引发"保护为主，利用为次"的潜意识。这样的"保护"观念不是全面的、恰当的。它与国际遗产界"保护"观念的现代发展相背离，既不利于遗产保护，又不利于遗产事业的发展。

第二，中国缺乏基于自身遗产特点和自身遗产事业使命而对"保护"内容的新需求。前者是指我国遗产真实性的新特点、新内容；后者是指我国遗产事业在现实和未来的国家社会经济发展背景下的目标与任务。一般来说，遗产保护中的这些特色和特点，是每个国家都会遇到的。对于中国这样一个遗产大国，则更是如此。缺乏中国特点和特色的保护，不是真正有效的保护。具有中国特点和特色的保护，同时也是对国际遗产保护理论和实践的贡献。

1.2.2 遗产保护哲学

尽管中国遗产界对遗产保护观念和方法的讨论尚未提升到哲学层面，但"遗产保护哲学"这一概念，在国际遗产界已频繁出现。使用者认为，只有从哲学层面才能透视遗产界中各种观念和方法争议的本质。

遗产保护哲学可以通过遗产保护史来揭示，对自然遗产与文化遗产均是如此。如果说自然遗产保护史的政府行动起自美国建立的"黄石国家公园"法令（1872），那么文化遗产保护的政府行动则更早起自欧洲。相比而言，文化遗产保护史有着更多的争议与起伏，但它们的保护哲学发展趋势是并行不悖的。就文化遗产而言，欧洲遗产界对其"保护哲学"，有持"两阶段说"（Petzet，1994），也有持"三阶段说"（Tomaszewshi，2002）。然而，后者对前者的内容不持异议，只是将"两阶段"之前的时期，视为"第一阶段"。这样，"三阶段说"更能说明欧洲文化遗产保护哲学的演变和发展，也更便于说明世界性文化遗产保护哲学的演变和发展。

根据"三阶段说"，第一阶段是指19世纪之前。其时，欧洲对文化遗产的保护来自个人与文化族群，并按各自的习俗与经验进行保护。这些保护是离散的，没有统一规则。因此，这一时期的保护哲学可概称为"初期多元化处理"。

第二阶段基本上与19世纪相始终。这一时期的开始，欧洲已出现遗产保护法规以及国家间交流与合作。这一期间，以追求"风格纯洁"和"风格统一"为特征的浪漫主义保护思想盛行，并具体表现为法国人维奥莱特·拉·杜克（Violletle Due）所定义和提倡的"古建恢复"。他说："恢复一座建筑物，并不是指保存它，整修它，或再建它，而是重现其前所未有的完整状态"（Petzet，1994）。因此，这一时期遗产保护哲学的特点，可以概括为"浪漫主义恢复"。

第三个阶段是自19世纪与20世纪之交开始的。它起始于普鲁士人格奥尔格·德里奥（Georg Dehio）与奥地利人阿洛伊斯·里格尔（Alois Reigl）对"浪漫主义恢复"的坚决反对。Dehio的"要保护，不要恢复"主张，Reigl的"年代价值"思想，迅速被欧洲遗产界所接受。并且，逐渐将遗产的价值认知和保护方法移置到考古学基础上。其后，分别在20世纪30年代与60年代产生了两个具有指导意义的国际文件，即《雅典宪章》和《威尼斯宪章》。由前者到后者，不仅反映了文化遗产保护已由欧洲扩展到洲际层面（欧洲、美洲、非洲），更重要的是确立了遗产保护观念和行动的科学规范。《威尼斯宪章》催生了ICOMOS，并同时成为ICOMOS的奠基文献。自1972年实施《世界遗产公约》以来，由于ICOMOS作为世界文化遗产的主要技术咨询地位，《威尼斯宪章》几乎成为全球性文化遗产保护宪法，从而开创了一个"《威尼斯宪章》"时代。这一时期的保护哲学特点具有突出的学术品性，可概括为"考古学意义上的保护"。

然而，以《威尼斯宪章》为标志的第三阶段并未终止遗产保护哲学的发展。随着它被ICOMOS用于世界各国，尤其是用于世界文化遗产问题，随着国际遗产界对遗产保护问题的新思考，《威尼斯宪章》的普适性地位受到挑战。这些挑战主要来自三大地区，代表着3种类型。

《威尼斯宪章》首先受到美洲、大洋洲国家文化遗产保护实践与需求的挑战。尽管那些地方由欧洲移民文化主导，但那里还存在历史更为久远的原住民与原住民文化，存在来自非欧洲地区的移民文化，存在与欧洲迥然不同的自然地理、生态特征以及人与自然关系。这一状况使得那里的欧洲后裔们对遗产问题的认识与欧洲本土有所差异。他们对遗产概念的理解，对遗产保护基本观念的理解，均对《威尼斯宪章》有所拓展和超越。这些认知现已体现在那里一些国家级和地区国家群体的法规性文献中，如澳大利亚ICOMOS的《巴拉宪章》、新西兰ICOMOS的《文化遗产地保护宪章》、美洲国家ICOMOS的《圣·安东尼奥宣言》等。

其次，《威尼斯宪章》受到亚洲，尤其是东亚国家遗产保护传统和实践的挑战。这一地区是世界文明的主要起源地之一，是当今世界主流文明的主要构成地之一，也是当代世界文明主流中最生气勃勃的驱动力量之一。这里的文化既有别于欧洲文化，也有别于美洲、大洋洲的移民文化和原住民文化。因此，亚洲文化遗产所体现的文化观、生活传统和自然地理生态变迁具有独特性，并且在遗产的类型、价值认知、保护方式等方面也自成体系。其中，有些与《威尼斯宪章》相同、相似、相近，有些则与《威尼斯宪章》相左。亚洲国家关于文化遗产及其保护的认知，现已被欧美遗产界逐步理解和接受。由他们帮助编写的保护亚洲历史古迹和遗址真实性的《会安议定书》，基本反映了他们对亚洲文化遗产保护模式的理解与接受程度。

最后，《威尼斯宪章》还受欧洲国家自身遗产保护实践与需求的挑战。争议点在于"重建"。《威尼斯宪章》是绝对反对"重建"的，但欧洲国家先后在两个时期出现重建需求。其一是第二次世界大战造成的大规模破坏，由此导致被毁城市的重建，如波兰的华沙、德国的德累斯顿、英国的考文垂等；其二是20世纪90年代因苏联东欧社会主义阵营解体而产生的新的欧洲国家格局和政治格局。一度消失的巴尔干国家、波罗的海国家重新独立，并脱离俄罗斯而加入欧盟与北大西洋公约。由此导致这些国家中历史上存在，但现已被毁仅存残迹的遗产的修复与重建。前者的重建关系着被战争所毁的城市的命运。那些被毁的历史名城连同作为城市标志和历史符号的建筑遗产，如不重建，将永久消亡。后者的重建实质是新兴的欧洲国家表示政治上重新独立的身份证。因此，尽管这些重建与《威尼斯宪章》相抵触，但仍按照一定原则和规则实施。这些原则和规则体现在得到ICOMOS认可的前民主德国的《德累斯顿宣言》、波兰的《克拉科夫宪章》、爱沙尼亚的《里加宪章》等文件中。

可以认为，国际遗产界自20世纪90年代以来，逐渐进入"后威尼斯宪章"时代。正如1993年在科伦坡召开的ICOMOS全体大会文件中指出的，"欧洲哲学已不具有普适价值"（Tomaszewshi，2002）。在这一新时期中，遗产保护哲学的发展特点主要表现为以下6个方面：

（1）文化多样性。如同自然遗产是植根于自然多样性（生物多样性、生态多样性、地貌多样性、地质多样性）那样，文化遗产植根于文化多样性，并受所在地域的自然多样性影响。世界上的文化是多种多样的。《威尼斯宪章》所依托的欧洲文化仅是其中一支。这些文化的价值地位平等、发展权利相同，它们的遗产也应当以符合自身价值观和传统的方式加以保护。

（2）遗产类型的多样性。《威尼斯宪章》以单体遗产和静态遗产为主。现在则越来越重视群体遗产、活态遗产，重视文化遗产与自然遗产的复合、物质遗产与非物质遗产的复合，以及不同类型遗产的复合。对这些新的遗产类型，应有新的保护理念与方法。

（3）遗产价值和功能的多样性。《威尼斯宪章》主要着眼于遗产价值的基础层面，即历史、科学、美学层面。现在的遗产价值观则向着功能方向有较大扩展，从而包括社会精神价值（作为标志与符号）、政治价值（作为国家、民族、地方、社区的身份）、经济价值（作为可以产生社会文化服务的资产）。这些价值丰富了对遗产保护的认识与处理。

（4）遗产服务对象的多样性。《威尼斯宪章》所体现的遗产功能主要是为着研究，其主要服务对象是遗产所涉领域的专家。然而，随着社会发展和文明进步，社会公共教育已日益成为遗产的首要功能，观赏遗产成为一项基本人权，遗产展示成为必要的和重要的遗产保护内容，公众参与遗产保护和管理成为一种必然趋势。

（5）遗产事务的多领域化。《威尼斯宪章》主要是在文化领域处理遗产事务的。然而，随着对遗产类型多样性、价值和功能多样性的认识，遗产事务正日益涉入社会、经济、政治事务。尤其是以遗产展示为核心的文化服务逐步成为广泛的社会需求，它正发展成一个新兴的产业门类——"遗产产业"，并成为文化产业的重要组成部分。这样，遗产对国家和地区经济社会发展的意义，已是现代遗产事业中意义重大的课题。

（6）遗产研究的多学科化。《威尼斯宪章》对遗产保护的处理是以考古学为理论基础的。然而，随着上述发展趋势，仅仅考古学是不够的。在遗产价值认知方面，应有更为广泛的人文社会科学基础；在遗产保护方法方面，应追求考古学保护与教育展示并重，静态保护与动态保护结合；在遗产管理方面，应引入经济学原理与经营之道。

上述变化和发展趋势现已部分反映在《关于真实性的奈良文献》中。但正如国际著名遗产专家、ICCROM前总干事、ICOMOS国际培训委员会前主席、波兰Tomaszewshi（2002）指出，《奈良文献》是个进步，但它仍偏离人们认识的实际进展，不能令人满意。他在比较了东西方遗产保护哲学后，呼吁发展一种包含东西方共性与个性、具有"多元性"特征的"全球性保护哲学"，即"多元、普适的保护哲学"。应当说，Tomaszewshi的呼吁是有见地的，是前瞻性的。

可见，在后《威尼斯宪章》时代，遗产保护哲学最重要的发展特征是"多元性"。这种多元性的基础是文化多样性。只有坚持"多元性"，才能反映全球遗产的本来和真实面目，才能以各自传统的方法保护各自遗产的真实性。只有坚持"多元性"，才能有条件从不同文化的遗产比较中分析出它们的共性与个性，才能有条件处理不同保护理论之间既坚持自身独特性又相互学习乃至融合的问题，才有可能最终形成具有真正普适性的遗产保护理论。由此可见，普适性必须建立在多元性上，多元性是通往普适性的必由之路。

后《威尼斯宪章》时代的遗产保护哲学发展趋势，既给中国遗产研究以丰富启示，又给中国遗产理论创造以巨大的空间和机遇。下述3点启示对于中国遗产界或许是重要的。

（1）正确认识国际遗产界的理论进展。不能将这种认识停留于几个术语、几种提法上，还应包括：认识国际遗产事业的发展历程；认识遗产价值观、遗产事业使命及遗产保护观念、概念和方法的演变与进展；认识不同国家之间（发达国家与发展中国家之间、欧洲国家与非欧洲国家之间、欧洲国家之间）、不同民族之间、不同文化背景之间的遗产保护观念与实践的差异；认识遗产科学中不同流派的不同背景和主张，以及它们之间的争论；认识到这些立足于科学的争论，既会因趋异而互补，丰富遗产理论的多元性，又会因趋同而一致，提高遗产理论的普适性。只有这样，国际遗产界的理论进展，才能成为发展中国家遗产科学的有价值的参照系。

（2）正确把握国外遗产理论对于中国的适用性。国外理论是他们对自身实践的理论总结。由于遗产的物质背景、文化背景、经济和社会背景等原因，这些理论对中国既有普适性一面，又有局限性一面。中国应汲取其普适性成分，同时也应辨识和避免其局限性内容，并根据中国特点进行改进或创新。这样，中国在学习国外理论时，应力戒片面，力戒不加分析、脱离因果性地照搬，力戒不结合中国特点和实践的盲从。

（3）正确寻找中国遗产理论的生长点，逐步建立既具中国特点又具相当世界普适性的遗产保护哲学。中国现代遗产理论的两大支点，一是中国独特、丰富、多样的遗产资源与悠久博大的中华文化；二是中国为实现中华民族伟大复兴现实的文化需求。中国应据此建立对遗产类型和价值的认识体系，建立适应遗产特点、现代功能和需求的保护体系，建立符合现代社会经济特点的遗产管理制度，建立有助于发挥遗产文化传播功能、教育功能、经济功能的遗产服务营销体制。只有这样，中国的遗产资源优势才能真正转化为国家的文化优势、精神优势、政治优势和经济优势。中国也才能在作为遗产研究大国的同时对世界作出应有的理论贡献。

1.2.3 中国遗产保护需要考虑的问题

为了有效实施对文化遗产的保护，中国应完善对保护概念的认识。它应建立在3个基点上，即中国遗产特点、中国遗产事业使命、国际遗产界保护观念的进展。前两点是主要的，第三点起着重要的启发和借鉴作用。由此出发，以下三方面问题应当优先关注。它们是：立足于中国遗产真实性的保护，遗产修复、重建、利用问题，遗产展示问题。

1. 立足于中国遗产真实性的保护

真实性是遗产保护的灵魂。它既是遗产保护的对象，又是衡量遗产保护质量的标尺。中国既要借鉴国际遗产界对真实性概念的日趋扩展和深化认识，同时更应针对中国遗产的特点，提出中国遗产真实性保护的特殊内容。

第一，应重视非物质层面的真实性保护。这是国际遗产界日益关注的真实性保护方向。在美国、加拿大、澳大利亚、新加坡等国，主要是从精神和社会价值，从原住民问题，来认识和处理非物质真实性的。在中国，非物质真实性除上述内容外，还有新的内容。如果说人们往往是从失误中学习知识的话，那么，对于中国遗产非物质真实性的认识，也应从遗产保护的问题与失误中得到启示。启示之一是遗产管理制度的真实性。其实例是北京的"佘家守护袁崇焕墓"。这种守护延续了百余年，已成为袁墓真实性的重要组成部分，反映着守墓制度方面的真实性。如将它改由政府管理，将是对这一制度真实性的破坏。启示之二是遗产地地名真实性。其案例泛见于中国现时著名旅游点。它们为了旅游经济利益，或是给遗产地更名，或是将遗产地之名冠于与其无历史文化联系的其他城市或地区头上。这种为了现时经济利益的更名，既破坏了遗产地名的真实性，又侵害了其他城市或地区原有名称的历史文化价值。启示之三是遗产的社会真实性。遗产地大多居住着原住民。他们世代生活在遗产地中，已成为遗产的重要组成部分，是遗产的活态要素。如果为了商业利益，见物不见人，借"保护"之名而将他们完全迁离，则破坏了遗产的社会真实性。

第二，"遗产地"在大尺度时空中的历史联系。这同样是国际遗产界日益关注的保护方向，并显著体现在美国、加拿大、澳大利亚、新加坡等国的保护工作中。在中国，除与它们有相似内容外，还有自身特点。这就是说，中国遗产在大尺度时空中的历史联系，更多、更主要地体现于"系列遗产"上。这些联系，既表现于物质层面，如遗产组分或构成的相似性、相关性、递进性，又表现于非物质层面，如系列遗产中精神及社会价值的关联性。从系列遗产角度考察遗产在大尺度时空中的历史关联，无论是对遗产保护内容，还是对所选择和采用的遗产保护方法，均会获得有别于立足遗产单体的新的启示。

第三，应重视"活态遗产"。活态遗产的真实性保护有别于静态遗产。这时，不仅要继续维持这些遗产中延续至今的原有功能，还要关注这些功能在现代的新发展。如果活态遗产是一个古老的原住民社区或族群，它不仅要保护这一社区的历史格局和风貌，保护它的生活方式与习俗，同时还要适应社区内人们对发展的各种需求，使他们的发展需求与遗产保护要求协调起来。并应确保社区内的生活质量不低于甚至高于所在地区的生活质量。

第四，应重视探索型、研究型、多价值和功能集成的遗址发掘。现在我国的遗产发掘多为抢救性质。此类发掘的弊病是：①它们或是在被盗的基础上发掘，失去了完整的真实性；②或是为某项经济、社会工程的实施创造条件而进行发掘，仓促行事，无暇对墓葬遗址的真实性进行精细地研考；③发掘基本上是在传统考古学科领域进行，缺乏多学科研究目标与手段，难以获得多学科综合成果。对于我国这样一个地下遗产极为丰富、多样的大国，仅仅被动地抢救式发掘，是难以保护地下遗产的，也难以提高地下遗产研究水平。应当有选择地对重点地下遗产点进行主动的探索型与研究型发掘。这种发掘应当是精心准备的，应当有着多学科目标，多学科考察内容，以及多学科发掘、检测、保护手段。就古墓葬而言，除了传统的考古学目标和内容外，还应增加：①在墓葬打开前与打开后，检测墓葬内物理、化学、生物的主要特征及其变化；②无损探查棺椁内部状况；③对天然密封的遗产或遗产组件进行防侵蚀预处理，如真空化、惰性气体填充，并进行无氧环境中的考察作业。总之，这种主动型发掘应有两种目标、两类收获：其一是考古学目标与收获；其二是发掘与保护技术的创新。只有这样，我国的考古发掘才不会浪费，充分利用地下遗产资源，才会革新并创造新的发掘方法、技术和工作程序，才会为未来发掘和保护像秦皇陵这样意义非凡的地下遗产积累能力条件。

2. 遗产的修复、重建与再利用问题

遗产修复，是指破损遗产恢复原状；遗产重建，是指被毁遗产恢复原状；遗产再利用，是指遗产或恢复其原初功能，或通过适度改造（应不影响遗产基本构成，或使这种影响降低至最小）使其具有新的使用功能。遗产的修复、重建和再利用问题，是国际遗产界颇多争议的问题。这些争论，或就项目的必要性、可行性，或就具体的方案或技术的选择。但是，它们作为遗产保护的重要方式，已日益得到世界各国的认同。

在今后数十年内，中国会出现规模和范围广泛的遗产修复、重建和再利用活动，中国遗产界应对此有思想、技术和制度准备。

所谓"思想准备"，是指应意识到在中国出现遗产修复、重建、再利用"热"的必然趋势，以及可能的范围和规模。这一趋势受以下原因驱动：

（1）中国正在实现伟大的民族复兴，文化与政治、经济是民族复兴的三大组成部分。遗产既是一个国家和民族的文化身份，同时在一定意义上也是国家和民族的政治身份。

（2）在中国近、现代历史中，相当多具有高度历史文化价值的遗产，因外族入侵、国内战乱，以及经济和社会建设中的不当处置，或损毁，或废弃。其中一些具有突出价值者，应当为民族复兴而修复或重建。

（3）随着经济和社会的发展，中国有能力、有条件进行这些恢复和重建。

（4）中国社会和经济的发展，使得人们对生活质量的追求和对文化消费的需求日益突出。由此，遗产再利用问题将成为城市建设中的一大重点问题。这种"再利用"包括：延续与恢复遗产的原初功能；开拓新的功能；提升其在城市规划或地区规划中作为关节点的作用；开发其作为文化产业资源的经济价值。

在上述因素的驱动下，今后几十年内，我国遗产修复、重建、再利用的范围与规范可能是相当大的。这一情况，远可参见第二次世界大战后欧洲被毁城市的修复与重建活动，近可参见20世纪90年代后期波罗的海国家及东欧国家脱离社会主义阵营、投入欧洲统一进程后的遗产修复与重建活动。在那里，这些修复与重建的遗产均被视为国家身份的象征。同时，还可参见西欧国家（如意大利、法国、英国等）中持续进行的遗产修复与再利用活动。在那里，遗产已日益成为提高社会生活质量与经济能力的资源。同时，还可参见现时

国内的文物市场、文物收藏"热"、文物拍卖"热"。这种"热",必然会由现在的私人之于可移动文物,扩展到未来的地方政府和社会群体之于不可移动遗产。

所谓"技术准备",是指遗产修复、重建、再利用所涉及的方法、方案、技术、程序等。这是遗产修复、重建、再利用能够成功实施的关键。这种技术准备对于修复、重建、再利用是不同的,对于不同类型的遗产也是不同的。其核心问题是保持遗产的真实性,尤其是形态(法式)、材料、工艺、环境的真实性。在中国的修复与重建中,如何处理传统材料和工艺与现代材料和工艺的关系,特别重要。应当考虑到,传统工艺本身就是重要的非物质文化遗产。对遗产实体的保护,意味着同时对其非物质遗产(传统工艺)的保护。这样,在实施修复与重建时,应尽量使用原初的材料和工艺。唯此才能尽可能多地保存被损毁遗产的原真性,也才能为传统工艺的保存提供得以施展的平台,以确保这类非物质遗产的生命力延续。现代材料与技术的使用应受到严格限制。只有在传统材料和工艺已经失传的情况下,才能使用。并且,应确保这种使用的可逆性,即在发现传统材料和工艺后能够取而代之。对于遗产再利用,它本质上具有一定程度的创新性质。这样,其中关系遗产真实性保护的部分,应强调原形状、原技术、原材料;只有那些与"再利用"有关的部分,可以以不影响整体真实性的方式,或能与整体真实性相协调的方式,引入新的形状、现代材料和现代工艺。

所谓"制度准备",是指针对遗产修复、重建、再利用的制度建设。这套制度,包括有关的法律、规章、标准,涉及工程项目的批准与验收,技术、标准、工程实施者的资质,以及被修复、重建及再利用的遗产的产权。其中,规章与标准最具重要性。我国文物法规中,包含着遗产修复、重建、再利用方面的内容,但它们大多为指向性的,不具备明确的操作意义。在我国文物界和文物法规中,传统上流行"不改变原状""不得在考古遗址重建""修旧如旧"等提法。这些提法无疑包含着合理性。但这些观念或提法均没做严格的科学界定,从而使这些观念或提法在具体应用中难以把握。我国在遗产保护规章和标准上具有里程碑意义的突破是《中国文物古迹保护准则》的制定与颁布。这一由ICOMOS中国委员会主持,并在美国和澳大利亚协助下参照《巴拉宪章》而制定的文献,对中国遗产保护中最棘手、最具争议性的"重建"问题,做出了前所未有的明确规定。但这一中国《准则》与《巴拉宪章》在观念上仍有差距。从适应中国现代遗产保护需求看,它存在以下不足:遗产"再利用"的准则问题在一定程度上被忽视;"活态遗产",尤其是其中"活态组分"的保护准则问题在相当程度上被忽视;遗产"非物质"真实性的保护准则问题在很大程度上被忽视;遗产真实性中的非本体组分(如有着时空相关性的人、事、物等)的保护准则问题在很大程度上被忽视。由于中国遗产的多样性,这些遗产的现状与历史渊源的复杂性,以及遗产的价值等级差异和功能定位差异,中国需要更为具体的分门别类的准则。根据中国需求,认真地、有深度和远见地制定这些准则,不仅非常有利于中国遗产保护事业,同时也是对国际遗产界的重要贡献。

3. 遗产展示问题

展示是一项内容丰富的遗产管理活动。在国际遗产界，无论是博物馆还是遗产地，普遍使用"Interpretation"或"Presentation"。这两个术语在广义上被视为同义词。

在现代遗产管理中，展示是体现遗产价值和功能的最主要、最基本方式，是遗产与社会、政治、经济联系的重要渠道。"展示"传统上就是遗产事业的一项重要使命。在现代遗产事业中，展示不仅是遗产保护中的一项内容，而且其重要性日益强化。首先，它在政治上得到强化，将它与基本人权联系起来。其次，它在技术上得到强化。ICOMOS制定并即将公布的《艾兰姆宪章》实则是一个遗产展示宪章。它阐释了遗产展示的意义、内容、方法，以及必须恪守的原则。可见，在现代遗产事业中，展示的重要性几乎是与传统意义上的"保护"相当的。

展示一直是中国遗产事业的薄弱环节。首先，展示的重要性并未得到法律或法规意义上的确认。在中国《文物保护法》中，"展示"仅隐含在文物工作方针"保护为主，抢救第一，加强管理，有效利用"的第四项内容"有效利用"中。这不仅没有体现展示的重要性，而且将"展示"与国际遗产界的"利用"概念相混淆。在一定程度上可以认为，中国在遗产展示方面存在的问题远比遗产保护更多。如果说，遗产保护未能得到社会公众的自觉或自发支持，那么，缺乏广泛普及和卓有成效的展示应是重要原因之一。

遗产的实物展示是最重要的遗产展示方式。没有实物展示，就不存在展示。在中国，由于对"展示"重要性的轻视和忽视，相当多的博物馆因其阵列的陈旧、枯燥、一成不变，而失去对公众的吸引力。它们与其说是公众的教育中心，不如说是文物收藏中心。

展示问题在不可移动文化遗产（包括文化遗产地）中更为突出。真实性应是这些展示的基础和依据。这些展示的缺失，可以归纳为3个方面：①遗产的物质展示方式；②遗产的非物质展示方式（讲解等）；③遗产旅游经营对展示的干预和破坏。

我国相当多的不可移动遗产和遗产地的物质层面展示是不完整的。一些古迹和遗址（如古墓葬、古建筑、大型遗址等）在展示时往往失去原初与其共生的可移动文物（它们被移至博物馆或其他地方）；一些作为"活态遗产"保护的古城镇、古村落、古民居，在展示时，其活态内容失去真实性；大多遗产都伴生着民间艺术、习俗等非物质内容，然而在展示时，这些非物质内容或消失，或扭曲。上述问题严重影响着向公众传递遗产物质层面真实性信息的完整性和准确性。

我国遗产和遗产地的非物质展示方式同样问题严重。所谓"非物质展示方式"，包括讲解，文、图标识和说明，出版物，等等。其中，以讲解最为重要，问题也最多。主要表现为：有关遗产的历史、科学、美学的各种记录，或收集不完整，或缺乏辨识和提炼，未能将它们编织为一个丰富的、有逻辑条理的、既给观赏者以知识又能激发观赏者探索兴趣的解说内容；相当多的遗产地讲解中充斥着无文化价值且彼此雷同的传说，并以这些传说说明遗产地的历史、科学、美学价值；相当多的遗产地展示缺乏生动性和体验性，它们中的绝大多数尚不会利用虚拟成像技术，使人们获得在一般观赏中无法获取的宏观（遗产的全尺度、全貌展示）与微观（遗产精华部分）精细体验。这些问题严重影响着向公众传递遗产知识层面真实性信息的科学性、准确性，以及生动的吸引力。

在我国，遗产和遗产地展示还受着遗产旅游经营的严重干扰。遗产单位与遗产所在地政府为了追求遗产的经济效益而采取的展示举措，往往极大地伤害着遗产真实性。他们或在遗产区不合法、不合标准地伪造与重建若干景点（如西湖的雷峰塔重建、乐山大佛附近新造的供旅游观赏的"佛国"等），或在遗产区开设宾馆、饭店、商场、娱乐中心等。有些地方政府还欺世盗名，将遗产名与遗产所在地的行政地名混为一谈，毫不考虑遗产名与遗产所在地地名的原初历史文化内涵。

遗产展示实际上反映着遗产管理者的认识水平、遗产价值观倾向（是文化主导还是经济主导），以及遗产为公众服务这一使命的责任感。上述展示问题，不仅伤及遗产及其价值，伤及受众，并最终会因失去文化吸引力而丧失旅游市场。为了规范和提高中国遗产展示水平，遗产主管部门应像编制《中国文物古迹保护准则》那样，参照《艾兰姆宪章》精神，并根据中国遗产特点和展示需求，编制《中国文物古迹展示准则》。

1.3 城乡文化遗产及其保护

1.3.1 村落、乡镇与城市

1. 村的概念与类型

根据《村庄和集镇规划建设管理条例》，村或村庄"是指农村村民居住和从事各种生产的聚居点"。村或村庄、村落在全国各地有各种不同称谓：华北地区称村、庄；东北地区称屯、村、店；山东胶东称疃，山区称峪、崮；江南水网地区称港、浜；西南少数民族地区称寨；江西、浙江山区称坑；西北地区以及山西注重防御的村庄称堡、寨、壁、坞、屯、营等；两湖、贵州山区称坪、垭、湾、冲、圩、田等。不同的称谓反映了村庄、村落形成过程中的人文、地理影响因素。但就其生产性质而言，多以农业（包括林业、果业、蔬菜及家畜饲养）为主。就其聚落形态而言，因受地形影响较大，可分为平原、山地、水网地区、黄土高原等不同的村落类型。

（1）平原村落

平原是我国最早垦殖开发的地区，所以平原地区的村落历史最为悠久，且其布局的限制因素较少，形态变化丰富，人文意味浓厚。

1）自然村落

这是一种基本没有规划的村落，自发形成。其人口除本村的自然增加外，也有外来移居的农户。这类村落以北方居多，可能是缘于北方历代战乱频繁、移民众多之故。这类村落虽然没有规划，但受寒冷气候的影响，其住宅皆为南向，街巷布置亦为"十"字形、方格网式；其宅院入口虽有东、南、西、北向之分，但院内房屋布置仍为南向。在地域辽阔的东北地区，村落往往是一字式布置，所以宅院皆是坐北朝南，街巷面不开设宅门。相反，在南方稻作地区，农户皆毗田而居，呈"小集中、大分散"的小规模聚落形式；每个村落的户数由少积多，朝向不定，成为自发形成的村落。

2）宗族村落

这类村落在中国占绝大多数，南方尤甚。中国封建社会历来推行宗法制度，这是一种用以维持家族血缘关系的制度。周代的宗子制度、魏晋至唐代的世家制度都是宗法制度。宋以后，由于封建地主阶级进一步分化，士庶、地主在经济、社会上占有同样的地位，为了巩固封建的生产关系，在农村提倡聚族而居的祠堂式家族制度遂成为宗法制度的新发展。聚族而居的家族制度又分以下两种情况。

一种是累世同居的大家族。即合家居住在一所大房子里，共同劳动，收入归公，一灶吃饭，没有私财，过着低水平的平均主义生活。除了夫妻对偶居住以外，一切家庭活动均由家长指挥。这种家庭经常受到朝廷的封赏，如朝廷对五世同堂的家庭要赠匾褒奖。我国最大的家庭曾达九世同堂、数百人居住的规模。但它是违反生产关系的家庭制度，很难长久维持，若干时日后自然分崩瓦解。这种家庭式村落在中华人民共和国成立以后基本消失，仅在个别封闭、落后地区尚有遗存。

另外就是聚族而居的村落。这类同族村为了达到"敬宗收族"的目的，一般都建造祠堂、设置族田（即义田）、编制族谱（家谱）；这三点是与自然村落大不同之处。同时，由于宗族内由族长掌握领导权，有一定的组织系统，所以这类村庄的建设皆有一定的规划，在族谱中往往有反映全村规划构思意匠的图样。近年来，全国各地进行的乡土建筑调查中所涉及的文化内涵深厚、有一定的规划布局构想、建筑质量较高的村庄，大部分是宗族村。例如，陕西韩城市党家村为党、贾二姓聚居，浙江兰溪市诸葛村为三国名臣诸葛亮的后裔聚居，江西乐安县流坑村为董氏大族村，安徽歙县棠樾村为鲍氏、瞻淇村为汪氏、呈坎村为罗氏所聚居，湖南岳阳县张谷英村为张氏聚居，福建漳浦县赵家堡为北宋皇族赵氏之后代聚居，广东三水市大旗头村为郑氏聚居等，不胜枚举。

同姓宗族村内的建筑除住宅以外，首要的就是祠堂；若本村出有为官或经商显赫的人才，尚立有牌坊、义塾等。退隐的官僚士子尚可组建书院，或建设相应的文峰塔、魁星阁等类建筑。而封建政权推行的保甲制度在这类村中往往与家族制度组织合而为一，不一定有专门的办公处所。这类村中商品交换不发达，仅有设在较大村落中的定期的集市贸易，用以交换农民手工业生产的用具及剩余的粮食等物。除了特定的宗教庙宇以外，各村落中较多建造的是保护农民收成的社稷之神——土地庙，以及守卫本村的"守护神"——关帝庙等。

3）围堡村落

这种围堡很久以前即有出现。东汉末年，群雄割据，大地主纷纷建立庄园武装，筑堡自卫，当时称为"坞壁"，如董卓即筑有梅坞。考古发掘的东汉墓葬中的陶制明器中，即有各种坞壁形式。

明清以来，我国的围堡村落分化为两种类型。一种为聚族而居的村寨，为了安全，有计划地划分用地，统一规划，建造围堡，如福建闽南客家土楼，赣南客家围子，山西灵石县静升镇恒贞堡，宁夏固原市三营乡延家堡、七营乡赵家堡等。另一种为多姓混居的村寨，原来没有城堡，因屡受战乱蹂躏，村民自发集资，建堡自卫，这种围堡多因地制宜、形制多样，同时其堡门与街巷的关系亦非十分妥当，如山西阳城县砥洎城、郭峪村等。

（2）山区村寨

明清以来，人口剧增，农用地不足，进而大规模开发山区农业用地，增建山区农村，尤其是在雨量充沛的南方地区，这类山村更多。汉族的山区农村一般规模不大，多沿等高线分台建造，有的民居将台地包在院落内部，村落内部交通主要靠踏步。比较有特色的是西南山地少数民族的村寨，它们多依山或上山而建，充分利用地形高差，争取居住用地，这类民族村寨又可分为以下两种情况。

1）民族村寨

我国山居的少数民族很多。由于历史的原因，各民族山居地选址的高差不同，如文化较发达的壮族、侗族、傣族、土家族等多居住在山脚坡地，背山面水，自然条件较好，其村寨布局多取自由式。部分少数民族汉化较多，文化基础好，则迁居城镇，居住在汉族习用的合院建筑之中，其聚落呈街巷式布局。而苗族、哈尼族、布依族多居住在山腰上的台地，虽然地形稍为复杂，但与梯田相结合，自由布置，亦能创造出多变的建筑空间。瑶族、怒族等文化欠发达的民族则被迫迁居在高山之上或深谷之中，其村寨十分简陋，仅为居民点而已。

2）官寨

藏族村寨的布局形制除了为适应坡地地形而呈散点自由式布局外，还受两方面因素的制约。一是全民信仰藏传佛教，每个村寨皆有大小不等的佛寺，全寨民居皆围绕寺庙，或在寺庙一侧建造。在坡地地形上，寺庙往往占据最高点，俯视全寨。二是川西藏区过去有土司制度，"改土归流"以后则变为地方官吏，因而常有土司驻守，全寨民居皆以土司官寨为中心布置。如阿坝州的卓克基官寨坐落在马尔康河与另一小河汇流处的高地上，楼高5层，体量庞大，内部有住房、经堂、办事房、仓库及管家、娃子（即奴隶）的住室和碉房。而小河对面的台地上则分布着族人、农奴、娃子的住屋。这些人们每日都要面对着雄伟的官寨及寨前的碉楼和监狱，其阶级对立关系十分显著。此外，如阿坝州的马尔康官寨、芦花官寨，甘孜州的孔萨官寨皆为类似情形。

（3）水网地区村落

沪、苏、杭一带为太湖水网地区，当地湖泊密布、水道纵横、水面占据大半土地。水网地区的村庄可以说是"镇为泽国，四面环水""咫尺往来，皆需舟楫"的水上居民点。

（4）窑洞村落

黄土窑洞主要分布在我国的甘肃、山西、陕西、河南等省的沿黄河地区，另外，河北、内蒙古、青海等省亦有少量窑洞。因为窑洞的主要类型——靠崖窑和平地窑必须依靠黄土冲沟断崖或深厚的土层才能建造，所以这类村落往往呈自由分散式布局。如靠崖窑多随山就势、沿沟分布，呈带状村落。平地窑的窑院大小不同，其村落多呈星座状穿插布置。如陕西淳化县的梁家庄即是由170余户平地窑院以及50余户靠崖窑院组成的大村落。又如河南洛阳市冢头村由20个平地窑组成，大的窑院四周可以开设多达13眼窑洞，小者仅3~4眼窑洞。

窑洞村落选址除了土层深厚以外，附近尚需有井泉或溪水，以利生产、生活。窑洞村落的建筑内涵比较简单，除居住窑洞（窑院）外，在窑院附近还设有打谷场、畜圈、仓储窑洞等。窑洞村落多为异姓混居，少有宗祠等礼制建筑，亦很少建造寺庙。风水术对窑洞村落布置的影响较小，仅在建筑布局上争取主窑洞朝南，院内房舍按"左青龙"（东）位置设厨房、水井、入口，"右白虎"（西）位置设杂房、厕所等。

以上是按村落所处地理环境以及由此形成的村落形态来分类的。实际上，中国现有村落还可以根据其历史文化价值分为一般性村落、传统村落和历史文化名村，它们的历史文化价值呈现层层递进、逐步高级的关系。

2．镇的概念、类型与特点

（1）镇的概念的由来与演变

"镇"作为聚落的通名经历了长期的演变过程。"镇"这一名称最早出现于北魏（公元4世纪），是当时国家设置于沿边各地的军事组织。它既不是聚落的通名，也不是一级行政单元。该军事组织的指挥官——镇将的权力极大。

到唐代，镇演变为一种小的军事据点。《新唐书·兵志》记载："兵之戍边者，大曰军，小曰守捉，曰镇。"当时的镇将只负责防戍守御，其品秩仅相当于县令。唐中叶，由于边防需要，于边境设10个节度使辖区，即"方镇"。后来为平息安史之乱，在全国普遍设方镇，并与"道"（相当于今之省）相结合，形成既握兵权又管民事的节度使，结果使节度使变为世袭、财赋不交国库、户口不上版籍、雄踞一方的藩镇，史称"藩镇割据"。这不仅促使唐王朝垮台，而且造成中国历史上第二次分裂的"五代十国"局面。至五代，镇的设置遍于内地，镇的官员为镇使，除掌军权外，还握有地方实权。

到了宋代，为革除唐末五代藩镇跋扈之弊，加强中央集权，于建隆五年（962年）诏置县尉，剥夺镇将权力，大部分镇被罢废，地方实权归于知县，少部分没有被罢废的镇亦仅置"监镇"，掌管警盗烟火，兼征收商税，其军镇色彩开始减弱。与此同时，随着经济的发展，特别是商品交换的需要，在原有草市、集市的基础上涌现出一批乡村小市镇。有些小市镇就是原来的军事据点，监镇也由此转变为管理市镇事务的官员，于是"镇"演变成为县以下市镇的地方行政建制。如《宋史·地理志》记载："熙宁五年（1072年），并崇阳县通城镇为县，绍兴五年废为镇，十七年复。"它表明，在宋代，镇已由原来的军事据点演变为县以下的一级行政建制。所以，现代意义上的镇应该追溯到公元10世纪左右的宋代。但直到明、清，镇的军事色彩依稀保持，由武官充任的巡检司仍是进驻市镇、抚治一方、管理市场的主要官员。

清末（1909年）颁布《城镇乡地方自治章程》，实行城、乡分治，规定府、厅、州、县治城厢为"城"，城厢以外的为镇、村庄、屯集；其中，人口满5万者设"镇"，不足者设"乡"。

1928年，南京国民政府颁布《特别市组织法》《普通市组织法》和《县组织法》，规定特别市为中央直辖市（如上海），普通市为省辖，县以下城镇地区设"里"的建制。次年，修订《县组织法》，将"里"改为镇。后来，也有少数县以下的镇改为市的实例，如当时的吉林延吉县下设的延吉市（后升为县级市）。至此，市、镇的行政地位才得以确立，镇成为我国最基层的行政单位之一。

1955年6月，国务院发布《关于设置市、镇建制的决定》："镇是属于县、自治县领导的行政单位。"至此，镇的行政地位基本定型。就城镇聚落而言，现在的"镇"应包括建制镇（指有关行政机关根据一定的标准批准设置的基层行政区域单位，依法设有镇政府，与乡平级）的镇区和一般集镇。后者是介于乡村与城镇之间的过渡型居民点，是指乡、民族乡人民政府所在地和经县级人民政府确认由集市发展而成的作为农村一定区域经济、文化和生活服务中心的非建制镇。本书的研究对象——"镇"即包括建制镇镇区和一般集镇，特别是其中的古镇（区），即保有比较完整的古建民居、传统习俗和生活方式的古镇，以及历史文化名镇。

（2）镇的类型及特征

就我国镇的地域特色而言，主要有川渝的场镇、两广地区的墟镇、华中与华北的集镇以及江南的市镇等类型。由于我国古代工业欠发达，因而缺少工业镇和矿业镇，多为因交通而兴的场镇（市集、市驿、传统型市镇）和因商而兴的市（集、墟）镇（新型市镇），以及因驻军而兴的军镇。

1）场镇（传统型市镇）

我国早期的农村集市都设立于陆路交通驿站（国家经营的邮站和传舍）以及水路的津渡旁。这些因交通集散而发展起来的镇区即场镇必然占有水陆交通的要冲地位，且其镇区布局必然利于货物集散、转运及商贾交易。所以，码头、货栈、仓场、商铺、餐馆、旅舍、戏楼、马厩等往往成为其主要建筑类型，而居住建筑则居次要地位，其他如祠堂、书院、文峰塔等文化建筑较为少见。

这类场镇由于地形条件的不同，也形成了各自的空间特色。如四川石柱县的西沱镇，位于长江南岸，是川江上繁盛的转运码头，附近山区货物的运出，以及运往湖北恩施清江的物资多经由此地，但西沱镇的地形条件并不理想，沿江坡岸陡峭，只能垂直等高线层叠建房，沿阶递上，远眺镇容宛如云梯。

2）市镇（新型市镇或江南型市镇）

市镇是商品经济的产物，镇上生活围绕着"市"，因而其建筑类型也因沾染了商业特性而颇具特色。例如，寺庙前的广场往往成为定期举办庙会的场所，镇上繁荣的贸易市场吸引各地客商来市镇开设各种会馆，镇里也相应出现为"市"服务的娱乐、社交场所——戏台、茶馆等。此外，以四乡的农副业为依托，镇中与之配套的家庭手工业和加工业亦十分发达，镇上的居民大多是商人、作坊主和手工业者；前店后坊（宅）、下店上宅是这一类市镇中最为突出的建筑形制，且密排而成长长的商业街，繁荣了市镇经济。其商品的流向与传统市镇完全相反，镇上的居民出售他们的工副业产品，而换取原料及粮食；其功能不是为农村消费服务，而是为农村生产服务，收购的产品以远方市场为主，双方通过中介商人（即"牙行"）进行交易。

最典型的例子莫过于江南市镇。商品经济是江南市镇兴起的根本原因，江南市镇依赖四乡的农副业生产，并形成专业生产和专业销售。这些市镇往往分工协作，相互竞争，互相依存，形成一个较为完善的市场经济体系；每个镇均成为某类产品的专业特色市镇，如乌镇、菱湖、震泽等为丝业市镇，盛泽、双林、王江等为绸业市镇，罗店、七宝、朱家角等为棉布市镇，光福为刺绣业市镇，善琏为制笔业市镇，桐乡的石门为榨油业市镇，千家窑、陈墓为砖瓦窑业市镇。

3）军镇

军队的驻地容易引来商业活动。南北朝时我国已出现许多固定的驻军点，称为"军镇"。宋时，军镇中的驻军大都撤走，设文官管理。后来，这些军镇逐渐变质，变成县级以下的市场，以及一般意义的城镇，即"军镇"。在我国，这种由早期驻军而形成的城镇数量并不多，但也是有特色的类型，姑且录之。

以上是按城镇所处地理环境以及由此内生的城镇功能来分类的。实际上，我国现有乡镇还可以根据其历史文化价值由低至高分为一般性乡镇、古镇、历史文化名镇等类型。

3. 城市的产生与类型

城市的出现，是人类走向成熟和文明的标志，也是人类群居生活的高级形式。城市的起源从根本上来说，有因"城"而"市"和因"市"而"城"两种类型。因"城"而"市"就是城市的形成先有城后有市，市是在城的基础上发展起来的，这种类型的城市多见于战略要地和边疆城市，如天津起源于天津卫；而因"市"而"城"则是由于市的发展而形成的城市，即是先有市场后有城市的形成，这类城市比较多见，是人类经济发展到一定阶段的产物，本质上是人类的交易中心和聚集中心。城市的形成，无论多么复杂，都不外乎这两种形式。

早期，人类居无定所，随遇而栖，三五成群，渔猎而食。但是，在对付个体庞大的凶猛动物时，三五个人的力量显得单薄，只有联合其他群体，才能获得胜利。随着群体力量的强大，收获也就丰富起来，抓获的猎物不便携带，找地方贮藏起来，久而久之便在那地方定居下来。但凡人类选择定居的地方，都是些水草丰美、动物繁盛的处所。定居下来的先民，为了抵御野兽的侵扰，便在驻地周围扎上篱笆，形成了早期的村落。

随着人口的繁盛，村落规模也不断扩大。猎杀一只动物，整个村落的人倾巢出动显得有些多了，且不便分配。于是，村落内部便分化出若干个群体，各自为战，猎物在群体内分配。由于群体的划分是随意进行的，那些老弱病残的群体常常抓获不到动物，只好依附在力量强壮的群体周围，获得一些食物。而收获丰盈的群体，不仅消费不完猎物，还可以把多余的猎物拿来，与其他群体换取自己没有的东西，于是，早期的"城市"便形成了。《世本·作篇》记载：颛顼时"祝融作市"。颜师古注曰："古未有市，若朝聚井汲，便将货物于井边货卖，曰市井。"这便是"市井"的来历。与此同时，在另一些地方，生活着同样的村落，村落之间常常为了一只猎物发生械斗。于是，各村落为了防备其他村落的侵袭，便在篱笆的基础上筑起城墙。《吴越春秋》一书有这样的记载："筑城以卫君，造郭以卫民。"城以墙为界，有内城、外城的区别。内城叫城，外城叫郭。内城里住着皇帝高官，外城里住着平民百姓。这里所说的"君"，在早期应该是猎物和收获很丰富的群体，而"民"则是收获贫乏、难以养活自己、依附在收获丰盈的群体周围的群体。人类最早的城市其实具有"国"的意味，这恐怕是人类城市形成及演变的大致过程。学术界关于城市的起源有三种说法：

一是防御说，即建城郭的目的是为了不受外敌侵犯。二是集市说，认为随着社会生产的发展，人们手里有了多余的农产品、畜产品，需要有个集市进行交换。进行交换的地方逐渐固定了，聚集的人多了，就有了市，后来就建起了城。三是社会分工说，认为随着社会生产力的不断发展，一个民族内部出现了一部分人专门从事手工业、商业，一部分专门从事农业的现象。从事手工业、商业的人需要有个地方集中起来，进行生产、交换。所以，才有了城市的产生和发展。

城市是人类文明的主要组成部分，也是伴随人类文明与进步发展起来的。农耕时代，人类开始定居；伴随工商业的发展，城市崛起，城市文明开始传播。其实在农耕时代，城市就出现了，但作用是军事防御和举行祭祀仪式，并不具有生产功能，只是个消费中心。那时城市的规模很小，周围农村提供的余粮不多。每个城市和它控制的农村，构成一个小单位，相对封闭，自给自足。

学者们普遍认为，真正意义上的城市是工商业发展的产物。如13世纪的地中海沿岸、米兰、威尼斯、巴黎等，都是重要的商业和贸易中心；其中，威尼斯在繁盛时期，人口超过20万。工业革命之后，城市化进程大大加快了，由于农民不断涌向新的工业中心，城市获得了前所未有的发展。到第一次世界大战前夕，英国、美国、德国、法国等国绝大多数人口都已生活在城市。这不仅是富足的标志，而且是文明的象征。

随着城市的林立而起，其象征力便没了以往的深刻，这似乎也暗合了"道"，也许城市与乡村本就无本质上的区别，正像是人的安居乐所与勤奋工作一样，顺其自然（生产力的发展）而交替着自身的位置。城市对人类文明进程是如此重要。

在农业经济时代，生产力水平低下，城市发展非常缓慢，重要的城市均为具有政治统治作用的都城、州府等。18世纪后，工业化进程促进了生产力水平的提高，加快了城市的发展。

城市产生与发展的基本动力是社会生产力的发展。城市的提法本身就包含了两方面的含义："城"为行政地域的概念，即人口的集聚地；"市"为商业的概念，即商品交换的场所。而最原始的"城市"（实际应为我们现存的"城镇"）是最初城市中的工业集聚，也是为了使商品交换变得更为容易（可就地加工、就地销售）而形成的。在城市中直接加工销售相对于将已加工好的商品拿到城市中来交换而言，则正是一种随着工业城市的出现而产生的一种商业变革。城市包括城市规模、城市功能、城市布局和城市交通，而这几方面所发生的变化，都必然会给城市的商业活动带来影响，促使其发生相应的变革。城市经济学对城市作了不同能级的分类，以城区常住人口为统计口径，将城市划分为五类七档。按城市综合经济实力和世界城市发展的历史来看，城市分为集市型、功能型、综合型、城市群等类别，这些类别也是城市发展的各个阶段。任何城市都必须经过集市型阶段。

集市型城市：属于周边农民或手工业者商品交换的集聚地，商业主要由交易市场、商店和旅馆、饭店等配套服务设施所构成。处于集市型阶段的城市在中国主要有集镇。

功能型城市：通过自然资源的开发和优势产业的集中，开始发展其特有的工业产业，从而使城市具有特定的功能。不仅是商品的交换地，同时也是商品的生产地。但城市因产业分工而形成的功能单调，对其他地区和城市经济交流的依赖增强，商业开始由以封闭性的城内交易为主转为以开放性的城际交易为主，批发贸易业有了很大的发展。这类型城市主要有工业重镇、旅游城市等。

综合型城市：一些地理位置优越和产业优势明显的城市经济功能趋于综合型，金融、贸易、服务、文化、娱乐等功能得到发展，城市的集聚力日益增强，从而使城市的经济能级大大提高，成为区域性、全国性，甚至国际性的经济中心和贸易中心（"大都市"）。商业由单纯的商品交易向综合服务发展，商业活动也扩展延伸为促进商品流通和满足交易需求的一切活动。这类城市在中国比较典型的有直辖市、省会城市。

城市是社会分工和生产力发展的产物。"城"是指四周围以高墙、扼守交通要冲、具有防守性质的军事要点。奴隶社会的城市主要是行政、军事、宗教、手工业的中心。封建社会的城市不仅是商品市场和贸易的中心，而且开始发展成为政治、经济、文化的中心。随着大工业生产，出现了如上海、广州、天津等特大的现代城市。"市"出现很早，最初是作为进行交易的固定场所出现的。秦汉时期，在京都、郡、国乃至大县城内，几乎都有官府在指定地区设立并由官府管理的市，与居民所住的里或坊严格分开。比如汉长安城西北角的东市、西市。与这种"市"相比，作为一级行政区划的"市"，出现得就很晚了。

1.3.2 城市文化遗产与历史文化村镇

1. 城市文化遗产

城市是孕育人类文化遗产的重要场所，也是荟萃文化遗产的广阔渊薮。城市文化遗产的积累经历了长久的过程，随着城市的发展，具有精彩表层和丰富内涵的城市文化遗产同城市一同诞生。城市文化遗产是人类文化的重要标志，也是人类对具有先进意义的城市社会所作出的伟大创造。浓缩了世界各族人民创意和智慧结晶的城市文化遗产，集中展示了人类几千年文明发展史中最具价值的成果，具体而形象地见证了人类历史进程的脉络。21世纪的当下，关于城市文化遗产的保护问题已经越来越受到我们的关注与重视，主要原因是城市文化遗产对于当代社会的发展具有重要的价值和意义。城市文化遗产作为在城市发展过程中逐步建构而成的文化形态，不但是整个城市文化文脉中的组成部分和源头，而且与当下城市文化有着极为密切的血缘传承关系，同时也体现了城市文化遗产本身具有的深厚的文化精神内涵，反映了具有一定普泛性意义的民族文化传统、民族审美情感与民族价值取向。所以，我们保护传统城市文化遗产，可以更好地弘扬与维护国家的民族精神，促进国家与城市向着更为文明、科学与现代化的方向发展。20世纪初以来，世界上很多著名城市相继通过各种立法，把城市文化遗产的保护事业纳入国家层面，这说明当代国际社会越来越意识到保卫人类优秀历史文化遗产的迫切性和重要性。特别是在20世纪下半叶以来，联合国教科文组织制定的众多关于文化遗产保护的国际公约，更是将文化遗产问题提高到了国际的层面来予以重视。城市文化遗产不仅对城市自身发展意义非凡，而且对人类文明社会进程具有重大意义。

2. 历史文化村镇

2002年修订的《文物保护法》将不可移动文化遗产分为三个层次，即文物保护单位、历史文化街区（村镇）和历史文化名城，历史文化村镇与街区同属第二个层次。2008年国务院颁布的《历史文化名城名镇名村条例》，建立起了我国历史文化名城和历史文化名镇名村的不可移动文化遗产保护体系。在这些国家层面的法律法规中将村和镇合并在一起称历史文化村镇，而不是将历史文化名城与镇合并在一起称历史文化城镇。同样，在学术研究中，也是将历史文化村镇和历史文化名城分别进行研究，这是因为现存的历史文化村镇是经过上百年甚至数百年历史发展而来的，在传统的农耕社会里，村庄和集镇是不可分割的乡土文化载体。

在经济上，集市、镇的出现是社会生产力发展的结果。所谓集市，是以农业生产者之间相互交换为基础的场合；镇是随着集市商业活动的发达，由临时性的集市逐渐成长为永久性的社区。通常是集市和镇结合在一起形成集镇，它们是中国传统农耕经济的中心点，农村的网络靠着集镇这个系统集结而成，是一方物质交换集散的中心，是维系传统农村社会经济的基础。

在政治上，遍布全国各地大大小小的驿站，一般处于交通要道，大多发展成了具有商贸功能的集镇居民点，它们是封建皇权统治的触角，伸向了广大的农村。集镇对稳定封建王朝基层政权起着重要的作用。这是因为，封建社会是中央集权的行政制度，中央所派遣的官员到知县为止，基层的行政单位就是县衙，广大农村处于一种松散的自治管理状态；为了实现对广大农村的治理，在县衙和农户之间需要有一个中间阶层来协调官与民的关系，这个阶层就是农村的乡绅，他们大多居住在集镇里，所以集镇也就成了自上而下和自下而上政治管理的交汇点，成为封建政治在农村地区的桥头堡。

在文化上，传统集镇位于广大的农村腹地，与周边的村落一脉相承。从人口构成来看，集镇里最初出现的是不从事农业生产的商人和手工业者，及至后来脱身农业的豪绅和地主，他们均来自于周边从事农业生产的村落。宗族是组成中国传统社会的基层社会组织，一个宗族往往就是一个自然村落，天然地形成一个相对独立的小社会。宗族与宗族之间的联系也往往需要通过古镇进行。古镇是宗族之间获取信息、沟通思想，并进行生产交换、商业贸易、文化娱乐的中心。此外，古镇往往还是神庙所在地，是各村落的进香中心。可以说，传统集镇是传统村落"熟人"社会的延伸，是乡土礼俗文化的一部分。

按照施坚雅（G. William Skinner）的区域体系理论对于古镇的划分标准，这里所讲的古镇大抵属于标准墟镇与中间古镇这一层次，它们共同构成区域经济体系中的最底层，也是最基本的单位。标准古镇的规模一般覆盖15～30个村庄。有的地理位置重要、商业化程度较高、覆盖几个标准古镇的区域性古镇，则具有标准古镇与中间古镇的双重角色，起着联结乡村古镇与县城中心古镇的中间环节作用。这些古镇植根于农村市场的土壤，直接联系着乡村、村民，"乡非镇则财不聚，镇非乡则利不通"，这生动地说明了古镇与周围村落唇齿相依的密切关系。

1.3.3 城乡文化遗产保护体系

随着我国经济的高速发展，城市与乡村发展日新月异，开发建设与文化遗产保护的冲突也不时出现。面对这种客观现实，我国通过法律、政策等构建了一个从城市到乡村、从局部到整体的多层次历史文化遗产保护体系，用以保护利用历史文化遗产。具体分为5个保护层次，即文物保护单位、历史文化街区、历史文化名镇名村、历史文化名城和传统村落。

1. 文物保护单位

1961年3月4日，国务院公布《第一批全国重点文物保护单位名单》，文物保护单位这一保护层次被正式提出。文物保护单位是指古文化遗址、古墓葬、古建筑、石窟寺、石刻、壁画、近代现代重要史迹和代表性建筑等不可移动文物。文物保护单位按照重要性由强到弱分为全国重点、省级、市级、县级四个层次。

第一等级全国重点：由国务院文物主管部门组织确定，报国务院核定公布。国务院文物主管部门有两种确定全国重点文物保护单位的方式，第一种方式是在省级、市级、县级文物保护单位之中进行遴选确定，另一种是直接确定。该等级为中华人民共和国对不可移动文物所核定的最高保护级别。第二等级省级：由省、自治区、直辖市人民政府核定公布，并报国务院备案。第三等级市级：由设区的市、自治州人民政府核定公布，并报省、自治区、直辖市人民政府备案。第四等级县级：由县级人民政府核定公布，并报省、自治区、直辖市人民政府备案。

2. 历史文化街区

2002年，《文物保护法》正式启用"历史文化街区"这一概念，但并不是说历史文化街区这一保护层次的存在只有15年的时间，与其名称相近的概念——历史文化保护区早在20世纪80年代就出现了。1986年国务院在公布第二批国家历史文化名城的文件中提出了历史文化保护区的概念，并要求地方政府依据具体情况审定公布地方各级历史文化保护区。自2008年7月1日起施行的《历史文化名城名镇名村保护条例》是由国务院制定和颁布的一部有关历史文化名城、名镇、名村的申报、批准、规划、保护的行政法规，其效力次于法律，高于地方性法规、规章等。其对于历史文化街区的概念从法律层面讲是最权威的。历史文化街区是指经省、自治区、直辖市人民政府核定公布的保存文物特别丰富、历史建筑集中成片、能够较完整和真实地体现传统格局和历史风貌，并具有一定规模的区域。

历史文化街区可以分为中国历史文化街区和省市级历史文化街区。中国历史文化街区：此前我国一直没有国家级这一层面法定的历史文化街区，直到2015年国务院建设主管部门会同国务院文物主管部门才公布了第一批中国历史文化街区。申报街区必须符合的基本条件原则上是省级人民政府公布的历史文化街区。经过一年时间的各地推荐、专家评审和主管部门审核，2015年4月3日住房和城乡建设部、国家文物局对外公布第一批30个中国历史文化街区。省市级历史文化街区：核定公布省市级历史文化街区的主体是省、自治区、直辖市人民政府，并要报国务院备案。

3. 历史文化名城

"历史文化名城"概念的正式出现可以追溯到1982年。1982年2月8日国务院批准了北京、泉州、江陵等24个有重大历史价值和革命意义的城市为我国第一批历史文化名城。

历史文化名城是指经国务院、省级人民政府批准公布的保存文物特别丰富，并且具有重大历史价值或者革命纪念意义的城市。

历史文化名城可以分成国家历史文化名城和省级历史文化名城两个保护层次。国家历史文化名城：由国务院批准公布的为国家历史文化名城。省级历史文化名城：由省、自治区、直辖市人民政府批准公布的为省级历史文化名城。

现在被称作历史文化名城的城市，主要指原国家历史文化名城。

4．历史文化名镇名村

历史文化名镇名村是我国城乡历史文化遗产保护体系中的新成员，可以分为中国和省级两个保护级别。中国历史文化名镇名村：2003年国务院建设主管部门和国务院文物主管部门公布了中国历史文化名镇名村评选方法，正式提出中国历史文化名镇名村这一概念，并从历史价值和风貌特色、原状保存程度、规模三方面对其进行了界定。

国务院建设主管部门会同国务院文物主管部门在已批准公布的省级历史文化名镇名村中，按照已经公布的评选评价标准进行遴选，并组织专家进行论证，再最终确定公布。

省级历史文化名镇名村：由该村镇所在地县级人民政府提出申请，经省、自治区、直辖市人民政府确定的保护主管部门会同同级文物主管部门组织有关部门、专家进行论证，提出审查意见，报省、自治区、直辖市人民政府批准公布。

5．传统村落

2012年4月，住房和城乡建设部、文化部、国家文物局和财政部联合发出了《关于开展传统村落调查的通知》，其中给出了传统村落的含义，即"村落形成较早，拥有较丰富的传统资源，具有一定历史、文化、科学、艺术、社会、经济价值，应予以保护的村落"。通过各省政府相关部门组织专家调研与审评工作初步完成，全国汇总的数字表明，中国现存的具有传统性质的村落有近12000个。

传统村落是与物质、非物质文化遗产大不相同的另一类遗产，它是一种生活、生产中的遗产，同时又饱含着传统的生产和生活。

（1）它兼有物质与非物质文化遗产特性，而且在村落里，这两类遗产互相融合、互相依存，同属一个文化与审美的基因，是一个独特的整体。人们曾经片面地把一些传统村落归入物质文化遗产范畴，这样造成的后果是只注重保护乡土建筑和历史景观，忽略了村落灵魂性的精神文化内涵，徒具躯壳，形存实亡。传统村落的遗产保护必须是整体保护。

（2）传统村落的建筑无论历史多久，都不同于古建；古建属于过去时，乡土建筑是现在时。所有建筑内都有人居住和生活，必须不断地修缮乃至更新。所以村落不会是某个时代风格一致的古建筑群，而是斑驳而丰富地呈现着它动态嬗变的历史进程。它的历史不是滞固和平面的，而是活态和立体的。

（3）传统村落不是"文保单位"，而是生产和生活的基地，是社会构成最基层的单位，是农村社区。它面临着改善与发展，直接关系着村落居民生活质量的提高。保护必须与发展相结合。在物质和非物质文化遗产中，都没有这样的问题。

（4）在传统村落的精神遗产中，不仅包括各类"非遗"，还有大量独特的历史记忆、宗族传衍、俚语方言、乡约乡规、生产方式等。它们作为一种独特的精神文化内涵，因村落的存在而存在，并使村落传统厚重鲜活，还是村落中各种"非遗"不能脱离的"生命土壤"。

2012年9月，住房和城乡建设部、文化部、国家文物局、财政部联合成立了由建筑学、民俗学、规划学、艺术学、遗产学、人类学等专家组成的专家委员会，评审《中国传统村落名录》。截至目前，已公布了5批6799个中国传统村落。中国传统村落的评选和保护，是我国城乡文化遗产保护工作的进一步深化。

6. 文化线路

1994年于西班牙马德里召开的"文化线路遗产"专家会议上，与会者一致认为：应将"线路作为我们文化遗产的一部分"，从而第一次提出了"文化线路"这一新概念；2008年，国际古迹遗址理事会第十六次大会通过了《文化线路宪章》，"文化线路"作为一种新的大型遗产类型被正式纳入了《世界遗产名录》的范畴。这就为"文化线路"在"世界文化遗产"中奠定和确立了地位。根据《文化线路宪章》的阐述，文化线路是指任何交通线路，无论是陆路、水路，还是其他类型，拥有清晰的物理界限和自身所具有的特定活力和历史功能为特征，以服务于一个特定的明确界定的目的，且必须满足以下条件：①它必须产生于并反映人类的相互往来和跨越较长历史时期的民族、国家、地区或大陆间的多维、持续、互惠的商品、思想、知识和价值观的相互交流；②它必须在时间上促进受影响文化间的交流，使它们在物质和非物质遗产上都反映出来；③它必须要集中在一个与其存在于历史联系和文化遗产相关联的动态系统中。

文化线路是对历史文化遗产保护的一种新思路，近年来在中国文化遗产保护领域逐步得到重视。这一概念的提出实际上是以人类交流和文化传播的通道为线索，将沿途不同尺度、不同类型的遗产整合在一起，从整条线路的角度，来理解包括城市、地区、村镇等在内的每个元素的历史文化价值。中国幅员辽阔、民族众多、历史悠久，在千百年的历史发展过程中积累的丰富文化线路遗产，是见证中国五千年文明史的文化长河，是展示中华传统文化的百科全书。基于自身的地域与文化背景，中国的文化线路具有尺度较大、类型多样的特征，包括商旅、迁徙、宗教等各种题材，与之相关的文化事件内涵丰富、构成复杂，如丝绸之路、大运河及茶马古道。其中，前两者已进入了中国申报世界文化遗产的预备名单。除此之外，我国还拥有大量的文化线路遗产，结合历史地理中对交通的研究就可以发现诸如秦汉邮驿之道，魏晋南北朝时期南北水路，唐代五台山进香道、金牛驿道、剑门蜀道，清代帝王拜谒祖陵之路，明代戍边军事防御线路等非常丰富的题材。在这些文化线路涉及的单个遗产内容中，历史文化村镇是非常重要的一个类型。如果忽略对这些线路节点的历史文化村镇的保护，就可能会降低整条文化线路的遗产价值，造成不可估量的损失。

从保护文化线路的角度来保护相关历史文化村镇，具体技术要求包括：①资料收集阶段要增加对规划范围所涉及的文化线路资料的收集,如商贸运输、宗教朝拜、人口迁移等;②基于历史地理研究,明确与文化线路相关的历史文化村镇名录,并对这些村镇进行重点调研,搜集与文化线路相关的遗址遗迹、乡风民俗等,在分析图及说明书中有所体现;③根据对文化线路"整体研究、段落保护"的原则提出历史文化村镇的保护策略,对下位村镇规划提出规划要求。

综上所述,我国文化遗产保护事业经过几十年的努力,逐渐建立起由点(文物保护单位、历史文化名镇名村、传统村落)–线(文化线路)–面(历史文化名城、历史文化街区)组成的城乡文化遗产保护体系。随着遗产保护工作的开展,城乡文化遗产保护体系将进一步得到完善和深化,为乡村振兴和城乡统筹发展提供文化源泉与文化动力。

02

历史文化村镇及其特点

- 历史文化村镇的概念
- 历史文化村镇的特点
- 历史文化村镇的发展趋势

2.1 历史文化村镇的概念

2.1.1 历史文化村镇的概念演变

历史文化村镇作为文化遗产保护的对象，其概念和内涵经历了一个发展演变的过程。1986年，国务院在公布第二批国家级历史文化名城时首先提出，"对一些文物古迹比较集中、完整地体现出某一历史时期的传统风貌和地方民族特色的街区、建筑群、小镇、村寨等也应予以保护"。并规定可以公布为地方各级"历史文化保护区"，说明此时国家已经意识到了具有历史文化遗存的村落和市镇应该纳入保护体系，但没有明确提出历史文化村镇的概念。

2002年修订的《文物保护法》做了改变，第十四条规定"保存文物特别丰富并且具有重大历史价值或者革命纪念意义的城镇、街道、村庄，由省、自治区、直辖市人民政府核定公布为历史文化街区、村镇，并报国务院备案"，这里明确提出了历史文化村镇的概念，但要经省、自治区、直辖市人民政府核定，实际上相当于后来的省级历史文化名镇名村。在当时的社会背景下，其目的是要保护村镇中留存的古建筑，虽然保护只是针对村镇的一部分，但仍然冠以整个村镇的名字，是文物保护思路的延续。

2003年，住房和城乡建设部联合文化部公布了第一批国家级历史文化名镇名村名单，此后每两年评选公布一次。此时历史文化名镇名村的保护内容已经有了很大变化，由对历史建筑的文物式静态保护发展为对村落或市镇的历史环境进行整体保护，而且还要延续当地居民的正常生活，是一种动态的保护。

2008年，国务院颁布实施了《历史文化名城名镇名村保护条例》，明确了历史文化名镇名村的概念，在第七条提出了申报历史文化名城名镇名村的条件："具备下列条件的城市、镇、村庄，可以申报历史文化名城、名镇、名村：

（1）保存文物特别丰富。

（2）历史建筑集中成片。

（3）保留着传统格局和历史风貌。

（4）历史上曾经作为政治、经济、文化、交通中心或者军事要地，或者发生过重要历史事件，或者其传统产业、历史上建设的重大工程对本地区的发展产生过重要影响，或者能够集中反映本地区建筑的文化特色、民族特色。"这里对《文物保护法》中历史文化村镇的含义进行了拓展和细化，并对保护管理措施和保护规划提出了明确要求，建立起由历史文化名城和历史文化名镇名村组成的不可移动文化遗产保护体系。

应当指出，前述2002年的《文物保护法》中的历史文化村镇，是狭义的历史文化村镇的概念，强调的是特别丰富的历史遗存和重大的历史价值，和后来的历史文化名镇名村实质上是相同的，是省级以上人民政府经过一定程序评选出来的，是当时历史条件下的产物。

随着历史文化遗产保护事业的发展,现在所说的历史文化村镇则是广义的历史文化村镇的概念,不仅包括了已经被评选出来的历史文化名镇名村,还包括大量散布于广大农村地区尚未入选的具有历史文化价值的村镇。据住房和城乡建设部2013年评选中国传统村落时对全国具有历史文化价值的传统村落的统计数据(尚未公布),现在大约有1.2万个值得保护的传统村落,这还不包括数量庞大的历史文化古镇,还有大量散布在广大农村地区的历史文化村镇亟待纳入保护体系以实施有效保护。

可喜的是,有关国家部委已经意识到了这个问题,科技部2006年在立项"十一五"国家科技支撑计划时,将研究目标对准的是这些散布在民间的村镇,当时立的课题名称是"传统村落保护与更新关键技术研究"(编号:2006BAJ04A03-01),这里用的是"传统村落"的提法。2008年底,科技部在后续的"十一五"国家科技支撑计划项目中又专门针对村镇的历史文化遗产保护立了两项课题,课题名称分别是"历史文化村镇保护规划技术研究"(编号:2008BAJ08B02)和"历史文化村镇保护规划技术标准模式示范研究"(编号:2008BAJ08B18);这里将这些具有历史文化遗产保护价值的村镇称为历史文化村镇,在概念上与国务院颁布的《历史文化名城名镇名村保护条例》相衔接,即历史文化名镇名村是经过省级以上人民政府评选并公布的历史文化村镇。

2.1.2 相关的其他概念

1. 历史文化村镇

历史文化村镇一直以来都是大家对具有一定历史文化特色的村镇的习惯性称呼,后来清华大学在2006年承担的"十一五"国家科技支撑计划课题"传统村落保护与更新关键技术研究"成果《历史文化村镇保护与利用技术手册》中对历史文化村镇进行了定义,"具有较长历史,能够反映本地区的文化特色、民族特色,传统文化资源丰富,保存有一定量的文物建筑、历史建筑和传统风貌建筑,沿袭特色的传统格局和历史风貌的镇、村庄"。这样历史文化村镇就有了明确的文字定义。2012年4月,住房和城乡建设部、文化部、国家文物局和财政部联合发出了《关于开展传统村落调查的通知》,其中给出了传统村落的含义,"传统村落是指村落形成较早,拥有较丰富的传统资源,具有一定历史、文化、科学、艺术、社会、经济价值,应予以保护的村落"。其本质上与历史文化名镇名村相似,只是范围更为广泛,且不包含市镇。可以预见,相应的传统市镇的普查和评选工作也将随后展开,这是村镇历史文化遗产保护在深度和广度上不断发展的必然。

2. 全国特色景观旅游名镇(村)

为贯彻党的十七届三中全会关于推进农村改革发展决定的精神,积极发展旅游村镇,保护和利用村镇特色景观资源,推进新农村建设,住房和城乡建设部和国家旅游局于2009

年元月联合发出了《关于开展全国特色景观旅游名镇（村）示范工作的通知》，开始了"全国特色景观旅游名镇（村）"的评选工作。由此可知，全国特色景观旅游名镇（村）是和历史文化名镇名村相似的由政府部门评选出来的村镇，不同之处在于前者侧重于村镇的旅游开发，后者侧重于历史文化遗产的保护。

3．古村古镇

在乡村旅游兴起之后，古村古镇经常出现在各类介绍旅游的报刊和杂志上，以古村游、古镇游的形式出现频率最高，也是一种日常习惯的叫法，尚未有正式的文字定义。

2.1.3 相关概念之间的关系

通过以上分析可以看出上述几个相关概念之间的关系，历史文化村镇的含义最广，包含了其他的几个概念。历史文化名镇名村是经过省级以上政府评选出来的历史文化村镇；历史文化村镇已经由一个普通的名词发展为由政府部门经过评选公布，具有一定等级特征的特殊名词，在含义上也属于特殊的历史文化村镇；全国特色景观旅游名镇（村）则是旅游资源比较丰富或者旅游开展比较好的历史文化村镇，需经政府部门评选公布。

这几个概念间的逻辑关系是，基于历史文化保护角度，从历史文化村镇中评选出传统村落和传统古镇，再从传统村落和传统古镇中评选出更高保护等级的历史文化名镇名村；基于旅游开发的角度，从历史文化村镇中评选出全国特色景观旅游名镇（村），如图2-1所示。

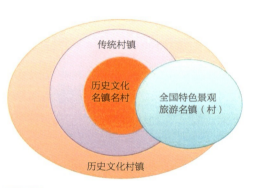

图2-1
历史文化村镇相关概念关系

2.1.4 历史文化村镇的定义

综上所述，本书研究的历史文化村镇是具有一定历史、文化、科学、艺术、社会、经济价值或者革命纪念意义，并值得保护的村落和市镇。

2.2 历史文化村镇的特点

历史文化村镇作为我国社会、文化的最基层单元，加之上下五千年历史造就的光辉灿烂文化，形成了我国大量的历史文化村镇。很多历史文化村镇至今完整保留着历史上的传统风貌和格局，蕴含着中华民族的历史文明脉络。经过广泛而深入的实地调研，发现历史文化村镇具有如下一些特点。

2.2.1 文化遗产的真实性

真实性作为文化遗产保护理论的基础和核心概念，直接决定着文化遗产所表征的"文化身份"，因而既是文化遗产认证和评价的本质因素，又是文化遗产保护和管理的基本原则。真实性分为3个层面，即物质层面、知识层面、精神价值和文化功能层面。历史文化村镇作为五千年农业文明传承下来的文化遗产，也具有真实性的特点，并体现出显著的乡土性文化特征。历史文化村镇的形成建立在人们生存、生活、交往、发展几个方面的基本需求之上，其环境具有很强的包容性。文物古迹和重要的传统民居一方面反映了一种文化意识、文化内涵，另一方面又反映着现实生活。这种文化与生活的复合体在现代化的城市中退化得相对较快，而在乡村中却相对容易地得以保留。

1．物质层面的真实性

包括7项要素：①地点；②实体构成及历史过程中的痕迹；③材料；④技艺；⑤功能；⑥环境；⑦相关的地方、事物及社会联系。

乡村民居的主要功能是解决基本的居住问题，而不是体现权势或炫耀形式美，因此简洁明了、经济实惠，保持了传统建筑的活力。乡村中大量的遗存，包括建筑、街道、院墙、桥梁、驳岸等大多是反映历史原貌的真实原物，而非仿造物，具有很好的真实性。有些遗存虽然后世有所改建，但传统的材料及工艺做法保持了风格的统一（图2-2）。

图2-2
肇兴侗寨风雨桥和岜沙苗寨晾禾架

2．知识层面的真实性

指对遗产物质层面真实性的各种记录，如文字、摹写、摹绘、仿制、音像录制、口传心授等。其记录内容有：对遗产的具体描述和描绘，对遗产相关事物的记录，对遗产各类信息的综合研究（分析、解释、提炼、加工、升华），以及由遗产产生的文学、艺术、历史、科学作品等，如各地的地方志、地方家族编制的族谱等。

3．精神价值和文化功能层面的真实性

指一个遗产往往会作为一个历史文化符号、历史政治或民族象征、社会或族群精神偶像、历史地理坐标等，存留在人们的记忆中、感情和信仰中，以及社会习俗和生活方式中。它是物质层次真实性与知识层次真实性在精神价值和社会功能层次上的升华。当文化遗产与历史上重大的政治事件、军事事件、社会事件、经济事件、宗教和思想史事件、工程事件、文学艺术事件等相关联时，它们往往会作为一个历史文化符号、历史政治或民族象征、社会或族群精神偶像、历史地理坐标等，存留在人们的记忆中、感情和信仰中，以及社会习俗和生活方式中。这些就是遗产的精神价值和社会功能。例如，中山市翠亨村是孙中山故乡，村内设有孙中山故居和孙中山博物馆，成为爱国主义教育基地。

通过上述界定可以看出：①遗产的"物质层次真实性"反映着真实性的有形层次，是真实性的物质基础和本源；②遗产的"知识层次真实性"既反映真实性的有形层次，又反映真实性的无形层次，除具有自身的独立价值外，在一定意义上还是沟通"物质层次真实性"与"精神价值和社会功能层次真实性"的桥梁；③遗产的"精神价值和社会功能层次真实性"反映着真实性的无形层次，是遗产价值的新境界。

2.2.2 历史文化的多样性

历史上相对闭塞的环境和交通，加之我国宽广的疆域，在"千里不同风、百里不同俗"的历史文化村镇中体现得淋漓尽致。各地鲜明的民居建筑特色，反映了当地自然环境和传统的生活生产方式、社会礼仪制度。即便在同一地域范围内，村落的风貌也会因自然地形地势、生活习俗等方面的影响而呈现出多样化的特色风貌。历史文化村镇文化遗产的多样性体现在以下几个方面。

1．自然山水

相比于城市，村镇拥有广阔的自然地理空间。在村镇长期的形成与发展过程中，自然环境作为一个基本的立地条件深深地影响着中国村镇的生成与发展。以山脉与河流为主体框架的山水自然景观，成为中国历史文化村镇景观整体依托的背景。村镇居民为自身的生存与发展而构筑的人工环境，与所处地域的自然环境通过不断的交互作用，形成了特有的

溪流

天然浴场

瀑布

图2-3
从化市溪头村的天然水景

中国村镇聚落景观（图2-3）。

历史文化村镇山水自然景观的构成除了与独特的地理条件有关外，还与自身生存发展的原始要求有联系。具体来讲就是，依山临水的台地不但为先民提供赖以生存的食物资源、居住场所，而且还为其提供天然的安全庇护。农耕经济的生活方式，"民以食为天"，衣、食、住、行皆与山、水有关。因此，山、水是历史文化村镇自然景观构成要素中不可或缺的内容，它们赋予历史文化村镇以自然内涵，使得从江南水乡到陕北窑洞的历史文化村镇无不体现出大自然的灵性之美。我国历史文化村镇正是由于有山、水自然的存在而显得更有活力，使人与自然相处得更加和谐，从而也形成了我国村镇山水自然景观的构成特点。

2. 街巷空间

历史文化村镇街巷是时代变迁的见证，蕴含着历史沉淀下来的地域文化特质。从一条老街巷所蕴含的历史渊源、文化内涵以及特定的社会功能可以看到村镇的过去，可以看到村镇居民过去生活的种种场景与舞台。由于村镇街巷是"具有多种功能交织的复杂的空间"，所以当人们行走其中时，通过"阅读"街巷空间，就能感受到我国历史文化村镇的文化脉络（图2-4）。

历史文化村镇的街巷首先要受自然地形地貌的影响，形成复杂多样的街巷空间。山体

图2-4
梅州市茶阳镇街道和台湾大溪老街

常成为历史文化村镇街巷的借景或对景。位于街巷一侧的山体,无论是在静观还是动观的情形下,其画面构图均极富变化;特别是在动观时,当人们沿着弯曲的街巷行进时,远方的景物忽而处于画面的左侧,忽而又移到画面的中央或右侧,从而与街巷两侧的建筑经常处于相对位移的连续变化之中。水体是一种流动的空间,尤其在江南水乡村镇,水体是水街的构成要素,建筑沿着河流或凸或凹,景观变化丰富多彩,赋予水街空间以生活情趣。历史文化村镇的街巷由大到店宅、牌坊、桥,小到建筑构件、石刻等组成,都使人沉浸在传统文化氛围之中。

3. 传统建筑

对于历史文化村镇建筑造型景观及其形式美学,也是在对立统一规律之下的对比与协调、对称与均衡、韵律与节奏等形式法则的恰当运用。但是,将这些形式美的法则物化为具体手法却又千变万化。例如,光对比与协调即有大小、高低、虚实、敞闭、明暗、冷暖、繁简等各种形式因素;而对称与均衡也有形的均衡与量的均衡,它们牵涉造型的各个方面;韵律与节奏亦有突变、渐变、等量量变的选择。同时,由于各类村镇建筑的规模、特点不同,它们的形式美手法也有所侧重、各不相同(图2-5、图2-6)。从中国历史文化村镇建筑造型景观来分析,其立面构图、屋面组合、入口处理等方面对于村镇建筑造型景观形式美的形成具有重要的意义。

4. 民俗景观

村镇民间习俗景观包括诸多方面,如饮食、服饰、器用、婚丧礼俗、节日四时风俗等(图2-7)。村镇宗教生活景观:村镇拜物活动,历史上,中国历史文化村镇没有形成一个相对统一的宗教信仰,而是流行多神崇拜。中国各民族都有各自的祖先崇拜。人类先民在与大自然的斗争中,逐渐意识到应该更多地依靠氏族的集体力量,因此,当人们将诸神的力

图2-5
贵州车江侗寨鼓楼和云南丽江玉湖村石头屋

图2-6
福建土楼内庭和泸沽湖摩梭人民居

图2-7
湘西苗人谷手工织布和贵州岜沙苗寨古朴民俗

量汇集到一个个氏族的主神身上时,这个主神就成了"创世英雄"。英雄崇拜反映了人们由膜拜自然发展到逐步依赖自身力量的创世过程。村镇日常生活是指村镇居民的日常工作和生活事务;这些活动往往没有选择的余地,是长期生活习惯使然,通常包括早市、妇女家务、商业活动、舂米与磨坊等,还有村镇佛、道崇拜活动。

2.2.3 历史风貌的完整性

历史文化村镇具有整体性的价值。其中某一个普通的建筑或其他历史遗存,可能其历史人文价值并不高,甚至也达不到某级文物的标准。但是大量的这类历史遗存集中在一起产生的积聚效应、规模效应就弥足珍贵,构成了历史文化村镇的整体性价值。当然,在众多的乡土建筑中也不乏精美绝伦的建筑精品,它们作为文物建筑成为历史文化村镇的亮点,提升了历史文化村镇的价值,并且极大充实了乡土建筑领域的研究内涵。历史文化村镇历史风貌的完整性可以从以下两个方面来理解。

1. 历史空间的完整
(1) 自然环境的和谐统一

历史文化村镇有一个显著特点,即与自然环境的和谐相处。这可以从主观和客观两方面来分析。就客观条件而言,中国传统的文化一直是崇尚农业生产的,人口中的绝大部分都依附于土地而从事着农业生产劳动,过着"日出而作,日落而息"的生活。所以,对农民来说,土地便成为他们最为宝贵的生产资料和财富。为此,凡有可能,山区人民都尽量把较为平坦的土地留给农田,而把住房修建在不适于当作农田的坡地上。此外,由于建造住房又多由一家一户单独经营,劳动力十分匮乏,没有能力对自然地形做出较大的改变,所以只好顺应地形,随高就低地修建住房。这样既可节省大量劳力,又可使建筑物与墓地及自然环境巧妙结合,从而取得统一和谐的关系。此外,民居建筑惯常使用的天然材料,如土、石、木材等,在色彩和质感上都极易与自然环境取得协调的关系。

属于主观方面的原因主要是传统观念在广大群众中产生的影响根深蒂固。中国人的传统观念和心理素质,由于受到儒、道、佛三家思想的影响,其主导的方面是消极无为的,形成了"天人合一"的传统观念,对自然取尊重的态度,不愿大兴土木去改变现状,而是按风水先生的劝告去择基建屋。这样不仅从单体建筑看其外观极富变化,特别是从整个村镇的景观看,则更是高低错落而层次分明。由于对自然持尊重的态度,或者是出于无能为力,总之对它的索取比较少,这不仅有利于维持生态平衡,同时也为生活在这块土地上的人们保留了一个较为和谐的生态环境。历史文化村镇虽然没有经过精心的规划,但就是在自发发展的过程中,自觉或不自觉地顺应自然条件而不断地调节与自然环境之间的关系,故能求得统一和谐的效果。

（2）村镇空间的变化与协调

历史文化村镇的民居建筑形态与空间组合表现出变化与协调的美学特征。形式美需要同时满足两方面的条件：其一为统一和谐；其二为多样变化。传统民居建筑及其群体组合——村镇聚落形态一般都能同时满足这两方面的条件。变化方面：遍布于各地的村镇，少有两幢房子的形式完全相同。这是因为这些住房属于村民自建，很少受其他条件约束，一般是根据各家庭的人口、家庭财富的多寡、农业生产的要求等因素而变化。将这些要素加以排列组合。特别是中国的农村，私有观念十分牢固，凡具备条件，务必会使其应有尽有、独家使用。另外还极力采用各种手段加以圈隔，从而形成许多空间院落。这些院落有大有小、形状各异，其封闭与开敞的程度也很不相同，这些附属的组合要素常随机应变、因地制宜，而不拘一格，对于构成整体空间环境和村镇景观所起的作用十分显著。

民居建筑还有一个特点，它不像城市那样一次建成，而是今年张家有条件张家盖新房，明年李家有条件李家盖；这样，在建房时左邻右舍便为其提供了相当明确的边界条件，如果睦邻关系好便可以利用这些条件，如果关系不好或条件不利则可让开或躲避。至于房子的排列，则没有一定之规。他们既无意于向左邻右舍看齐，而且从技术上讲也难以做到横平竖直。这样，乍看起来似乎歪歪斜斜，但细细琢磨却趣味盎然，并充满了生机。如果地基有起伏变化，如局部的隆起或沟壑，也不肯花费很多劳力去填平补齐，相反却以建筑去迁就地形，索性让它随高就低，于是在体形及轮廓线上便不期而然地呈现出参差错落的变化。

以上说的是村落。镇上的房子虽然要密集、整齐一些，但也千变万化、不拘一格，例如一条小街，尽管屋宇相连，但也因主人的所好和财力而不尽一律，有的开间大，有的开间小，有的高，有的低，有的十分开敞，有的则比较封闭，特别富有情趣的是常随地形变化而曲折蜿蜒。这种情况或许是出于偶然，但比按人工意志拉成直线则更富有情趣。

再看一看统一协调的方面。前面分析了多样变化的一面，但是这种多样变化会不会导致杂乱无章呢？一般不会，这是因为还有许多更为基本的方面完全处于某种统一原则的有力控制之下。这里所谓基本的方面首先是民居建筑的平面布局。我国虽然幅员辽阔，而且又是一个多民族的国家，但是就文化而言还有不少共同的东西为各地人民所普遍遵循，如四合院式的住宅就是被普遍接受的一种住屋形式之一。除平面布局外，同一地区所采用的结构方法和地方建筑材料也基本相同，这不仅使建筑物的体形外观保持着统一和谐的风格，甚至连色彩、质感乃至细部处理都十分接近（图2-8），这是由工匠技

图2-8
贵州雷山县西江千户苗寨全貌

术的地域性所致。

这种借相同或近似的要素而求得整体统一的例子在民居建筑中可以说是屡见不鲜。如马头山墙，它的形象在民居建筑中很突出，不同地区的形式也有很多变化，但同一地区则大同小异，如皖南民居、江西民居和福建民居、湖南民居都很喜欢运用这种要素，既可以防火，同时也可起丰富建筑外轮廓线的作用。由于每一个地区又各有其特点，所以具体到某一地区则可借这种符号元素以求得整体风格的统一。

会不会出现少数建筑破坏整体风格统一的呢？如果说有，那也是发生在现代的事。在古代，由于交通不便，各地区之间很少有交往活动。加之守旧的思想十分牢固，长年累月形成的习惯势力很难冲破，所以很少有人敢标新立异。这样，在长期历史发展的积淀中便形成了一种固定的模式。而正是如此才保证了群体组合——村镇聚落景观的和谐统一。

2. 历史文脉的完整

家庭是组成社会最基本的单位，它不能与社会隔绝或游离于社会之外。而社会所赖以维系的则不仅仅是物质功利的力量，它必然还要受到思想观念、政治制度、宗教信仰、法统、伦理、道德观念、血缘关系、生活习俗等多种非物质功利等因素的影响。从这个意义上讲，民居作为家庭生活所赖以进行的物质空间形态肯定会受到上述多种社会因素的影响。至于历史文化村镇，它远远超出一家一户的范围，而是真正跨进到"群居"的范畴。所以它本身就不折不扣地带有社会的属性。文化，作为观念形态的东西，应当属于形而上的范畴，它一经形成便会渗透到人们生活的各个方面，并支配着人们的思想和行为。历史文化村镇作为人们日常生活的物质空间环境，则属于形而下的范畴。它一方面要适应人们对它提出的物质功能要求，另一方面又要满足人们对它提出的精神和心灵方面的要求，形成反映乡土生活的民俗文化氛围。这些民俗文化包括宗教信仰、血缘关系、伦理道德、民间习俗、日常生活等，形成了历史文化村镇完整的历史文脉。例如，苗族人聚居的苗寨一般都有个公共活动空间——芦笙场，这是全寨举行重大祭祀活动和节庆活动的地方；而在侗族居住的侗寨，则以高高的鼓楼作为全寨的标志性建筑，同时也是举办家族议事和民俗仪式的场所（图2-9）。

历史文化村镇是在特定的自然地理条件以及人文历史发展的影响下逐渐形成的。村镇聚落的历史风貌正是这种自然、地理和人文、历史特点的外在反映。历史文化村镇所呈现的丰富多彩的形式和风格是地理、气候、社会、经济、文化等诸多因素综合作用的结果。正是这些完整的历史空间环境和民俗文化，一起构成了历史文化村镇完整的历史风貌，使得历史文化村镇具有了隽永的意境。

图2-9
贵州朗德上寨芦笙场和广西程阳八寨鼓楼

2.2.4 乡土生活的延续性

尽管我们身边的历史文化村镇形式多种多样,大小千差万别,但有一点对现存的所有历史文化村镇是相同的,就是其中有人群在居住,其中有现实的生活(图2-10)。这是历史文化村镇与文物之间最大的区别之一,也是历史文化村镇独有的特色。历史文物已经定格在历史的某个时刻,代表着那个时刻的某种特征,如同化石一样。文物是静止的东西,可以放在恒温恒湿的博物馆里面企求永久的、一成不变的保存;历史文化村镇则不同,其中有人居住,且又处在大自然风霜雨雪的侵袭之下,时刻受到人类活动和自然环境的影响,处于不断变化发展之中。任何村落都有形成、发展、兴盛、衰落甚至最终消亡的过程,我们目前所看到的是其发展中的一个阶段,我们正在参与影响着这一发展的历程。所以说,历史文化村镇是有生命的历史,是活着的文物。

图2-10
梅州侨乡村焕云楼外景和楼内的生活气息

2.3 历史文化村镇的发展趋势

所有的历史文化遗产都将从封闭、私有和私密的状态走向公共和开放。这是因为历史文化遗产是人类共有的财富（物质和精神，尤其是精神财富）。历史文化遗产的公共性决定了对历史文化遗产资源的再利用也具有了公共性的特点，在城市中表现为历史文化街区的公共空间化，在乡村地区则表现为历史文化村镇的旅游化现象。具体到历史文化村镇，则表现为古村古镇成为乡村旅游的重要目的地。旅游化虽然不总是历史文化村镇复兴的目的，却常常是复兴进程中的动因和结果之一。往往是功能内容与使用者的旅游化与历史环境的活力提升互为因果、相互激发，才共同促成了历史文化村镇的复兴进程。这要求我们要恰当地预见到历史文化村镇复兴进程中旅游化带来的空间属性变化，为村镇旅游活动创造适宜的空间条件。

文化遗产的公共化趋势在村镇中表现为旅游，在城市中表现为公共空间化。如江南古镇和皖南古村落，从遗产特点来说，它们分别属于历史文化古镇和历史文化村落；从复兴操作方式来说，它们包括了政府主导、民间自主等途径。这些案例在很大程度上代表了我国当前各种类型的村镇文化遗产复兴的历程。而从结果来看，这些案例中都出现了明显的旅游化现象。这说明旅游化在我国当前历史文化村镇复兴中普遍存在。从某种程度上说，甚至是不可避免的。这提醒我们，当代历史文化村镇的复兴不仅仅是村镇物质环境的改善、经济状况的提升，或历史文化的振兴等，还可以成为开展乡村旅游的全域旅游目的地。

乡村旅游是依托农村地区的"三农"资源发展起来的旅游项目、旅游活动和旅游经济。在欧美等旅游发达国家，乡村旅游已有上百年历史。中国乡村旅游起步较晚，约始于20世纪80年代初，大致可分为4个发展阶段。

（1）旅游扶贫，即通过发展旅游业促进农民脱贫致富，此为乡村旅游发展的初级阶段。表现为农民依托周边景区，自发从事小规模的旅游经营和服务，扮演了国营旅游接待以外的拾遗补缺角色，以旅游景区开发为主，所谓"开发一处景观，繁荣一地经济，致富一方百姓"。

（2）农家乐，以农民个体投资经营、提供旅游食宿为主的一种乡村旅游。农家乐始于20世纪90年代初，经过近20年的发展，至今方兴未艾、生气勃勃。农家乐之所以发展迅猛、数量庞大，主要是因为：一是社会经济的发展和生活水平的提高，催生了以城市居民为主体的休闲旅游需求，旅游形态由最初的观光旅游向大众旅游发展，为农家乐提供了广阔的市场；二是周末双休和黄金周创造了空前的假日消费热潮，推动了"郊区游""周末游""假日游"的快速发展；三是越来越多的农民认识到，发展农家乐是脱贫致富的有效途径。

（3）农业旅游示范点，指在全国具有发展示范效应的，以农业生产过程、农村风貌、农民劳动生活场景为主要旅游吸引物的旅游点，其延伸领域包括林、牧、渔业等旅游点。2001

年初,国家旅游局开始倡导推进"农业旅游示范点"工作。农业旅游示范点的开展,加强了"大旅游"与"大农业"的结合,大力挖掘了一批以"三农"为主的社会旅游资源,促进了乡村旅游的产品化、产业化发展,提升了乡村旅游产品的规范化、专业化和市场化水平。

(4)乡村旅游,为了贯彻落实党中央关于建设社会主义新农村的重大战略部署,2006年初,国家旅游局确立了充分发挥产业优势、大力发展乡村旅游的工作思路,并将概念确定为"中国乡村旅游"主题年,制定印发了《关于促进农村旅游发展的指导意见》,明确了乡村旅游发展的指导思想、工作原则、工作重点和工作目标。乡村旅游囊括了以往旅游扶贫、农家乐、农业旅游示范点、农村旅游、休闲农业、观光农业等形形色色的各种业态。

根据中国社会科学院旅游研究中心宋瑞博士的研究,我国古村镇旅游的发展大体上经历了以下3个阶段。

(1)探索发展阶段

20世纪80年代中期~90年代中期为我国古村镇旅游的探索发展阶段。此阶段的特点是:发展旅游的古村镇数量不多;各村镇旅游接待数量在较小基数上快速增长;管理基本上处于自发状态;外来资本介入较少。

20世纪80年代中期,少数古村镇认识到其价值所在,开始了初步保护和开发,其中以江苏省昆山市周庄镇和安徽省黟县西递镇西递村等为代表。1983年周庄镇成立了修复沈厅领导小组;1986年同济大学阮仪三教授编制了《古镇保护国土空间规划》,确立了"保护古镇、建设新区、开辟旅游、发展经济"的十六字指导方针,并沿用至今;1988年成立了周庄旅游车船服务公司(隶属周庄镇政府);1989年修复后的沈厅对外开放,售出首张门票(0.6元/张),由此开始了作为"中国第一水乡"的旅游发展历程。1989~1996年,周庄接待人次从5.5万增加到50万。西递村于1985年成立旅游发展领导小组,1986年冬成立西递旅游景点管理处,1993年正式成立西递旅游服务公司(隶属西递村村委会)。西递的接待人次也从1986年的600多增加到1997年的11.5万(门票从0.2元提高到20元,门票收入从137元增加到230万元)。

20世纪90年代中期以前,开展旅游的大部分古村镇都是以当地政府或本地村民为主,如周庄、西递分别由镇政府和村委会主管,后分别成立旅游公司负责具体运营。即使后来成为外来企业经营管理典型代表的宏村,在1997年以前也分别由县旅游局、镇政府和村委会经营。在此阶段,外来企业和资本介入古村镇旅游开发和管理的极少。

(2)高速发展阶段

20世纪90年代中后期~21世纪初是我国古村镇旅游的高速发展阶段。此阶段的特点是:开发旅游的古村镇数量迅速增加;品牌型的古村镇逐步形成,游客接待量猛增;管理体制呈现不同模式;各种社会矛盾逐步显现。

20世纪90年代中后期,以下几个因素促进了古村镇旅游的高速发展:国民经济的持续发展、假期制度的出台落实,引发国内旅游需求日趋旺盛,且呈多元化;社会及公众对世界遗产、文化遗产、传统文化等的关注程度普遍提高；古村镇旅游开发的经济效益被越来越多的地方政府、企业、当地社区所认识。20世纪90年代，以周庄为代表的江南水乡古镇，以西递、宏村为代表的徽州古村落，以乔家大院为代表的晋中古民居等一些旅游品牌逐渐形成，并带动了此类项目的开发。20世纪90年代中后期，江苏周庄及安徽西递、宏村等加快了申请世界遗产的步伐，更促进了人们对此类资源的了解和认同。2000年，"中国安徽古村落（西递、宏村）"列入世界遗产名录，直接推动了古村镇旅游热的形成。古村镇旅游接待量也急速增加。例如，1996～2001年，西递旅游接待人次从11.4万增加到28.8万，旅游收入从150万元猛增到844.1万元；同期，周庄的旅游接待人次从50万增加到208万；1997～2001年，宏村旅游接待人次年均增长高达72.7%。

除当地政府、社区外，外来资本也开始介入古村镇的旅游开发。例如，1998年北京中坤集团与当地政府合作，获得了安徽黟县宏村、南屏、关麓等4个皖南古村落30年的旅游经营权。由此，以周庄为代表的政府主导管理、以西递为代表的村民自主管理和以宏村为代表的外来企业经营等不同管理模式基本形成。随着各级政府、外来企业、当地居民及社会各界对古村镇旅游资源重要性，特别是经济价值的认识，各种社会矛盾也逐步显现。当地居民与企业、当地居民与政府、当地居民内部之间都出现了不同程度的利益纷争。例如在宏村，随着游客人数迅速增长，村民开始觉得自己在收入分配上受到了不公平待遇。自2000年11月开始，通过上访、打官司等不同途径要求收回经营权，导致当地居民与政府和外来企业之间的关系一直比较紧张（2002年前后由政府牵头对旅游门票收入分配方案进行了调整，矛盾略有缓和）；从1998年解雇导游事件到后来的村民连续几年状告公司，从旅游收入的分配比例到古建筑维修资金的承担，从集贸市场摊位的招标到村民及其亲属进出村庄等各类纷争接连不断。而始终由村民自主经营的西递村，也由于利益分配问题曾在20世纪90年代出现过村民出资状告村干部的情况。

（3）持续发展阶段

近十年为古村镇旅游的持续发展阶段。此阶段的特点是：开发或拟开发旅游的古村镇数量增加；古村镇旅游接待人次持续增长；各种管理模式自身发生变化；可持续发展、物质遗产和非物质文化遗产的共同保护、利益相关者、社区受益等观念受到重视。

近年来，全国各地开发或计划开发旅游的古村镇数量剧增，甚至大有遍地开花之势。根据中国古镇旅游网上的统计，全国已开发旅游的古城镇有200多个，有开发可能性的同类项目达1000多个。当然，这并非严格、科学的统计，但从一定程度上反映了蔓延全国的古村镇旅游开发热潮。而各个古村镇的旅游接待人次也持续增长，如2006年周庄接待国内外游客305万人次，全镇旅游总收入9.2亿元；2006年西递村接待游客46.98万人次，旅游门票收入1783万元；宏村旅游接待人次从1998年开始增长，2000年后猛增，到2004年就已超过西递，2006年则达到60万人次，旅游门票收入2800万元。2007年十一黄金周期间，西递、宏村分别接待3.61万和3.81万人次，门票收入达128.73万元和207.69万元。

鉴于自身存在的局限性，目前几种模式都在不断变化，不同管理模式之间自觉、不自觉地出现某种程度的融合。例如在周庄，政府和企业各自的职能在逐步明晰，通过公司改制，组建了江苏水乡周庄旅游股份有限公司，同时积极筹备上市。在西递，则由镇政府搭台，西递旅游公司牵头，将香溪谷大酒店、左岸假日休闲中心等企业联合起来，组建成西递旅游集团，也在探索公司改制事宜。古村镇旅游发展中所暴露出的各种问题，引发了人们对其可持续发展的思考；包括文化肌理、社会生态、生活方式、社会结构等在内的非物质文化遗产也和建筑样式、聚落格局等物质文化载体一样逐渐受到重视；越来越多的人认识到古村镇保护与旅游开发中出现的诸多问题，其深层根源在于利益相关者的缺位、错位和互动机制不完善，而梳理古村镇旅游开发过程中处于复杂、动态、隐秘状态中的利益相关者关系，重建其互动机制和利益格局，破解当前的各种矛盾，成为保护古村镇资源并实现其可持续发展的前提。

2.3.1 历史文化村镇旅游化的意义

1. 现实意义

历史文化村镇旅游化的现实意义主要体现在以下几个方面：

（1）在历史文化村镇旅游化的过程中，正是旅游活动的开展催生了历史环境的空间活力。村镇历史文化遗产蕴含有重要而丰富的价值，但由于社会的快速发展和遗产自身的老化，导致了村镇历史文化遗产在环境、功能和经济等方面的多重衰败，使其与乡土社会的发展脱节，而复兴就是要重建这种联系，实现遗产的文化复兴和活力再生。当代很多优秀的遗产复兴案例，都在于成功地建立了历史环境的空间活力循环机制：物质空间整治改善了村镇历史文化遗产的环境条件，彰显了场所的历史意义，更大范围的人群被吸引来此，历史文化村镇的公共性提升，这进一步对历史文化村镇的业态提出了更加公共化的要求，并为历史环境的经济复兴提供了市场支持，经济上的复兴则为历史环境的自我发展提供了物质条件。我们不难看出在此过程中旅游化的关键地位：社会公众是遗产意义的受众、经济复兴的驱动主体，并且只有他们鲜活的旅游活动与当地居民的生活相结合，才是村镇历史文化遗产在当代快速发展的社会中传承发展的土壤。

（2）旅游化使村镇历史文化遗产价值得以提升，由此跨越了保护的经济门槛。在市场机制作用下，我国现实中村镇历史文化遗产保护方式的可行，需以经济收益高于其他破坏性建设方式为先决条件，换言之，经济上"合算"是重要的前提。而村镇历史文化遗产作为历史文化村镇产生的现实效益，可以提供其空间环境维护所需的经济投入，也使其得到所需的维护和经营。同时，由于历史文化村镇旅游的发展对当前农村社会、经济发展具有重要促进作用，亦可使历史文化村镇收获长远的综合效益。相较以往，在村镇历史文化遗产仅维持原始使用功能的状况下，物质性老化、功能性衰退和结构性衰退使其空间质量仅维持已显艰难，更遑论改善提升。村镇历史文化遗产的历史文化价值也仅体现为历史资料价值，尚需外部资金的投入以使其"妥善保存"，大量此类"资料"所需的巨量维护资金对任何主体来说都是难以承受之重。对历史文化村镇来说，虽然遗产承载着它们的历史文化和空间特色，但由于物质环境的衰败和使用度的不足，它们的价值也只能说处于"潜在"状态。与此相比，当前社会状况下旅游活动的开展使村镇历史文化遗产的价值得到发挥，实际上是使它在市场竞争中取得优势，从而得以摆脱遗产保护的经济困境。

（3）历史文化村镇旅游对村镇历史文化遗产的整合，于村镇整体空间乃至社会经济全面发展也有重要的意义。村镇历史文化要素遗产属于户外开放空间，因而可以与历史文化村镇的其他部分整合形成系统，并因历史文化公共空间的骨架作用而对整个村镇的空间质量产生影响。遗产所承载的历史文化可以使村镇公共空间在表达空间特色、体现空间历史延续性等方面发挥重要作用，这在当前历史文化村镇空间的变化中是非常重要的命题。而历史文化村镇中历史文化的传承复兴，对居民建立认同感、形成文化归属感亦有相当作用，是社会生活质量提高的重要内涵。在当代社会发展中，这一点对历史文化村镇经济发展的激励作用也日益彰显。

综上所述，历史文化村镇旅游活化的现实意义有两个方面：一者是对村镇历史文化遗产本身，另一者则是对历史文化村镇整体。因此它不同于单纯的村镇遗产复兴，也不同于单纯的村镇空间建设，而应当将这两者兼顾融通：它的目标不仅是激发村镇历史文化遗产的区域活力，而且应着眼培育历史文化村镇的整体效益；它不仅应着力于村镇历史文化遗产本身的历史文化保护传承，还应致力于历史文化村镇整体空间质量的提升。这实际上即是相关操作引导的价值取向所在。

2. 历史意义

应当认识到，村镇历史文化遗产旅游毕竟是历史文化村镇发展中特定历史时期的特定现象。有其历史必然和现实积极意义，也有其不可避免的历史局限性。我们应对此二者有全面的理解，才能在实践操作中真正振兴和传承历史文化村镇的文化。

在我国现阶段，它仍有积极意义。村镇历史文化遗产旅游活化对历史文化村镇遗产复兴及整体空间质量提升的意义，在上文中已有论述，而对于居民而言，它在现实中仍是必要和有益的。

在历史文化村镇社会及空间巨变的背景下，残存的历史环境失去了与村镇的有机联系，传统文化的断裂使居民迷失了文化自觉，历史文化村镇的贫困化很容易让居民倒向短期商业利益，产权不清也制约着居民对自己居住空间的积极经营。这些都是我国村镇历史文化遗产所面临的现实问题，不能超越它们而空谈理想化的遗产复兴。而历史文化村镇旅游活动的开展意味着村镇历史文化遗产与历史文化村镇的联系重整和公共部门的资源投入，这对于遗产物质空间环境的改善有着积极的意义。而旅游活动中来自外部市民与游客的欣赏和消费，则不仅能改善居民的经济状况，为自主发展建立必要的经济基础，还能帮助居民唤醒失去的文化自觉和自信，不至于在商业化的浪潮中迷失。这些作用说明了村镇历史文化遗产旅游的积极现实意义，也提醒了其操作的分寸——我们应在面对现实的活力激发和留给未来的自主发展余地之间保持平衡。这意味着我们应尽量少地干扰居民的主体地位，保护他们的文化传承。从这个意义上讲，这样的项目始终应当对历史文化的保护与活化保持足够的关注与敬畏，而不仅仅是经济上的利润。

03

历史文化村镇的保护与发展

- 历史文化村镇的困境
- 历史文化村镇的保护
- 保护与发展的关系

3.1 历史文化村镇的困境

3.1.1 历史文化村镇的衰落

历史文化村镇的社会结构具有很强的稳定性，以家庭经济为主，家庭外化或社会化使得家庭、宗族具有了重要的意义，构成了家与族、族与国相通的稳定政治结构。在这种大背景下形成了许多传统活动方式：表现在经济制度上，以农为本；表现在价值取向上，耕读传家、知足常乐；表现在建筑形式上，稳定程式化，缺乏必要的革新。

随着我国近现代历史上近百年的战乱频繁、外国势力入侵、国力衰落、制度更迭、半殖民地半封建社会的动荡以及中华人民共和国成立后的建设波折，中国的农村一直处于变化多端、不稳定的状态之中。历史上古村落赖以辉煌的经济基础、政治基础及社会基础都发生了翻天覆地的变化。然而历史文化村镇由于上述超强稳定的社会结构所造成的迟缓反映难以做到以不变应万变，一系列因素共同促使我国传统的历史文化村镇走向没落，进入了被历史遗忘的角落，连同丰富的历史文化遗存被一起尘封了起来。

首先，历史文化村镇当初的选址布局特点根植于中国传统的农耕文化，注重人与自然的和谐共生，主张顺应自然、利用自然和有节制地改造自然，包括关照自然、寄情山水，也注重人伦和谐对自然的影响等。在封闭的村镇中，这些特点得以保存。随着人口的增多，人均占用土地逐渐变小，人地关系紧张。同时，传统的生活、生产方式，如柴薪取火、农田粗耕等，降低了自然资源的承载力；为扩大生产而开山毁林、竭泽而渔，使环境恶化的状况加剧。植被再生能力的破坏和生态失调引起的水土流失、灾害频繁等导致了自然的加倍报复，使得人与自然的关系更加紧张。

其次，外在因素进一步推动了历史文化村镇的普遍衰落。我国交通的现代化也切断了一些历史文化村镇的经济命脉，促成了其衰落。修筑的铁路使得水运交通逐渐衰败，很多陆地交通不便，主要靠水路交通联系和进行贸易往来的古村落、古市镇，由于远离了现代的交通线路而陷入困境，许多原来作为主要的贸易中心、物流中心的村镇因此失去了其重要意义而成为地方性的市场。

另外，人们消极落后的观念所带来的负面效应和惰性心理也是造成历史文化村镇衰落的重要因素之一。知足常乐、故步自封、缺乏进取精神是小农经济下的必然产物。从主观上看，对资本主义文明不敏感，思想认识跟不上社会的发展，这对历史文化村镇家族的前途产生了重大的影响。后辈没有了祖先们开拓进取的见识和勇气，面对世态变化变得消极保守，没落也就成为历史的必然。

最近几十年，随着我国经济的迅速发展，历史文化村镇赖以凝聚的地缘、血缘关系进一步松散，村镇的发展呈现出多元化的倾向。历史文化村镇就像一个气喘吁吁的老者，落在时代脚步的后面。

从当前社会主义建设的实践要求来看,中国自经济高速发展以来,城镇丰富的历史和文化资源正面临着强大的冲击。现代城市的千篇一律正在迅速抹煞着多样性的地域文化特征,城市化的触角已经延伸到了广大村镇,也影响到了历史文化村镇中珍贵的历史文化遗产的存亡。在城市化的大潮中,历史文化村镇成为保守和落后的代名词,保护和发展的矛盾日益明显。正确认识到历史文化村镇的价值,处理好保护与发展的关系,实现历史文化村镇的可持续发展,是我们面临的重要课题和任务。

3.1.2 历史文化村镇的破坏

1. 时代背景

世界现代化以工业文明为标志,工业化和城市化是其实现的必由之路。对于中国来说,其社会经济的发展有着自身的特点,工业化和城市化对农村地区造成了极大的影响。

从我国工业化的历程来看,在中华人民共和国成立初期,我国的工业化是在苏联大规模设备转移性投资的情况下进行的,以此带动农村人口进城,此时的城乡关系是相互共生的。后来由于中苏关系恶化,苏联终止了对中国的帮助,使得原来重结构的国家工业化戛然而止。为了不让刚开始的工业化半途而废,随即在全国成立人民公社,以一种高度组织化的体制来成规模地集中农村的劳动力,把它变成替代资本投入的要素;并且利用人民公社全额提取农业剩余来支撑国家工业化,由此形成了城市不断向农村索取的城乡二元体制。此后,城乡二元结构被不断强化,城乡差距不断扩大,即使到了改革开放时期,农村实行家庭联产承包责任制,极大地促进了农村生产力的发展,人民公社也逐渐由乡、镇政府代替,国家仍然通过管控农产品价格、农业税、征购、提留等形式向农村索取,城乡差距继续扩大。近期在农业生产方面,为减轻农民负担,国家取消了农业税,为农民增收取得了短暂的积极效果,随之而来的是农业生产资料价格的上涨,而农产品的价格不涨反跌,产生了农民增产不增收的现象,这极大地挫伤了农民种地的积极性。此时的农村仍旧向城市输入资源,城乡差距扩大到了危险的边缘,广大农村尤其是中西部落后地区的农村日渐衰败,最终出现了"农村穷、农民苦、农业难"的三农问题。中央显然也意识到农村出现的问题,连续几年以一号文件的形式关注农业和农村的发展,并在党的十六届五中全会提出了对农村影响深远的"建设社会主义新农村"战略。社会主义新农村建设的目标是"生产发展、生活宽裕、乡风文明、村容整洁、管理民主",各地在具体进行新农村建设的过程中片面理解为拆旧建新,致使大量留存在农村地区的历史文化遗产面临着被毁灭的危险。尤其是在三农问题比较突出的中西部地区农村,当地群众热切希望通过新农村建设改善居住环境,提高生活生平;当地政府也会由于政绩的需要,急功近利;而这里由于交通和信息闭塞,保留下来的历史文化遗产也最为丰富。因此,在新农村建设的大潮中,对历史文化村镇的保护刻不容缓。

实现工业化、现代化的必由之路就是城市化。如前所述，中华人民共和国成立初期，通过工业化带动农村人口进城实现城市化取得了一定的效果，但是后来的城乡二元结构阻碍了农村与城市之间的人口流动。改革开放以后，虽然有大量农村人口涌进城市打工，但他们的工资不能满足在城市的住房、教育、医疗等劳动力再生产需要的基本条件，他们许多又返回农村才能勉强维持生活，很难实现真正的农村人口城市化。因此，在农村地区实现城市化的现实选择应该是城镇化，即大力发展建设小城镇，就近吸纳农民到小城镇生活。其实，在20世纪90年代就有过一次城镇化的预演，当时是乡镇企业大量出现，吸引了大量农村人口到乡镇企业工作。但这股浪潮随着乡镇企业的衰落，农民们也只是"洗脚上田，离土不离乡"，重新回到了农村，未能完成城镇化的进程。即便是这样，当时乡镇企业的跑马圈地和工业污染对村镇的历史文化遗产也造成了严重的冲击，尤其是历史文化遗产丰富的一些古镇受损严重。党的十八大以后，明确提出"积极稳妥推进城镇化，着力提高城镇化质量"，新型城镇化已经成为我国下一步改革的突破口。可以预见，新型城镇化必将在农村地区掀起新一轮小城镇建设高潮，处于广大农村地区的历史文化村镇必将面临更为严峻的形势。

党的十八大报告指出："面对资源约束趋紧、环境污染严重、生态系统退化的严峻趋势，必须树立尊重自然、顺应自然、保护自然的生态文明理念，把生态文明建设放在突出地位，融入经济建设、政治建设、文化建设、社会建设各方面和全过程，努力建设美丽中国，实现中华民族永续发展。"提出了生态文明的理念，标志着中国社会由农业文明发展到工业文明，即将进入生态文明的发展阶段。

保护历史文化村镇是新时期、新常态的现实需求。文化新常态和生态文明新常态要求保护城乡传统文化，重塑地域文化自信，传承和弘扬传统文化，从而夯实国家文化软实力提升的基础。党的十九大报告中提出乡村振兴战略，到2050年实现乡村全面复兴。在接下来的30年，乡村振兴必然是国家经济建设的主战场之一。乡村振兴，乡村传统文化也要复兴。历史文化村镇是乡村传统文化的物质载体。在乡村振兴的背景下，面对乡村文化遗产即将被破坏甚至消失的严峻形势，亟须开展对历史文化村镇的保护工作。

2. 价值观念的变化

中国自鸦片战争后与西方列强对战失败，在近现代经济和社会发展中落伍，均被视为中国传统文化的失败。当现代化成为举国一致的目标时，不仅在形式与内容上移植了西方模式，同时还引进了源自西方的现代化价值观，价值观的变化使得体现着中华传统文明的遗产被视为愚昧、落后。具体表现为"经济"成为唯一的发展主题；"金钱"成为一切价值评价的标尺。在农村地区，广告、时尚通过各种媒体传播，构造了"有钱就有一切"的价值观，传统的节俭价值观被消费主义文化所侵蚀。对传统的这种"破旧立新"的态度，当然不仅限于无形的思想观念，无疑也波及了古建筑等有形的历史文化遗产，认为传统建筑风格与现代化的东西格格不入，似乎一个地方越是"旧貌换新颜"，越是把传统民居改造成高楼大厦或小洋楼，就越现代化。

这种源于人民群众内部的由于价值观念的变化而产生的对村镇历史文化遗产的破坏力远远大于历史上任何外力的破坏。改革开放以来，中国文物保护的努力超过历史上任何时期，但其间的文物破坏也超过历史上任何时期。

我国在由传统农耕社会向现代文明社会转型的过程中，不应全盘照搬西方发达国家的模式。应当看到，西方文化注重处理人与自然的关系，其结果是科学技术飞速发展；而现代技术的发达，在社会组织的本身引入了一个超人的标准，那就是最小成本、最大收获的经济规律，支配生产活动的最终目的并不是生产者的个人目的，甚至并非社会的目的，而是为生产而生产、为效率而效率的超于人的目的；这种只在技术上求发明，而忽略社会组织上求进步与配合，是一种社会解组的现象。中国传统乡土文化注重人与人之间的相互适应问题，这与西方注重人与自然关系的文化互为补充、相得益彰，为人类社会建构完整而和谐的社会结构作出文明古国应有的贡献，让华夏文化成为社会进步和发展的源泉与动力，巍然屹立于世界文化之林。

3. 技术的进步

我国历史文化村镇中的传统建筑形式是适应当地自然及人文环境和当时的技术条件的结果。由于防水技术所限，为了及时将屋顶的雨水排到地面，屋顶大多是坡屋顶；为了防火的需要，形成了各具特色的风火山墙，如徽派建筑的马头墙、岭南建筑的波浪形山墙；在没有玻璃的情况下要解决通风采光问题，建筑通常采用院落的形式；而为了适应不同地区的环境，又出现了不同形式的院落，如北方的四合院、南方广府的天井、冷巷和热巷等；没有钢筋混凝土，建筑用的是具有韧性、加工灵便、组合方便的土木材料，不会建成高层建筑。然而，随着现代科学技术的发展，维持传统建筑形式的技术条件发生了质的飞跃。新型防水材料的出现，使得坡屋顶成为现代建筑可有可无的装饰；现代化的消防设施，也使风火山墙成为摆设；玻璃、室内照明和空调的出现，对建筑室内环境的改善摆脱了自然条件的制约；最具革命性的是钢筋混凝土的出现，使得改变建筑形式变得随心所欲。

对历史文化村镇文化的保护与传承并不只是尊重和弘扬民族和地域文化，而是现代化建设的需要，是世界文化多元化的需要，更是民族和人类进步发展的需要。正如费孝通先生所言："在欧洲曾有过一次文艺复兴，为现代科学文化开了一扇大门，我不敢否认世界文化史中可能再有一次文艺复兴，这次复兴也许将以人事科学为主题，中国和其他东方国家传统文化可能成为复兴的底子。"

3.2 历史文化村镇的保护

3.2.1 保护的意义

1. 有利于农耕文明与历史文化的传承

中国农耕文明的相关历史信息往往需要在历史经典文献中寻觅，但除此之外，还有历史文物等各类物质文化与非物质文化遗存，作为承载丰富历史信息的载体，被代代相继地保存下来，这成为我们认知农耕文明、传续历史文化的主要途径之一。历史文化村镇就是这样一个历史文化载体。历史文化村镇的形成和出现，是华夏先民由采集与渔猎时代进化到农耕文明的重要标志。考古资料证明，中国有着悠久的农耕文明史。如湖南道县玉蟾岩所发现的上万年的人工栽培稻种，澧县城头山、彭头山的稻田遗址等，都足以证明中国农耕文明史的悠长久远。但在中国数千年的农业社会和农耕文明史中，家庭、家族、宗族、氏族构成历史文化村镇，乃至国家与民族的基本组成单位，并通过血缘纽带，传承内在文化传统。因此，相对于经典文献和出土文物、文献，历史文化村镇所承载的相关历史信息更具鲜活性。

2. 有利于保护物质文化遗产与非物质文化遗产

历史文化村镇是物质文化遗产与非物质文化遗产的重要载体。历史文化村镇的物质文化遗产包括古遗址、古建筑、古墓葬、石窟寺、石刻、壁画等不可移动文物，以及历史上重要生活实物、艺术品、文献、手稿等可移动文物。如位于湘西土家族苗族自治州永顺县城东20余千米处的灵溪镇老司城村，既是中国历史上土司制度的物化载体，其本身也是物质文化遗产的重要组成部分。河南省西南楚文化区村落中拥有丰富的物质文化遗产：吴垭村的建筑面积有5620m²、古墓地2处、石碑13通、百年古树9棵，以及石板路、石台阶、石楼门、石院墙、石凳等若干；前庄村有双峰禅寺、圆通禅寺；土地岭村有通岳观、石头房若干；老城村有文庙、城庙、戏楼等。2016年1月，中南大学中国村落文化研究中心在湖南省江永县兰溪瑶族乡勾蓝瑶的水龙祠发现了一处明代水壁画，是迄今为止发现的中国长江以南地区最大规模的古代建筑壁画艺术遗存。

历史文化村镇的非物质文化包括口头传统、民俗活动和礼仪节庆、传统手工艺等。如湖北黄冈市麻城市歧鼓亭镇杏花村就有杏花村传说、"河东狮吼"典故麻城花挑、麻城皮影戏、歧亭骨髓炎中药秘方、东颜街牌子锣等非物质文化遗产。这些物质文化遗产与非物质文化遗产与其所在村镇存在着紧密的依存关系。如果历史文化村镇消失，依附于村落的物质与非物质文化遗产也必然随之灭失。

3. 有利于增强、保护民族文化，增强民族自信心

目前，中国传统文化的内在结构正面临着支离瓦解的危险，已经严重影响到中国传统文化，尤其是意识形态方面的传承和延续。中南大学中国村落文化研究中心在2015年、2016年曾对湖南、贵州、云南一些历史文化村镇分布相对稠密区域进行过实地考察调研，并对民间宗教信仰在这些历史文化村镇中的传播手段与途径给予特别的关注。这些区域在漫长的历史进程中，形成了不少由民族群体、氏族血缘关系组建起来的历史文化村镇，极具民族特色。"护稷为忠，敬祖示孝，积德布仁，举善有义"的传统在这里一直得以传承和延续。原住居民对天地自然、神灵祖先以及自身民族历史，无不充满敬畏。这些信仰传统历千年未变，本土宗教在这里除了发挥着宗教本身所具有的教理教义宣扬、传播、传承功能外，还起到了强化家族氏族民族血缘关系、维护家国人伦秩序、劝善崇德等方面的作用。但自20世纪80年代始，先是在一些国际文化组织的名义下，由某些背景复杂的境外机构出资在这些地区建起了"原生态博物馆"，为境外人员出入提供了条件。通过调研，发现外来文化进入的势头强劲，渗透力度大。随着社会环境的改变，部分历史文化村镇原住居民在面对外来文化的冲击与影响时，逐渐接受和吸收外来文化，摒弃世代传承的文化传统，使得传统文化的原有内容被侵蚀风化，甚至被解构。因此，对历史文化村镇的保护，即是对传统村落物质文化及非物质文化传承载体的保护，有助于村镇文化的传承，有助于保护中国传统文化的多样性，从而激发原住居民的地域归属感、文化自信感和民族自豪感。此外，还可以将一些具有重大历史纪念价值的历史文化村镇作为爱国主义教育基地，这有助于提高民众的思想道德素质、增强全民的爱国主义热情、增强民族文化自信。

4. 有利于凝结海外华人的民族情结

历史文化村镇及其文化是构建统一战线的重要手段和工具，具有凝聚散布在世界各地的华侨和广大港澳台同胞情感的功能。中华民族是一个慎终追远、敬慕祖先的民族。在中国历史文化村镇中一般都有祭拜祖先的宗族祠堂，许多家族中藏有家谱，这对于同根同族民众的凝聚具有重要的作用。如在湖南汝城县，其境内现在还有707座氏族祠堂。在这些祠堂中，不少就是当时的望族为念祖行孝而建，或是这些望族的后裔为了炫耀望族门庭、重振家声、聚凝血统之力而修。因此，历史文化村镇也成为同宗族成员连接家族血脉、传承族群文化、凝聚民族力量的重要载体。散布于全世界各地的华人，寻根究底，几乎都可以从中国的传统村落中找到他们家族的源头。中华民族同胞的血液里，总有一种叶落归根的情结。因而，无论他们身在何处，总有一颗赤诚的"中国心"。这颗"中国心"，很大程度上就寄托在中国的历史文化村镇里。如果不保护好中国的历史文化村镇，任其不断消失，中华民族的凝聚力无疑也将会随之削弱。

5. 有利于国土安全的保障

中国历史悠久，疆域辽阔，与多国毗邻，不少边境地区在历史上曾与邻国存在不同程度的归属争端，严重威胁着中国的国土安全和领土完整。边境地区传统村落的保护、利用和发展在国土安全、领土争端中起着关键性的作用。因为国际上关于争议领土的重要判别依据之一是：是否有某国国民长期在此居住。近年来，中国一些边境省份在新农村建设进程中，为了达到快速致富、改善乡民生活的目的，通过整体搬迁、小岛迁大岛等方式，将原住居民迁往他处，使得很多边疆地区的岛屿或村落成为"无人村"或"无人岛"，忽视了历史文化村镇在保障领土完整以及国土安全中的重要作用。现在，我们有必要通过社会调查、查阅史料、民间访谈等多种方式，对沿海各地、边疆（特别是新疆、西藏等地区）省区的历史文化村镇进行调查统计并采取保护措施，保护发展好边境地区的历史文化村镇，保障中国国土安全。

除此之外，历史文化村镇及其文化还具有规范社会成员价值取向与社会行为的整合功能，如维系社会秩序、协调社会管理、巩固社会制度的导向功能与传承等。这些功能可以规范社会成员个体的行为准则，促进"家国"民生秩序的构建，强化政府、社会与国民之间的共识与沟通，从而弱化乃至消除社会阶层间的隔阂，推动促进公民与政府的合作，共同构建政府导向与国民愿向高度趋同的和谐社会。

3.2.2 保护的阶段性

1. 历史文化村镇保护的辩证分析

对于历史文化村镇的保护，彭一刚院士曾经在《传统村镇聚落景观分析》一书中运用唯物辩证法的否定之否定规律和主要矛盾与次要矛盾相互转化的规律对传统聚落的发展过程做出了精彩的分析。人们为了改善居住条件而建新房代替旧房是历史的必然，这种趋势是对传统民居和村镇形态的一次否定，而历史文化的传承问题相对改善居住条件而言还只是次要矛盾；等社会发展到一定程度，农村居民的文化素养及审美情趣也相应提高时，历史文化遗产保护的问题突出成为主要矛盾，必将导致对于住房和村镇形态的又一次否定，通过对历史文化村镇的历史文化遗产进行消化吸收和创新，以创新的面貌出现；从而完成否定之否定螺旋上升的过程。此一阶段的标志是社区村民物质生活和精神生活有极大的提高，自觉捍卫本民族的文化，自觉传承、创新和发展本民族的文化，成为本民族文化的主人，为本民族的文化感到自豪、光荣和骄傲。

整体来看，我国正处于村镇历史文化遗产遭受破坏的第一次否定阶段，但破坏的深度和广度有了巨大的变化；已经不仅仅限于20世纪90年代初那样，改革开放取得初步成效，农村地区出现了一批先富起来的人，他们开始建新房代替旧房；在城市郊区的农村，乡镇企业的发展也出现了传统建筑被破坏的情况，总的来说这些变化还是局部的拆旧建新，对历史文化村镇破坏的广度和深度有限。

进入21世纪后，在新农村建设和新型城镇化的时代背景下，地方政府有着政绩的冲动，基层群众有着改善居住条件、提高生活水平的现实需求。在社会价值观念受到冲击、一切向"钱"看的社会环境下，公众历史文化遗产保护意识淡薄，而且又不受技术条件的制约，"只有想不到，没有做不到"。其结果就是大量历史文化村镇被破坏，且这种破坏是全面而深入的。由于历史文化遗产的不可再生性，等社会发展到第二次否定的阶段，人们想要保护传统文化时，才会发现历史文化村镇已经消失殆尽，已无物可保。此时再来谈对传统文化的传承和创新，无疑就成了无源之水、无本之木。目前，我国已经出现了文化遗产危机，传统文明正在物态方面从曾是这一文明的历史核心区——城市和在心态方面这一文明的主要承传者——社会精英阶层中消失。在这种情况下，如果说还有机会来谈中国的自主发展，甚至中华民族的复兴，最根本的底气来自于我们还有一个轮廓分明、大局尚在的乡土文化家底，那就是存在于广大农村地区的历史文化村镇，它们是中华五千年农耕文明精华的积淀。

中华文明史是世界迄今发现的最古老文明之一，而且是唯一延续下来不曾中断的文明。因此，为了使这一延续了五千年的华夏乡土文化不出现断层，为维持乡土文化遗产螺旋式上升的发展过程能够实现，为给社会文化、经济发展提供源泉和动力，在目前的社会转型期，必须采取有力的措施对历史文化村镇进行有效的保护。

从社会发展历史来看，我国正处于经济社会转型的特殊历史时期，历史文化遗产正经历第一次否定的阶段，历史文化村镇面临全面破坏。在这一时期，历史文化村镇保护的阶段目标是保护农村地区传统文化的物质载体和非物质文化遗产，使传统文化能够延续和传承下去；同时要提高民众对文化遗产意义和作用的认识，逐步回归乡土中国的文化价值观。这一阶段历史文化村镇保护的特点是政府制定公共政策控制和引导历史文化村镇保护的方向；专家学者等社会精英提供保护规划、传统建筑修缮设计及施工指导等技术支持；通过遗产地旅游和宣传教育提高民众历史文化遗产保护意识，积极参与历史文化村镇保护。基本上是一种由政府和社会精英主导的自上而下的单向保护，民众实际处于被动接受的状态。

而到下一个历史阶段，中国社会完成从传统农业社会向现代工业社会的转变。历史文化村镇的保护在经历过"否定之否定"螺旋上升的发展过程后，在更高的层次上达成新的平衡，社会发展进入下一个持续稳定发展的周期，历史文化的传承与延续进入正常的新陈代谢生命周期。此时的稳定发展周期与封建社会时的稳定在内涵和外延上有了质的飞跃，经济社会发达，科学技术先进，稍有不慎就可能对历史文化遗产造成毁灭性破坏。这一阶段历史文化村镇保护的目标就是要维持历史文化的正常新陈代谢，在保护的基础上注重传统文化的传承与创新。其特点是通过上一阶段的努力，建立起一套涉及立法、资金、机构、官员等方面较为完整的保护体系，民间自发的保护意愿能够通过一定的途径实现为具体的保护参与，使自上而下的保护约束和自下而上的保护要求在一个较为开放的空间中相互交流接触，并经过多次反馈而达成共识。

2. 历史文化村镇保护的近期目标

文化遗产的真实性是历史文化村镇保护的核心，包括物质层次的真实性、知识层次的真实性、精神价值和社会功能层次的真实性三个层次。由于遗产的唯一性、不可再生性、不可逆性，物质层次的真实性是最易受到损坏的，是最脆弱的。相对来说，由于知识层次真实性与精神价值和社会功能层次真实性的可复制性、可扩散性、可渗透性，因此它们具有较强的抗破坏能力。从唯物主义的发展观来看，历史文化村镇物质层次的真实性终究是要消失的，将其知识真实性与精神价值和社会功能层次真实性保留下来成为历史文化村镇保护的关键。

然而，知识层次与精神价值和社会功能层次的真实性不能完全脱离物质层次真实性而永存。它们的存在本质上是与物质基础的存在相联系的，既会由于物质层次真实性的存在而产生，也会因物质层次真实性的消失而最终消亡。比如有些中华历史文化传统，在沿海发达地区消失，但在边远贫困地区或少数民族地区的历史文化村镇中得到保存。这些现象说明了一个基本道理，在那些中华历史文化传统得以存留的地方，均是以相当程度的物质层次真实性保护为前提的。

根据上述对历史文化村镇保护层次的分析和现阶段历史文化村镇保护的特点，提出历史文化村镇保护的阶段目标是尽可能地保护历史文化村镇的历史文化遗产，亦即其物质层次的真实性；并在此基础上，尽可能全面地收集、记录、整理并保存这些历史文化遗产，即将其物质层次的真实性转化成知识层次的真实性，并在现代社会中尽可能地发扬其精神价值和社会功能层次真实性。也就是要收集保存和保护农村地区传统文化的物质载体和非物质文化遗产，使传统文化能够延续和传承下去；同时要提高民众对文化遗产意义和作用的认识，逐步回归乡土中国的文化价值观。

3.3 保护与发展的关系

3.3.1 保护与发展的认知对立

近年来我国很多历史文化村镇中发生的历史环境迅速毁坏，固然应直接归因于急功近利、忽视历史的村镇建设，但也反映出历史文化遗产保护理论与方法的亟待发展。

我国的历史文化村镇保护工作发端于近代社会动荡的时期，现代化的过程中，历史文化村镇空间体系日渐式微，在这样现实问题的激励下，知识界借鉴西方的古建筑保护理念，逐渐建立起我国自己的古建筑保护体系。在当时的历史条件下，保护工作主要是针对现代化过程中的遗产破坏，因此理论的主要着眼点在于发现、考证、理解对象的历史、文化、艺术等价值，关注于如何将之尽可能完好保存以留给未来。这样的保护体系到中华人民共和国成立后逐渐形成完整系统的机构及法规。国家设立了专门的文物部门负责城市及建筑遗产的保护工作，城市遗产的价值被提升至文物层面。其保护工作的重要性在法律及行政层面得到肯定。在其后的国家现代化建设起步阶段中，早期建设者们的主流观念是多快好省地建设现代化、注重物质功能，传统文化的价值在激进的现代化建设中受到质疑甚至否定，历史文化遗产在建设中被忽视和破坏的情况非常普遍，在"文革"时期状况尤甚。针对此，当时的知识界付出巨大代价对城乡遗产保护进行了不懈的强调和坚持，其时的保护理念及实际工作亦以针对城乡建设中遗产的无序破坏状况、强调城乡遗产的价值和保护的重要性为主。这些努力使得部分城乡历史文化遗产免于毁坏，并且促使遗产保护的理念在社会上逐渐得到传播，具有非常积极的历史意义。在这个"抢救"背景中发端的城乡遗产保护，很自然地带有将保护与现实对立起来的倾向。从我国城乡遗产保护的制度体系可以看到这一特点：国家通过命名"文物保护单位"的方式来保护文化遗产，针对"文物古迹"的这种保护方式后来又扩大到历史文化遗产保护区以及历史文化名城和历史文化名镇名村。需要注意的是，单体文物保护的概念和方法也被简单放大至遗产保护区甚至城市和村镇保护层面，保护工作一直集中于规划部门及文物部门的管理控制，而对历史文化资源保护中本应具有的维护和更新机制则关注较少。我国保护体系的这个特点在当代现实的刺激中被进一步强化。在改革开放后的城乡急剧发展中，建设量空前巨大，而由于经济至上的观念逐渐在社会中占据了主导，历史文化遗产亦遭受了前所未有的巨大破坏。针对日益复杂的遗产破坏状况，理论界在对遗产历史价值的发现、判定和强调方面的研究有了很大发展。从近年来的理论热点，如遗产保护范畴界定、遗产真实性强调及遗产修复标准讨论等议题上，我们都可以看到这一情况。而在遗产破坏的严峻现实情况刺激下，文物管理部门的保护制度要求也变得更加严格。但这样的保护观念惯性发展的结果之一，则是将村镇空间发展放到了历史文化遗产保护的对立面，发展成了保护的"敌人"。而现实中遗产保护与规划建设分属文物与建设部门管辖，也在客观上加剧了这种对立：一方面是保护部门保多少都嫌不够，而且对真实性的强调日益加强；另一方面则是规划建设部门深受保护掣肘之苦，对现实矛盾重重但历史价值突出的历史文化遗产不知从何下手。最终形成了"红线式管理"的简单妥协：在保护部门眼中，似乎保护工作就是划出不可触动的红线，并让红线内的环境、生活等受到如文物一般的"保护"，远离建设的影响和破坏；而建设部门往往也乐意接受这一"红线式管理"的方式，因为这样就意味着在红线外的"随心所欲"是法律许可的。而这种对立认知和操作的结果，则是各方只能满足对方的最低要求，却不会谋求合作的最大成果。事实证明，发展和保护是一体的两面，它们是统一的，如果在实践中对立起来的话，结果只能是没有真正的保护，也没有真正的发展。

3.3.2 保护与发展的统一

文化遗产保护最重要目的之一，是让今人能够借之认识到自己所从中来的传统，而不致在变迁中遗忘。对这一点，现在的保护理论已有较多的强调。雅各布斯也曾就此作过精彩的论述：文化记忆的保持是族群文化健康发展的极重要前提。

但保护文化传统的原因，不是要将之作为资料，而是要继承它。因为真正的文化活力不能在史料中保存，而必须在活态的发展中传承。如雅各布斯所说："一个复杂的活文化中绝大部分的细节都不是经由文字或图像留传的。不，文化是经由言传及身教而存活下去的。"而活的文化就必然要适应不断变化的现实，经历发展与变化。

同样的观点来自史蒂文："假若传承传统的唯一形式就是盲目而谨小慎微地固守我们前人的习惯与成就，这样的'传统'肯定是应该加以制止的……（传统）的历史感不仅使我们能够回味无法重现的往昔，还应感知到它的现在……这种历史感促使一个作家或建筑师最敏锐地感知到他所生活的场所，以及他自己的当代性。"

从这两者的观点都可以看出，对历史文化的保护应当是面向文化发展的。也就是说，是产生于历史的文化对现实发挥其影响力，以使其获得更好的未来发展。雅各布斯说过，将自身文化与外界隔绝的是一种堡垒心态。而就像上文中莱特所说，将历史文化冻结并与现实隔绝的做法也出于这样的堡垒心态。它不仅将我们自身隔离于外界发生的动态影响之外，并且还有一项副作用："停止对外在世界产生影响"。这样一来我们就迷失了保护历史文化的初衷：正是因为历史中有感动我们的艺术之美，有值得我们传承的生存智慧，我们才要保护它。而将它冻结的"资料式"保护却恰恰扼杀了它的活力，使它无法对现实生活产生积极的影响，也妨碍了现实世界中人们对它的理解与传承。这最终会导致这些被"保护"的文化在距离我们越来越远的"水晶棺"中日渐模糊，直到无人知道它和我们现实生活之间的关系，直到无人再能理解它，正所谓"不用则失"。

保护的要求没有错，建设的需求也是正当的。但错误在于现实中保护和建设的不相协调。管理体制上的各自为政、现实发展中的急功近利都使得二者之间的矛盾日益加深。但要真正解决城乡发展中的问题，我们就必须要将二者视作统一的整体。保护不必和建设发展对立起来，因为现实发展中就存在着对历史保护的需求。我们要做的是认清它，并恰当地回应它。

就村镇空间而言，我们应该做的是，建立历史与现实之间的联系，能让历史不再抽象，而是能够为人们所切实感知、理解，这是对它自觉传承的基础。而让历史的空间体在当代村镇中活力复兴，就是一种让历史文化影响现实村镇生活的方式。为了做到这一点，遗产的功能及空间有所改变以适应现实是必需的，而保护历史真实性与发挥历史文化能动性之间的辩证统一则在于我们要保证历史信息和发展过程的清晰可读。在这样的情况下，历史与现实就会成为由历史逻辑所统一的整体，而不再是相互对立的概念、非此即彼的选择。

雅各布斯所说的"一个活的文化是永远在变化的，而同时又能不失为变化的框架和语境"，正是保护与变化的分寸。

因此，对历史文化村镇遗产的当代重构，我们应当以此为原则：一方面，不应认为历史的文化遗产只是历史的遗物，而应当将之视作村镇中的活态功能体。这样的观念需要我们对历史文化遗产的评估原则发生调整：除去其历史价值外，遗产的现实职能亦应作为重要因子，纳入价值评估体系中。相应地，我们需要的是延续和激发历史文化遗产的活力，而不是保存历史的遗迹。它应有适应现实功能的空间发展，不过与普通村镇功能体不同的是：它的发展应当注意历史信息的保存以及自身历史逻辑的延续。另一方面，则不应忘记的是历史发展的延续性：村镇空间的发展并不受制于历史格局和容量，但也不是在现代才开始的全新过程，它是一个连续的进程。合理的发展不是置历史于不顾，而应当在理解的基础上继承历史，以今天的手段解决现实的问题，给未来留下充足的发展空间，并让这些成分成为一个合乎逻辑的整体。总之，对村镇历史文化遗产的操作，应当秉承"尊重历史、面向未来"的原则——在现实的操作中不应排斥历史，而应当使历史成为未来良好的组成部分。

就具体的操作方式来说，"变"与"保"的度在何处，则随着遗产的价值载体不同、价值延续方式的不同，甚至操作者对价值的理解不同而有不同的操作分寸。需要注意的是，这是因个案而异的创造性过程，很难概括一般性的规律。它在一定程度上也成就了村镇空间发展的丰富性。在操作中不仅要考虑历史文化的保护和延续，还要考虑旅游活动的需求，以及与城乡空间的互动等因素，是一个充满挑战的过程。不仅需要我们对村镇文化及历史的深刻理解，还需要我们面对未来具有足够勇气和想象力。因而现实中的先例不仅会因项目的具体情况而不同，也会因设计者的个人努力达到的层次而不同。在这里不仅是具体的设计解决之道决定着对待遗产的操作分寸，而且社会文化观念发展的状况也起着很大的制约作用。这提醒我们要全方位思考，不仅在遗产价值的理解上，而且在村镇发展的需要上，都要结合具体对象进行深入研究，加深各学科间的合作，才能更好地助推村镇空间的良性发展。

04

历史文化村镇保护规划的内涵

- 保护规划的概念
- 保护规划的特征
- "保护规划技术"释义

4.1 保护规划的概念

4.1.1 保护规划的含义

规划是一项普遍的活动，经济规划（或计划）、社会规划、环境规划等在世界各国的政府工作中占有重要地位，规划在各种企业中也是必不可少的经营管理手段。因此，规划在经济学、社会学、决策科学、管理学、建筑学等学科研究中成为重要的课题。对于规划的理解也并不完全一致，比如：

（1）"规划作为一项普遍活动是指编制一个有条理的行动顺序，使预定目标得以实现"（Hall，1975）。

（2）"规划系拟定一套决策以决定未来行动，即指导以最佳的方法来实现目标，而且从其结果学习新的各种可能及决定新的追求目标的过程"（Dror，1963，转引自于明诚，1988）。

（3）"规划本质上是一种有组织的、有意识的和连续的尝试，以选择最佳的方法来达到特定的目标"（Waterston，1965）。

（4）"规划是将人类知识合理地运用至达到决策的过程中，这些决策将作为人类行动的基础"（转引自Waterson，1965）。

（5）"规划是通过民主机制集体决定的努力，以做出有关未来趋势集中的、综合的和长期的预测……提出并执行协调的政策体系，这些政策设计得具有连接预见的趋势和实现理想的作用，预先阐述确实的目标"（Myrdal，转引自Bracker，1981）。

尽管以上这些定义在形式上各不相同，但贯穿于其中的精神却是一致的，那就是，规划是为实现一定目标而预先安排行动步骤并不断付诸实践的过程。规划最基本、最重要的特征是它的未来导向性。它既是对未来行动结果的预期，也是对这些行动的预先安排，并且在针对目标达成的行动过程中不断地趋近目标。

根据上述对规划含义的分析，相应地，历史文化村镇保护规划就是针对特定的对象（历史文化村镇），为实现其保护目标而预先安排行动步骤并不断付诸实践的过程。历史文化村镇保护规划也具有规划的基本特征，即未来导向性。保护规划必须在针对未来的基础上，来反观历史文化村镇的过去和现在，从中发现其自身发展的规律，进而明确历史文化村镇保护的目标，并在对目标认识的基础上制定从现在至保护目标达成这一时间段中的所有行动和可能的行动。因此，保护规划也需要研究历史文化村镇的过去和现在，目的则在于揭示其自身发展规律和展开实现保护目标的未来行动。

4.1.2 保护规划的任务

保护规划是历史文化村镇保护的重要手段，历史文化村镇保护的目标决定了保护规划的任务。由于历史文化村镇保护的目标具有阶段性，因此在历史发展的不同阶段具有不同的保护目标。保护规划相应地也具有阶段性的特点，这里论述的是与历史文化村镇保护的近期目标相对应的保护规划任务。根据前面的研究，历史文化村镇保护的近期目标是尽可能地保护历史文化村镇物质层次的真实性，并在此基础上，尽可能全面地收集、记录、整理并保存，使之转化为知识层次真实性，并在现代社会中尽可能地发扬其精神价值和社会功能层次真实性。因此，目前历史文化村镇保护规划的任务主要由以下三方面组成。

一是记录，就是要尽可能全面地收集、记录、整理并保存历史文化村镇的基础资料数据，将历史文化村镇由物质层次的真实性转化为知识层次的真实性。这是因为，基础资料的收集和分析是保护规划的基础性工作。这里所讲的记录，其内涵和外延比通常情况下做规划设计项目的现状分析那种简单列举的方式要宽广得多。它是历史文化村镇保护的目标对保护规划任务提出的技术要求，需要建立一套科学的历史文化村镇基础资料收集指标体系，并运用信息技术建立历史文化村镇基础资料数据库（档案）。

二是控制，就是尽可能地保护历史文化村镇的物质文化遗产和非物质文化遗产。如前所述，我国历史文化村镇正处于第一次否定的阶段，村镇历史文化遗产正面临着严峻的形势。历史文化村镇保护规划必须从空间上对现存的物质文化遗产进行严格控制，并采取适当的保护措施；对已经受到破坏的历史文化村镇制定科学的整治计划，以期恢复其历史风貌。对非物质文化遗产也要提出适当的保护控制措施，并在保护的前提下发扬其精神价值和社会功能。

三是引导，就是在保护的前提下，合理引导历史文化村镇的经济社会和谐持续发展。这既是历史文化村镇乡土生活延续性和遗产资源公共性特点对保护规划的要求，也是历史文化村镇保护目标中尽可能地发扬其精神价值和社会功能层次真实性的主要途径。

4.1.3 保护规划的定位

我国城乡规划体系由国土空间规划、控制性详细规划和修建性详细规划组成，其中对建设行为真正具有法律控制力的规划是控制性详细规划和修建性详细规划，而在目前的历史文化村镇保护工作中，保护规划最缺乏的就是具有可操作性的法律控制力。我们在调研的过程中发现，在一些历史文化村镇，同时编制了历史文化村镇保护规划和控制性详细规划；并且认为保护规划只管历史文化遗产的保护，而新的建设行为则按照控制性详细规划执行，保护规划与建设规划成为两个独立的规划系统。在当前这种片面追求经济利益最大化的社会背景下，其结果是可想而知的，保护规划中设想的保护对象得不到真正有效的保护，新的建设行为却又在不断破坏历史文化村镇的空间环境，甚至直接破坏保护对象本身，保护规划沦为应付上级检查的摆设。

因此，在历史文化村镇保护工作中，应该将保护规划定位为控制性详细规划层面的规划，同时要增加大量必要的保护性控制指标。根据《城乡规划法》，一般乡镇需要编制控制性详细规划，村庄则需要编制村庄发展规划。但是，对于历史文化村镇需要做特殊处理。历史文化村落由于规模比较小，为了保护和控制村落的整体历史风貌，保证保护规划能够顺利实施，除了编制保护规划外，历史文化村落不另行编制村庄规划，也即历史文化村落的保护规划与村庄发展规划合并，在保护的前提下合理规划村落的经济社会发展。

而对于历史文化古镇，由于乡镇是基层政府所在地，具有一定的城镇建设基础，一般都有包含镇区和镇域范围的乡镇国土空间规划；历史文化古镇的保护规划无法像村落保护规划那样协调处理整个镇区或镇域范围内的保护和经济社会发展问题。因此，历史文化古镇保护规划属于乡镇规划里面的历史文化专项规划，与乡镇规划的其他专项规划相互协调，并与乡镇国土空间规划相衔接。历史文化古镇保护规划的主要对象是古镇镇区范围内的历史文化遗产保护，对于镇域范围内确实有大量历史文化遗产的特殊情况，应该提出原则性的保护要求，在进一步的相应村落保护规划中具体化。

综上所述，历史文化村镇保护规划是以保护为核心、保护与发展相协调的控制性详细规划。它不仅针对历史文化村镇的保护对象提出规划控制要求，也对这些村镇内的一切建设行为提出规划控制要求，其目标是要实现保护与发展的和谐统一。

4.2 保护规划的特征

4.2.1 事实特征

规划虽然在本质上是一种理念意识和行为指导的表达和表现，但任何规划都显然不可能是自在自为的，它始终又必须是对象发展的反映和总结。历史文化的保护和村镇的发展是有一定的规律可以依循的，这些规律是不以人的意志为转移的，而揭示这种规律就必须从实际出发，而且需以这些事实作为人类认识的检测工具。保护规划应当在揭示村镇遗产保护与发展的客观规律基础上，使村镇向着更有利于人类愿望的方向发展。我们可以利用这些规律，但不可改变或者消灭这些规律；人类的主观能动性只能体现在对这些规律的顺应和运用上。因此，在规划过程中，对象发展的内在必然性是我们进行认识、思考、处理和行动的基点。保护规划的许多内容带有规范性的特质，但仍有许多内容是有关事实的，尤其是在涉及文化遗产保护、村镇发展、村镇空间和土地使用的运行和发展的规律等方面。因此，保护规划决非仅仅是理念性的构画，它必须是有事实基础的。

4.2.2 过程特征

规划强调的是对事物发展和演变的动态认识。任何行动和决策都是针对以前决策和行动的响应，同时也为后续的决策和行动提供基础、刺激和方向。历史文化村镇的发展和保护规划都是由动态过程所形成的。村镇发展不可能是断续的，也不可能是跳跃式的，而保护规划是在历史文化保护与村镇发展各要素相互协同作用的基础上，不仅对应于此过程，而且通过对村镇建设和发展的不断响应，保持其完整的连续性。

同时，保护规划需要针对历史文化保护和村镇建设行为所产生的社会后果及反应而不断调适其与村镇发展之间的相互关系。在整个相互作用的过程中，会发生种种不同于过去的设想和预计的事件或状态，其向社会的扩散在其他要素的交互作用下被放大，会引起保护规划本身做出相应的调整。只有经历了这样的不断调整，保护规划才有可能继续生存、发展下去，并不断发挥作用。在此过程中，规划者就有必要把握这种变化、放大、调整的内在机理。

4.2.3 实践性特征

实践性就是要求规划的每一项行动都需要符合历史文化村镇社会当时当地的实际需要和所能提供的能力。规划具有协调从现状到目标达成之间事物发展过程的功用，因此，既不可能固守现状，也不可脱离社会现实。放弃目标会起误导作用，而忽视现实则会导致社会不利反应，最终不仅阻碍美好理想的实现，而且会使规划失却存在的基础。保护规划要在历史文化遗产保护和村镇发展过程中发挥作用，就必须具有充分的可操作性。可操作性包括了两部分内容，一方面是与历史文化遗产保护和村镇发展的客观规律相符合，与历史文化村镇建设和开发的能力、要求、方式相匹配，成为村镇发展过程的反映；另一方面，与当地政府和规划部门对实施的指导和控制能力相协调，为社会所接受，能在社会经济结构的制约下健康运行。

4.2.4 概率性特征

可以说，规划本质上是排除因果论的。因果论要求的是从原因到结果、从前一事件到后一事件的直接推导，这是人类思维经过数千年的发展和适应所形成的一种完美的方式。规划过程在时序上对原因和结果的倒置决定了不适用因果决定论。现代科学领域的研究也已经揭示了因果论所不能覆盖的范围。而对于规划过程中不可能排除的不确定因素，所能采用的方法也只有概率方法。概率方法所依凭的概率思想是规划过程中最重要的思维构架之一。

4.2.5 发展性特征

规划的未来导向性直接孕育了发展特征。我们对于发展的最基本意义的认识就是对现状的改善。发展并非就是增长，规划也不只是关心各要素的数量关系，而更注重于它们之间的质量关系。而涉及改善，也就涉及规范的因素。对于发展的思想，存在着两种趋向，一种是渐进式的，一种是激进式的。渐进式的发展思想注重于从现实出发，在现有的结构框架之下，对事物的发展施加有限的作用，使其能在维持现状的社会经济制度下，依靠现有的社会经济关系进行小规模、小幅度的改进。激进式的发展思想是从事物发展的理想状态出发，对构成事物的各类要素进行重组，旨在建立合理的相互关系，从根本上使事物的状况得到改善。在任何的规划过程中，这两种思想都会得到或多或少的表现，且有互补的效用，只是各自作用的强度并不相同。从最理想和最完善的角度讲，激进式发展思想被用来建构事物未来状况的整体框架，在此结构性调整的背景下，运用渐进式思想来组织整个实践过程，使两者得到统一。

4.3 "保护规划技术"释义

本书研究的核心是"历史文化村镇保护规划技术"，这里面包含了三个关键词，即历史文化村镇、保护规划、技术。其中，历史文化村镇和保护规划的具体含义已经在上文中进行了深入阐述，这里主要分析关键词"技术"的含义，进而明确本书论述的主要成果"保护规划技术"的表现形式。

4.3.1 技术的含义

法国科学家狄德罗主编的《百科全书》给技术下了一个简明的定义："技术是为某一目的共同协作组成的各种工具和规则体系。"技术既可表现为有形的工具装备、机器设备、实体物质等硬件，也可以表现为无形的工艺、方法、规则等知识软件，还可以表现为虽不是实体物质却又有物质载体的信息资料、设计图纸等。

从广义上讲，技术是人类为实现社会需要而创造和发展起来的手段、方法和技能的总和。作为社会生产力的社会总体技术力量，包括工艺技巧、劳动经验、信息知识和实体工具装备，也就是整个社会的技术人才、技术设备和技术资料。

技术不像科学那样是描述性、真理性的，而是规范性、规则性的。F·拉普赞同技术的规范性特点，认为技术是具有指令性的，"要指出说明如何去进行行动的指令"，技术的任务"是要提出指令性假说，这些假说说明在明确规定的条件下，实现一定的目标应当如何去做"，这里的指令性就是规范性。

4.3.2 保护规划技术

保护规划是实现历史文化村镇保护目标的关键措施，体现了历史文化村镇的自身特点，反映着历史文化村镇的发展规律，需要一套行之有效的技术体系来规范指导保护规划的编制。保护规划技术表现为技术指南、导则等软知识的形式，随着研究的深入和社会关注度的提高，这些技术导则可以被批准为地方标准、行业标准或国家标准，由各级政府强力推行实施。

事实上，历史文化遗产保护领域相关的保护规划技术体系就是这样发展起来的。国家从重视文物保护开始，1982年颁布实施的《中华人民共和国文物保护法》第十条对文物单位的保护规划做出了原则规定："各级人民政府制定城乡建设规划时，事先要由城乡规划部门会同文化行政管理部门商定对本行政区域内各级文物保护单位的保护措施，纳入规划"，并提出划定建设控制地带的要求；2002年修订的《中华人民共和国文物保护法》则进一步提出"历史文化名城和历史文化街区、村镇所在地的县级以上地方政府应当组织编制专门的历史文化名城和历史文化街区、村镇保护规划，并纳入城市国土空间规划"，将保护规划的对象由文物保护单位扩大到历史文化名城、街区和村镇。此时，还没有专门针对保护规划的技术文件出台。2005年7月颁布实施了《全国重点文物保护单位保护规划编制要求》，和随后2005年10月实施的《历史文化名城保护规划规范》GB 50357—2005成为历史文化村镇保护规划参照的主要技术文件，该规范2018年修订为《历史文化名城保护规划标准》GB/T 50357—2018。随着历史文化村镇的保护日益受到社会的重视，国务院2008年颁布了《历史文化名城名镇名村保护条例》，明确规定历史文化名镇名村应当编制保护规划，但没有相应的历史文化名镇名村保护规划技术规范，导致目前保护规划编制混乱的局面。为了解决这一问题，住房和城乡建设部2011年立项启动了国家标准《历史文化名镇名村保护规划标准》的编制研究，此项工作正由笔者所在的研究团队承担；2013年4月住房和城乡建设部颁布了《历史文化名城名镇名村保护规划编制要求》，从此有了针对历史文化名镇名村保护规划的技术框架，具体技术体系将在《历史文化名镇名村保护规划标准》出台后完善。而对于更大范围内的历史文化村镇的保护规划技术体系则是本书的研究对象。

本书的目标是构建适合历史文化村镇（包括历史文化名镇名村和一般历史文化村镇）的保护规划技术体系，用以指导历史文化村镇的保护规划编制工作，以期能改善目前我国历史文化村镇保护规划的混乱局面。因此，历史文化村镇保护规划技术体系既要与现行的历史文化名镇名村保护规划技术相衔接，又要研究构建适合更广泛意义上的历史文化村镇保护规划技术体系。

下篇

历史文化村镇保护规划技术

05

基础资源的收集与分析

- 基础资源调查与分析
- 数据库的建立
- 综合评价与分类

5.1 基础资源调查与分析

通过基础资料的收集，尽可能全面地收集、记录、整理历史文化村镇物质层面原真性转化为知识层次原真性的资料，接下来就是要采用一定的技术手段来保存这些收集来的基础资料数据。现在我们所处的时代是信息社会的时代，应该充分利用这个大数据时代的信息技术来保存历史文化村镇的基础资料数据，建立历史文化村镇基础资料数据库。

5.1.1 基础数据的收集

历史文化村镇保护规划不仅针对历史文化村镇的保护对象提出规划控制要求，也对这些村镇内的一切建设行为提出规划控制要求，其目标是要实现保护与发展的和谐统一。这就需要对历史文化村镇的基础数据进行全面而深入的调查研究。保护规划基础数据的采集目标首先是要真实、客观、准确地反映村镇的历史文化信息；其次，还要为历史文化村镇的经济社会发展规划的编制提供基础资料。

5.1.2 基础数据指标体系构建的思路

对于历史文化村镇基础数据收集的研究，目前散见于各种历史文化遗产评价体系中，提出一系列用于评价历史文化村镇的指标体系，进而收集这些指标的相关基础数据，用于对历史文化村镇的文化遗产进行综合评价。如2004年12月，住房和城乡建设部和国家文物局发布了《中国历史文化名镇名村评价指标体系（试行）》，对历史文化村镇的两大类、13个小类共24个指标进行数据收集并打分，进而根据得分的高低评选出历史文化名镇名村；张艳玲（2011）从物质文化遗产、非物质文化遗产两个方面，分3个层次，分别选取了28个客观和31个主观指标构建了历史文化村镇综合评价指标体系。这些为历史文化村镇评价而构建的基础数据指标体系由于其目标指向是综合评价，关注的主要是历史文化村镇的历史文化价值特色方面的指标。这些指标远不能满足历史文化村镇保护规划对基础数据的要求。

在综合分析已有研究论文和历史文化村镇保护规划实际案例的基础上，从以下几个方面来考虑历史文化村镇保护规划基础数据指标体系的构建：

（1）指标的选择要体现历史文化村镇的自身特点和发展规律。
（2）加强历史文化村镇所处整体自然景观环境、传统格局和历史风貌指标的收集。
（3）注重非物质文化遗产在历史文化村镇中的物质载体的收集整理。
（4）考虑历史文化村镇当地居民保护意向调查的内容。

5.1.3 基础数据指标体系的形成

通过对历史文化村镇已有研究成果的总结分析，结合课题组对历史文化村镇基础数据调查收集过程中对其特点和规律的研究，从历史文化遗产、村镇概况和居民保护意向三个方面构建起历史文化村镇基础数据收集的框架体系（图5-1）。历史文化遗产是指由于世代人的栖居、耕作，留存了丰富的文化遗产，既有物质文化遗产，还包括非物质文化遗产；这是历史文化村镇保护规划所要保护的核心对象。村镇概况则主要指村镇的自然地理、社会经济状况及公共设施等与群众生产生活密切相关的自然、社会概况，主要为历史文化村镇保护规划中如何处理好保护与发展的关系提供基础数据。居民保护意向调查则是为了使自上而下的保护规划能够切实体现当地居民的意愿，在实施过程中能够得到公众的参与和支持，而提供的一个自下而上的民意收集渠道。这样就构建起为历史文化村镇保护规划的保护对象、经济社会发展和公众参与的保护规划实施提供依据的基础数据指标体系。

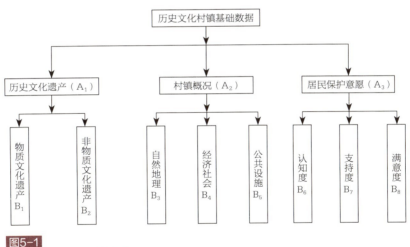

图5-1
历史文化村镇基础数据框架

1. A_1——历史文化遗产

由物质文化遗产（B_1）和非物质文化遗产（B_2）组成。

（1）B_1——物质文化遗产基础数据指标（表5-1）

物质文化遗产是历史文化村镇的物质空间载体，其结构层次比较复杂，本书主要构建了从B到F的五个层次来表达，其中B、C、D三个层次可以比较清楚地进行分类编号，E、F两个层次为物质文化遗产的具体表现形式，不同的历史文化村镇有不同的遗产内容，故这两个层次的指标暂不编号，而且随着研究的深入，特别是F层次的指标内容还可以继续增补完善。

物质文化遗产基础数据指标表 表5-1

大类（C）	中类（D）	小类（E）	主要内容（F）	收集方法
乡土景观（C_1）	自然景观（D_1）	天景	日月星光、虹霞蜃景、风雨阴晴、气候景象、自然声象、云雾景观、冰雪霜露、其他天景	①、②、⑤、⑥
		地景	大尺度山地、山景、奇峰、峡谷、洞府、石林石景、沙景沙漠、火山熔岩、蚀余景观、洲岛屿礁、海岸景观、海底地形、地质珍迹	①、②、⑤、⑥
		水景	泉井、溪涧、江河、湖泊、潭池、瀑布跌水、沼泽滩涂、海湾海域、冰雪冰川、其他水景	①、②、⑤、⑥
		生景	森林、草地草原、古树名木、珍稀生物、植物生态类群、动物群栖息地、物候季相、其他生物景观	①、②、⑤、⑥
	传统格局（D_2）	村镇布局	散点式、单线式、复线式、网格式（树枝状、交织状、带状）	④、⑤、⑥
		田园环境	传统生产方式构成的景观（梯田、茶园、阡陌纵横）	④、⑤、⑥
		肌理	道路网、水系及村镇平面形态，几何轴线等形成的肌理	④、⑤、⑥
	历史风貌（D_3）	园林小品	私家园林、牌坊、亭榭、雕塑	④、⑤、⑥
		日常生活设施	古桥、码头、驳岸、古井	④、⑤、⑥
		生产防御设施	城墙、关隘、大坝、瓮城、地道	④、⑤、⑥
		其他遗址遗迹	人类活动遗址、文化遗址、军事遗址	③、④、⑤、⑥
历史街巷（C_2）	街区（D_4）	①街巷空间尺度；	H/D >、<或=1	④
	巷道（D_5）	②街巷立面；		④、⑥
		③街巷地面铺装；	铺装材料、花纹、色彩	④、⑥
		④功能；	交通、生活、商贸（店铺、固定摊位、临时摊位）、排水、通风遮阳、防火防御	①、②、③
		⑤平面形态	凹凸有致、蜿蜒曲折、高低起伏、收放自如	
	街廊（D_6）	结构类型	木柱承墙、斜撑承墙、墙柱共承、双层披檐、骑楼	④、⑥
历史建筑（C_3）	居住建筑（D_7）	厅堂、卧室、厨房、楼层空间、厕所、天井或院落	现存乡土建筑和文物古迹的分布状况； 建筑编号； 建筑规模； 使用功能； 产权归属； 建筑年代； 建筑材料； 建筑色彩； 建筑立面形式、高度； 建筑构造； 建筑物理（防寒、隔热与遮阳、防潮）； 建筑装饰（塑形、图案、色彩、陈设）	①、②、③、④、⑤、⑥
	公共建筑（D_8）	宗祠建筑		①、②、③、④、⑤、⑥
		文教建筑（书院、祈文、戏台、旌表）		①、②、③、④、⑤、⑥
		商业建筑（商店、街屋、茶馆、会馆）		①、②、③、④、⑤、⑥
	宗教建筑（D_9）	土地庙、关帝庙、佛道寺观、其他庙宇（妈祖、开漳圣王）		①、②、③、④、⑤、⑥
	防御建筑（D_{10}）	碉楼、角楼		①、②、③、④、⑤、⑥

注：①-资料查阅；②-问卷调查；③-居民访谈；④-现场测绘；⑤-遥感测量；⑥-影音多媒体。

物质文化遗产C层次的指标包括乡土景观（C_1）、历史街巷（C_2）和历史建筑（C_3）三个方面。

乡土景观（C_1）。这是首次在历史文化村镇保护研究中引入乡土景观的概念构建基础数据指标体系。乡土景观是指当地人为了生活而采取的对自然过程、土地和土地上的空间及格局的适应方式，是此时此地人的生活方式在大地上的显现。绕村而过的小溪、一座祠堂、一片风水林、村前水池，都是一家、一族、一村人的精神寄托和认同，这些乡土的、民间的景观，与他们祖先和先贤的灵魂一起，构成了当地乡土文化的景观基因。这也是历史文化村镇区别于其他历史文化遗产的最显著特点之一。

乡土景观D层次的指标由自然景观（D_1）、传统格局（D_2）、历史风貌（D_3）组成。自然景观（D_1）是历史文化村镇所处的自然环境，由于所处的地理环境和气候带不同，形成多样的宏观景致——天景和地景；地形地貌和小气候环境的多样则造就了丰富多彩的中观风景——水景和生景。传统格局（D_2）主要指的是历史文化村镇或依山就势、或沿江延伸、或平地网状展开的建筑整体布局，这反映了历史文化村镇先民在村镇选址中所蕴含的文化内涵；田园环境则是五千年农业文明在历史文化村镇中留下的历史印记。历史风貌（D_3）主要是反映历史文化村镇中人们生产生活点点滴滴的园林小品、设施及遗址遗迹，它们共同营造出历史文化村镇古色古香的历史文化氛围。

历史街巷（C_2）。历史文化村镇的街巷空间是人们体验历史文化风貌的主要通道和村镇特色景观的主要视觉通廊。街巷空间景观的形成是屋、街、河（水乡村镇）等2~3种空间要素沿同一轴线的并行重复，并结合生活、交通运输等基本功能，成为历史文化村镇空间景观的主要展示面。历史街巷根据尺度的大小可以分为街区（D_4）和巷道（D_5），还有能遮阳避雨的街廊（D_6）等形式；在两条街巷交汇的地方通常还会形成一些小广场，这些都是历史文化村镇非物质文化遗产的承载场所。

历史建筑（C_3）。历史建筑是历史文化村镇保护的核心内容，它的形式、色彩、体量、装饰等无不体现着劳动人民精湛的建造技艺和深厚的文化内涵。历史建筑根据使用功能的不同可分为居住建筑（D_7）即民居、公共建筑（D_8）、宗教建筑（D_9）和防御建筑（D_{10}）四种。对于历史建筑指标数据的收集，对每栋建筑制定包含E层次指标内容的历史建筑调查表进行数据收集。

（2）B_2——非物质文化遗产基础数据指标（表5-2）

非物质文化遗产指历史文化村镇代代相传下来的各种实践、表演、表现形式、知识体系和技能，以及与其有关的工具、实物、工艺品和文化场所。这类指标的选取借鉴了赵勇（2008）在构建历史文化村镇评价指标体系时将非物质文化遗产分为历史影响（C_4）、文化民俗（C_5）和传统生活延续（C_6）的方式。

非物质文化遗产基础数据指标表　　　　　　　　　　　　　　表5-2

大类（C）	中类（D）	主要内容（E）	收集方法
历史影响（C_4）	名人事件（D_{11}）	重要历史事件、名人遗迹及文字记载、历史地名等	①、②、③、⑥
文化民俗（C_5）	生产方式及手工艺（D_{12}）	生产工艺、手工作品、生产工具等	
	口头作品（D_{13}）	戏曲、诗词歌赋、地方语言、民间传说等	
	表演艺术（D_{14}）	杂技、花鼓、舞台艺术等	
	民间习俗（D_{15}）	集会庙会、健身赛事、宗教活动、饮食服饰、节庆礼仪等	
传统生活延续（C_6）	现有居民构成和社会结构（D_{16}）		

注：①-资料查阅；②-问卷调查；③-居民访谈；④-现场测绘；⑤-遥感测量；⑥-影音多媒体。

2. A_2——村镇概况（表5-3）

由社会经济（C_7）、自然地理（C_8）和公共设施（C_9）组成。

社会经济（C_7）、自然地理（C_8）主要是一些反映历史文化村镇宏观自然和人文状况的一些指标，这些指标在保护规划中没有历史文化遗产（A_1）指标重要，但它们对协调历史文化村镇保护与发展的关系也是不可或缺的。

对于公共设施（C_9）来说，在历史文化村镇中，由于经济比较落后，这些设施并不普及；但在某些方面古人有着很高的智慧，比如有些古村落民居中的排水设施，已经有几百年历史了，现在还在发挥着作用。还有就是一些设施历史上没有，但现在的居民却广泛使用着，如村镇内像蜘蛛网般的电力、电信线路，严重影响了历史文化村镇的景观风貌，这些设施的数据都需要收集，并进行分析研究，在保护规划中提出整治措施。

村镇概况基础数据指标表　　　　　　　　　　　　　　表5-3

大类（C）	中类（D）	主要内容（E）	收集方法
社会经济（C_7）	人口（D_{17}）	①历年常住人口的数量、年龄构成、劳动构成、教育状况、自然增长和机械增长；	①
		②服务职工和暂住人口及其结构变化；	①
		③游人及结构变化；	①
		④居民、职工、游人分布状况	
	行政区划（D_{18}）	行政建制及区划，各类居民点及分布，城镇辖区、村界、乡界及其他相关地界	①
	经济社会（D_{19}）	①经济社会发展状况、计划及其发展战略；②村镇范围的国民生产总值、财政、产业产值状况；③国土规划、区域规划、相关专业考察报告及其规划	①
	企事业单位（D_{20}）	主要农林牧副渔和科教文卫军与工矿企事业单位的现状及发展资料	①

续表

大类（C）	中类（D）	主要内容（E）	收集方法
自然地理（C_8）	气象（D_{21}）	温度、湿度、降水、蒸发、风向、风速、日照、冰冻等	①
	水文（D_{21}）	①江河湖海的水位、流量、流速、流向、水量、水温、洪水淹没线等； ②江河区的流域情况、流域规划、河道整治规划、防洪设施等； ③海滨区的潮汐、海流、浪涛等； ④山区的山洪、泥石流、水土流失等	①
	地质（D_{22}）	①地质、地貌、土层、建设地段承载力； ②地震或重要地质灾害的评估； ③地下水存在形式、储量、水质、开采及补给条件	①
公共设施（C_9）	设施与基础工程（D_{23}）	交通运输： 村镇及其可以依托的城镇对外交通运输和内部交通运输的现状、规划及发展资料	①、②、③、F
		旅游设施： 历史文化村镇及其可以依托的城镇的旅行、游览、饮食、住宿、购物、娱乐、保健等设施的现状及发展资料	①、②、③、⑥
		基础工程： 水电气热、环保、环卫、防灾等基础工程的现状及发展资料	①、②、③
	环境保护（D_{24}）	①环境监测成果、三废排放的数量和危害情况； ②垃圾、灾变和其他影响环境的有害因素的分布及危害情况； ③地方疾病及其他有害公民健康的环境资料	①、②、③

注：①-资料查阅；②-问卷调查；③-居民访谈；④-现场测绘；⑤-遥感测量；⑥-影音多媒体。

3. A_3——居民保护意向（表5-4）

居民保护意向调查研究在历史文化村镇保护规划过程中非常重要，但又是容易被忽略的一类指标。这些指标属于主观性的指标，需要对当地居民进行问卷调查才能得出。因此，在构建指标体系时，只将这一类指标的A、B两级纳入指标框架中，而对具体的指标数据内容则单独编号，不纳入A_1和A_2客观性指标的体系中进行统一编号。

在构建居民保护意向指标体系时，借鉴赵勇（2008）的研究成果，将其分为认知度（B_6）、支持度（B_7）和满意度（B_8），然后再分别列出具体的数据指标内容，进行居民调查问卷的设计。

4. 基础数据收集方法

历史文化村镇基础资料收集的方法主要有资料查阅、问卷调查、居民访谈、现场测绘、遥感测量和影音多媒体6种。

在历史文化村镇基础数据的收集过程中，各种方法综合地应用到各类数据指标中。因此，在基础数据指标表中的收集方法一栏中表达的是某一类指标可能用到的数据收集方法，以编号的形式来表示，即①-资料查阅、②-问卷调查、③-居民访谈、④-现场测绘、⑤-遥感测量、⑥-影音多媒体。

居民保护意向调查指标表　　　　　　　　　　　　表5-4

类别	序号	调查指标	备注
认知度（B_6）	1	认为古建筑（群）很有特色	
	2	住在古村镇内感到自豪	
	3	古村镇及其环境是世界性遗产	
	4	古建筑（群）是不可再生资源	
	5	保护古村镇是全社会的责任	
	6	政府和居民应共同筹集保护资金	
支持度（B_7）	7	老区民宅按原貌修建并实行公示	
	8	新建房屋应与古建筑风貌协调	
	9	不应通过拆迁老区来建新区	
	10	开辟古村镇步行专用街道	
	11	进行保护知识的宣传教育	
	12	发展古村镇旅游事业	
满意度（B_8）	13	古村镇内居住条件	
	14	古村镇给水排水状况	
	15	古村镇道路交通状况	
	16	古村镇绿化状况	
	17	古村镇环境卫生状况	
	18	古村镇消防状况	

历史文化村镇保护规划基础数据指标体系的研究，在指标体系的构建上满足了保护规划目标对基础数据的要求，既注重历史文化村镇文化遗产数据的收集，又对社会经济状况进行了深入而全面的分析研究，同时还收集了当地居民对历史文化村镇保护的意见和建议，打通了自上而下和自下而上双向沟通的渠道。为在进一步的保护规划编制过程中处理好保护与发展的关系，引入民主决策和公众参与的机制。当然，随着我国历史文化村镇保护工作的深入开展，实际可获取的基础数据指标的不断丰富，历史文化村镇保护规划基础数据指标体系将会越来越完善。

5.2 数据库的建立

目前我们对历史文化村镇保护规划中基础资料保存的认识还处于对一个规划设计项目进行现状分析的阶段，没有形成全局的历史文化村镇保护体系的观念。通过建设基础资料数据库，做保护规划时将一个个的历史文化村镇资料输入数据库，并将这种技术进行推广，经过一段时间后，就会形成一个比较成规模的历史文化村镇基础资料数据库体系，实现历史文化村镇知识层次原真性的数字化保存。

5.2.1 数据库设计

1. 数据源的分类

数据库系统的数据来源主要有：

（1）空间数据源：包括各种地形图、专题分析图、保护规划图等。

（2）属性数据源：包括空间数据所表现出的属性信息，以及图集中关于相关地块的描述性信息。

（3）栅格数据源：包括扫描图像、数码照片和卫星图像。

（4）CAD数据源：包括历史建筑、历史街巷及环境的测绘图纸、保护规划图纸。

（5）影音多媒体数据源：包括录音、录像和虚拟现实模型。

2. 数据库结构设计

历史文化村镇的规划保护过程中涉及历史文化村镇规划、历史建筑、供电、供水、环境保护等各方面，各种数据以层为基本单位进行组织，形成以图为主、数据从属的图表结合数据的表达方式。

根据历史文化村镇普查数据的分类以及保护规划的需求，建立六个方面的子数据库，即空间数据库、属性数据库、文档和影音数据库、历史建筑数据库、建筑大样数据库和非物质文化遗产数据库。

为了便于实现各子库之间、属性库与空间库之间的交互访问、数据交换，各数据子库均有一个特征码公用字段，以建立数据库之间的联系，提高数据检索查询效率。

3. 空间数据和属性数据

首先要把村镇规划、建设、管理、决策面临的一切问题，包括自然条件、基础设施、人口、资源、环境、社会、经济等诸多方面进行分类；然后通过数据分层图块管理、属性编码和空间索引设计，借助GIS软件平台建立空间数据库；再根据数据流程图的分析，建立概念数据库模式，并将其转换成逻辑数据库模式，进行属性数据库设计；最后用通过编程

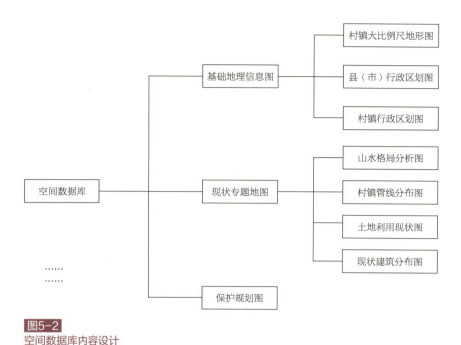

图5-2
空间数据库内容设计

语言实现的HotLink技术实现属性数据编码,建立空间数据库和属性数据库的连接。

根据历史文化村镇保护和管理的特点,收集各类数据源的数据,评价其精度、可靠性、可利用性及相互关系,确定入库的数据项,并给出各项的详细定义,编辑数据字典。

(1)图形要素的结构与命名

所有图形要素点、线、面在建立拓扑关系后,均以ArcView的图形文件(.shp)格式存储。图形文件具有结构简单、描述全面的特点,非常适合于小型系统的开发和图形数据组织。在图形文件形成后,由系统自动建立起其索引文件,以提高数据查询检索的速度。

根据本系统的特点,将空间数据分成基础地理信息图、现状专题图和保护规划图,下面又分别包含多个专题数据层(图5-2)。所有这些空间层的图形数据都以形文件存储,对图形数据采用统一规划命名,以便于数据组织和维护。

(2)属性数据的结构与命名

所有属性数据通过关键字输出到ArcView的数据库中,以DBF的关系数据库存储。属性数据库的结构如图5-3所示。

属性数据由键盘输入,通过对原始数据的分析和整理,依照数据库设计第三范式对历史文化村镇数据进行数据库表设计,并在SQLServer2005数据库中建立数据表(表5-5~表5-21)。

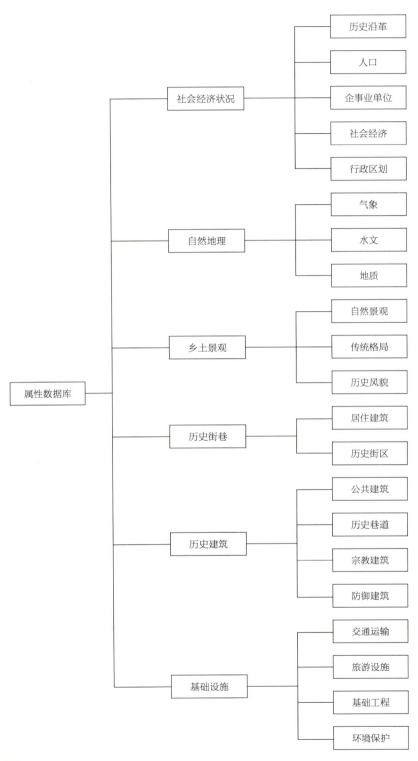

图5-3
属性数据库内容设计

数据表概要描述列表 表5-5

表名称	表描述
BUILDING_PROPERTY	建筑物属性表
STREETS_INFORMATION	街道信息表
MONUMENTS_INFORMATION	历史古迹信息表
ENVIRONMENT_INFORMATION	环境信息表
MULTIMEDIA_PICTURE	古迹图片表
MULTIMEDIA_AUDIO	古迹音频表
MULTIMEDIA_VIDEO	古迹视频表
BUILDING_HOUSE	民居建筑数据表
BUILDING_PUBLIC	公共建筑数据表
BUILDING_MONUMENTS	古迹建筑数据表
BUILDING_BULK_SAMPLE	建筑大样表
CULTURE_FOLK_ART	民间艺术表
CULTURE_LEGENDS	历史故事和传说表
CULTURE_LOCAL_CUSTOMS	民风民俗表
CULTURE_TRADITIONAL_SKILLS	传统技艺表
VILLAGE_INFORMATION	村落信息表

数据表详细说明：

1）BUILDING_PROPERTY

建筑物属性表 表5-6

字段名称	数据类型、大小（字节）	是否可为空	字段说明
BUILDING_ID	varchar（50）	否	建筑物ID，主键
YEAR	datetime	是	建筑年份
TYPE	varchar（50）	是	建筑类型
FUNCTIONS	varchar（50）	是	建筑功能
SHAPE	varchar（50）	是	建筑形制
CONSTRUCTION_AREA	numeric（18，3）	是	建筑面积
LAND_AREA	numeric（18，3）	是	用地面积
COURTYARD_AREA	numeric（18，3）	是	院落面积
MATERIALS	varchar（50）	是	建筑材料
STRUCTURE	varchar（50）	是	结构形式
POPULATION	int	是	居住人口
INDIGENOUS_COUNT	int	是	原住居民数量

续表

字段名称	数据类型、大小（字节）	是否可为空	字段说明
OWNER	varchar（50）	是	产权人
LEGENDS	varchar（50）	是	历史传说
REPAIR_RECORDS	varchar（50）	是	修葺记录

2）STREETS_INFORMATION

街道信息表　　　　　　　　　　　　　表5-7

字段名称	数据类型、大小（字节）	是否可为空	字段说明
STREET_ID	varchar（50）	否	街道编号
TYPE	varchar（50）	是	街道类型
WIDTH	numeric（18，3）	是	宽度
MATERIALS	varchar（50）	是	铺路材料
SECTIONAL_DRAWING	varchar（50）	是	街巷断面图
PICTURE	varchar（50）	是	图片
VIDEO	varchar（50）	是	街巷视频录像

3）MONUMENTS_INFORMATION

历史古迹信息表　　　　　　　　　　　表5-8

字段名称	数据类型、大小（字节）	是否可为空	字段说明
MONUMENTS_ID	varchar（50）	否	古迹编号
NAME	varchar（50）	是	名称
TYPE	varchar（50）	是	类型
STORIES	varchar（50）	是	历史故事
PICTURE	varchar（50）	是	图片

4）ENVIRONMENT_INFORMATION

环境信息表　　　　　　　　　　　　　表5-9

字段名称	数据类型、大小（字节）	是否可为空	字段说明
ENVIRONMENT_ID	varchar（50）	否	环境编号
TYPE	varchar（50）	是	类型
NAME	varchar（50）	是	名称
HIGHT	numeric（18，3）	是	高度
SLOPE	varchar（50）	是	坡度
FENGSHUI_STATE	varchar（50）	是	风水地位

续表

字段名称	数据类型、大小（字节）	是否可为空	字段说明
CHARACTERISTIC	varchar（50）	是	特色
LEGENDS	varchar（50）	是	历史传说
MONUMENTS	varchar（50）	是	历史古迹
PICTURE	varchar（50）	是	图片
VIDEO	varchar（50）	是	影像资料

5）MULTIMEDIA_PICTURE

图片信息表　　　　　　　　　　　　表5-10

字段名称	数据类型、大小（字节）	是否可为空	字段说明
ID	varchar（50）	否	ID，主键
MONUMENTS_ID	varchar（50）	是	古迹编号
DESCRIPTION	varchar（50）	是	对象描述
TIME	datetime	是	拍摄时间
URL	varchar（50）	是	文件索引

6）MULTIMEDIA_AUDIO

音频信息表　　　　　　　　　　　　表5-11

字段名称	数据类型、大小（字节）	是否可为空	字段说明
ID	varchar（50）	否	ID，主键
MONUMENTS_ID	varchar（50）	是	古迹编号
DESCRIPTION	varchar（50）	是	对象描述
TIME	datetime	是	拍摄时间
URL	varchar（50）	是	文件索引

7）MULTIMEDIA_VIDEO

视频信息表　　　　　　　　　　　　表5-12

字段名称	数据类型、大小（字节）	是否可为空	字段说明
ID	varchar（50）	否	ID，主键
MONUMENTS_ID	varchar（50）	是	古迹编号
DESCRIPTION	varchar（50）	是	对象描述
TIME	datetime	是	拍摄时间
URL	varchar（50）	是	文件索引

8）BUILDING_HOUSE

民居建筑表　　　　　　　　　　　表5-13

字段名称	数据类型、大小（字节）	是否可为空	字段说明
ID	varchar（50）	否	建筑编号
CONTENTS	varchar（50）	是	内容
TIME	datetime	是	测绘时间
SCALE	varchar（50）	是	测绘比例
BUILDING_ID	varchar（50）	是	建筑大样编号

9）BUILDING_PUBLIC

公共建筑表　　　　　　　　　　　表5-14

字段名称	数据类型、大小（字节）	是否可为空	字段说明
ID	varchar（50）	否	建筑编号
CONTENTS	varchar（50）	是	内容
TIME	datetime	是	测绘时间
SCALE	varchar（50）	是	测绘比例
BUILDING_ID	varchar（50）	是	建筑大样编号

10）BUILDING_MONUMENTS

古迹建筑表　　　　　　　　　　　表5-15

字段名称	数据类型、大小（字节）	是否可为空	字段说明
ID	varchar（50）	否	建筑编号
CONTENTS	varchar（50）	是	内容
TIME	datetime	是	测绘时间
SCALE	varchar（50）	是	测绘比例
BUILDING_ID	varchar（50）	是	建筑大样编号

11）BUILDING_BULK_SAMPLE

建筑大样表　　　　　　　　　　　表5-16

字段名称	数据类型、大小（字节）	是否可为空	字段说明
ID	varchar（50）	否	ID，主键
NAME	varchar（50）	是	大样描述
BUILDING_ID	varchar（50）	是	对应建筑ID
TYPE	varchar（50）	是	大样类型

续表

字段名称	数据类型、大小（字节）	是否可为空	字段说明
FEATURE	varchar（50）	是	特征
CONSTRUCTION_SKILLS	varchar（50）	是	施工技艺
PICTURE	varchar（50）	是	图片
VIDEO	varchar（50）	是	影像

12）CULTURE_FOLK_ART

民间艺术表　　　　　　　　　　　　　　　表5-17

字段名称	数据类型、大小（字节）	是否可为空	字段说明
ID	varchar（50）	否	ID，主键
NAME	varchar（50）	是	名称
FEATURE	varchar（50）	是	特征
CONTENTS	varchar（50）	是	内容
PICTURE	varchar（50）	是	图片编码
VIDEO	varchar（50）	是	影像编码
AUDIO	varchar（50）	是	录音编码
ORIGIN	varchar（50）	是	起源
STORIES	varchar（50）	是	故事
IMPACT	varchar（50）	是	影响

13）CULTURE_LEGENDS

历史故事和传说表　　　　　　　　　　　　表5-18

字段名称	数据类型、大小（字节）	是否可为空	字段说明
ID	varchar（50）	否	ID，主键
NAME	varchar（50）	是	名称
FEATURE	varchar（50）	是	特征
CONTENTS	varchar（50）	是	内容
PICTURE	varchar（50）	是	图片编码
VIDEO	varchar（50）	是	影像编码
AUDIO	varchar（50）	是	录音编码
ORIGIN	varchar（50）	是	起源
STORIES	varchar（50）	是	故事
IMPACT	varchar（50）	是	影响

14）CULTURE_LOCAL_CUSTOMS

民风名俗表　　　　　　　　　　　表5-19

字段名称	数据类型、大小（字节）	是否可为空	字段说明
ID	varchar（50）	否	ID，主键
NAME	varchar（50）	是	名称
FEATURE	varchar（50）	是	特征
CONTENTS	varchar（50）	是	内容
PICTURE	varchar（50）	是	图片编码
VIDEO	varchar（50）	是	影像编码
AUDIO	varchar（50）	是	录音编码
ORIGIN	varchar（50）	是	起源
STORIES	varchar（50）	是	故事
IMPACT	varchar（50）	是	影响

15）CULTURE_TRADITIONAL_SKILLS

传统技艺表　　　　　　　　　　　表5-20

字段名称	数据类型、大小（字节）	是否可为空	字段说明
ID	varchar（50）	否	ID，主键
NAME	varchar（50）	是	名称
FEATURE	varchar（50）	是	特征
CONTENTS	varchar（50）	是	内容
PICTURE	varchar（50）	是	图片编码
VIDEO	varchar（50）	是	影像编码
AUDIO	varchar（50）	是	录音编码
ORIGIN	varchar（50）	是	起源
STORIES	varchar（50）	是	故事
IMPACT	varchar（50）	是	影响

16）VILLAGE_INFORMATION

村镇信息表　　　　　　　　　　　表5-21

字段名称	数据类型、大小（字节）	是否可为空	字段说明
VILLAGE_ID	nvarchar（50）	否	村落ID，主键
VNAME	nvarchar（50）	是	村落名称
LOCATION	nvarchar（50）	是	位置
LAT	numeric（18，6）	是	经度

续表

字段名称	数据类型、大小（字节）	是否可为空	字段说明
LON	numeric（18，6）	是	维度
HIGHT	numeric（18，6）	是	高度
CONVERSATIONLVL	int	是	保护级别
DISTRIBUTION_AREA	numeric（18，3）	是	分布面积
CONVERSATION_AREA	numeric（18，3）	是	保护面积
BUILDING_AREA	numeric（18，3）	是	建筑面积
PRESERVED_AREA	numeric（18，3）	是	风貌协调区面积
YEAR	datetime	是	年代
TYPE	nvarchar（50）	是	村镇类型
SITUATION_ASSESSMENT	nvarchar（50）	是	现状评估
SITUATION_DESCRIPTION	nvarchar（50）	是	现状描述
SE_CONDITION	nvarchar（50）	是	社会经济风貌
GEOGRAPHY	nvarchar（50）	是	自然地理
NATURAL_LANDSCAPE	nvarchar（50）	是	自然景观
TRADITIONAL_PATTERN	nvarchar（50）	是	传统格局
HISTORICAL_FEATURE	nvarchar（50）	是	历史风貌
HISTORICAL_STREET	nvarchar（50）	是	历史街巷
HISTORICAL_BUILDING	nvarchar（50）	是	历史建筑
OTHERS	nvarchar（50）	是	其他资料
NOTES	nvarchar（50）	是	存在问题及补充
IC_HERITAGE	nvarchar（50）	是	非物质文化遗产

4. 图像库的设计

对本系统最重要的数据层即历史建筑和历史街巷，为了全面地评价其现状，除用数据库对其属性进行了描述外，还使用了大量实地拍摄的数字图像。由于对每个对象进行表示的文件数目不同，难以用关系型数据库进行存储，因此以独立文件的形式存储。历史建筑的平、立面现状和规划的图形数据，以CAD的DWG文件形式存放，便于显示细节部分的信息。采用数码照相拍摄历史建筑的平、立面和细部的现状照片资料，以JPG图像格式保存。在对象的属性数据库中给出相应的路径，以便于提取、检索和显示。图像存储的目录名采用图像所描述的空间对象，即历史建筑编号（图5-4、图5-5）。

5. 文档库的设计

文档库主要包括一些影像资料、文字资料和数字资料。影像资料主要包括村镇的航空相片、卫星图像、景点照片以及发展较好的村镇企业宣传图片等。文字资料包括村镇自然、

图5-4
数据库首页

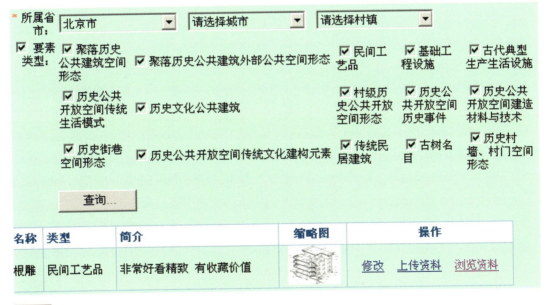

图5-5
数据库操作页面

社会、经济诸方面的文字资料,如县(市)志、村镇政府工作报告和年度总结、收发文件库、文教卫生、政策法规、建设项目报建库、经济发展战略研究以及规划的文字材料等。数字资料包括县(市)统计年鉴、村镇各部门统计数据、实测资料等。

5.2.2 数据编码体系

1. 历史文化村镇的编码

历史文化乡镇的行政区划代码由九位数字组成，即"*********"。前六位为县级行政区划代码，可查《中华人民共和国行政区划代码》GB/T 2260—2007得出；后三位为乡镇代码，可根据《县级以下行政区划代码编制规则》GB/T 10114—2003的规定进行编制。

历史文化村落的行政区划代码由十一位数字组成，分成三段，即"***********"。第一段六位为县级行政区划代码，可查《中华人民共和国行政区划代码》GB/T 2260—2007得出；第二段三位为乡镇代码，可根据《县级以下行政区划代码编制规则》GB/T 10114—2003的规定进行编制；第三段两位数字由研究人员根据实际情况对相应村落从01到99进行编号。

2. 子数据库的编码

对六个子数据库分别采用A1-空间数据库，A2-属性数据库，A3-文档、影音数据库，A4-历史建筑数据库，A5-建筑大样数据库，A6-非物质文化遗产数据库的编码顺序。每个子数据库接下来的层次分别用B、C、D……来表示。

（1）空间数据库编码

空间数据库（A1）的编码以《镇规划标准》GB 50188—2007中的用地分类代号为基础，按表5-22规定的内容进行。

空间数据编码方法　　　　　　　　　表5-22

A	B	C	ID编码
A1空间属性	山体（E4）	山体1（01）	A1E401
		山体2（02）	A1E402
		……	……
	水体（E1）	水体1（01）	A1E101
		水体2（02）	A1E102
		……	……
	植被（P1）	植被1（01）	A1P101
		植被2（02）	A1P102
		……	……
	道路系统（S1）	道路1（01）	A1S101
		道路2（02）	A1S102
		……	……

续表

A	B	C	ID编码
A1空间属性	村民居住建筑（R1）（历史村落）	建筑1（01）	A1R101
		建筑2（02）	A1R102
		……	……
	居民居住建筑（R2）（历史乡镇）	建筑1（01）	A1R201
		建筑2（02）	A1R202
		……	……
	文教建筑（C2）	建筑1（01）	A1C201
		建筑2（02）	A1C202
		……	……
	宗教建筑（C3）	建筑1（01）	A1C301
		建筑2（02）	A1C302
		……	……
	商业建筑（C5）	建筑1（01）	A1C501
		建筑2（02）	A1C502
		……	……
	田园（E2）	田地1（01）	A1E201
		田地2（02）	A1E202
		……	……
	历史古迹M41	古迹1（01）	A1M4101
		……	……

（2）属性数据库编码

属性数据库（A2）的编码根据数据特点分为以下4种类型：

1）建筑物属性数据编码按表5-23规定的内容进行。

建筑物属性数据库编码表　　　　表5-23

A	B	C	项目（D）	E	……
A2	B1	C1	建筑编号	A1R101	……
		C2	建造年代	清	……
		C3	建筑类型	文物建筑	……
		C4	建筑功能	居住	……
		C5	建筑形制	三塘两横	……
		C6	建筑面积	366m^2	……

续表

A	B	C	项目（D）	E	……
A2	B1	C7	用地面积	500m²	……
		C8	院落面积	100m²	……
		C9	建筑材料	青砖	……
		C10	结构形式	木结构	……
		C11	居住人口	4	……
		C12	原住居民数量	4	……
		C13	产权人	李明	……
		C14	历史传说	……	……
		C15	修葺记录	……	……

2）街巷信息数据编码按表5-24规定的内容进行。

街道信息数据编码方法　　　　　　　　　　　　表5-24

A	B	C	D	E	F
A2	B2	C1	街道编号	A1S101	……
		C2	街道类型	巷道	……
		C3	宽度	1.5m	……
		C4	铺路材料	青石板	……
		C5	街巷断面图	链接路径	……
		C6	图片	链接路径	……
		C7	街巷视频录像	链接路径	……
		……	……	……	……

3）历史古迹信息数据表（表5-25）。

历史古迹信息编码方法　　　　　　　　　　　　表5-25

A	B	C	D	E	……
A2	B3	C1	古迹编号	A1M4101	……
		C2	名称	文塔	……
		C3	类型	塔	……
		C4	历史故事	……	……
		C5	图片	链接路径	……
		……	……	……	……

4）自然环境信息数据按表5-26规定的内容进行。

自然环境信息编码方法　　　　　　　　表5-26

A	B	C	D	E	……
A2	B4	C1	环境编号	A1E401	……
		C2	类型	山脉	……
		C3	名称	狮子山	……
		C4	高度	176.85	……
		C5	坡度	8%～30%	……
		C6	风水地位	背山	……
		C7	特色	山体植被好为松树，形态像卧狮	……
		C8	历史传说	无	……
		C9	历史古迹	揽胜亭	……
		C10	图片	链接路径	……
		C11	影像资料	链接路径	……
		……	……	……	……

（3）文档、影音数据库编码

影音数据库（A3）数据的编码按表5-27规定的内容进行。

影音数据库编码方法　　　　　　　　表5-27

A	B	C	古迹编号（D）	对象描述（E）	拍摄时间（F）
A3	B1（图片）	C1	A1R101	主（北）立面	2008.3.21
		C2	A1R101	南立面	2008.3.21
		C3	……	……	……
	B2（录音）	C1	A1R101	大屋主人对大屋历史的讲述	2008.3.21
		C2	A1M4102	……	……
		……	……	……	……
	B3（影像）	C1	A1R101	祭祖活动	2007.4.3
		C2	A1M4102	……	……
		……	……	……	……

（4）历史建筑数据库编码

历史建筑数据库（A4）包括民居建筑、公共建筑及历史古迹的平面、立面、剖面的现状，以CAD的DWG文件形式存放。采用文件夹管理的方式，文件按照统一的编码命名。历史建筑数据库（A4）数据的编码按表5-28规定的内容进行。

历史建筑数据库编码方法　　　　　　　　　　　表5-28

A	B	C	ID编号（D）	内容（E）	测量时间（F）	比例（G）	建筑大样编号（H）
A4	B1 （民居建筑）	C1	A1R101	平面图、立面图、剖面图	2008.3.22	1：100	A5B1C1 A5B2C1
		C2	A1R102	平面图、立面图、剖面图	2008.3.23	1：100	A5B1C2 A5B2C1
		……	……	……	……	……	……
	B2 （公共建筑）	C1	A1C201	平面图、立面图、剖面图	2008.3.25	1：100	A5B1C1 A5B2C2
		C2	……	……	……	……	……
		……	……	……	……	……	……
	B3 （宗教建筑）	C1	A1C301	平面图、立面图、剖面图	2008.3.25	1：100	A5B1C1 A5B2C2
		C2	……	……	……	……	……
	B4 （历史古迹）	C1	A1M4101	平面图、立面图	2008.3.25	1：100	A5B4C1
		C2	……	……	……	……	……

（5）建筑大样数据库编码

建筑大样数据包括历史建筑及历史古迹节点大样，以CAD的DWG文件形式存放。采用文件夹管理的方式，文件按照统一的编码命名。建筑大样数据库（A5）的数据按表5-29规定的内容进行。

（6）非物质文化遗产数据库

非物质文化遗产数据以文字、图释或图片、录音、影像等作为存储方式，采用文件夹管理的方式，文件按照统一的编码命名。非物质文化遗产数据库（A6）数据的编码按表5-30规定的内容进行。

建筑大样数据库编码方法　　　　　　　　　　　表5-29

A	B	C	对应ID编码（D）	特征	施工技艺	图片	影像
建筑大样A5	柱子B1	大样—C1	A1R101	圆形木柱	链接路径	链接路径	链接路径
		……	……	……	链接路径	链接路径	链接路径
	墙体B2	……	……	……	链接路径	链接路径	链接路径
	梁枋B3	……	……	……	链接路径	链接路径	链接路径
	斗栱B4	……	……	……	链接路径	链接路径	链接路径
	屋脊B5	……	……	……	链接路径	链接路径	链接路径

续表

A	B	C	对应ID编码（D）	特征	施工技艺	图片	影像
建筑大样 A5	花饰B6	……	……	……	……	链接路径	链接路径
	窗B7	……	……	……	……	链接路径	链接路径
	门B8	……	……	……	……	链接路径	链接路径
	花板B9	……	……	……	……	链接路径	链接路径
	隔扇B10	……	……	……	……	链接路径	链接路径

非物质文化遗产编码方法　　　　表5-30

A	B	C	名称（D）	特征（E）	内容（F）	图片编码（G）	录音编码（H）	影像编码（I）	起源（J）	历史故事（K）	影响程度（L）
非物质文化遗产 A6	民风民俗 B1	传统—C1 ……	……	……	……	链接	链接	链接	……	……	……
	民间艺术 B2	传统—C1 ……	……	……	……	链接	链接	链接	……	……	……
	传统技艺 B3	传统—C1 ……	……	……	……	链接	链接	链接	……	……	……
	历史故事和传说B4	传统—C1 ……	……	……	……	链接	链接	链接	……	……	……

5.3 综合评价与分类

历史文化村镇具有现状保存情况多样的特点，不同的历史文化村镇保存情况差异很大。在历史文化村镇保护规划中，常常会遇到各种复杂的情况，面临种种艰难的选择，需要及时准确地做出判断和决策。如果仅依靠感性思维去分析问题，难免会落入"主观陷阱"而做出一些错误的判断和决策。而通过综合评价对特定对象的目标任务进行客观分析与评估，有助于克服因个人好恶而形成的主观思维，从而获得公正而专业化的决策。基于这种认识，在历史文化村镇的保护规划中，建立针对性的综合评价指标体系，通过综合评价，可以为历史文化村镇进行分类保护，编制具有针对性的保护规划，增强保护规划的可操作性，具有重大的现实意义。

5.3.1 综合评价内容

根据综合评价的目标，"以价值为导向"的综合评价内容包括特征评价与真实完整性评价。

历史文化村镇价值构成要素包括显性的物质构成要素和隐性的非物质构成要素两类，它们随着地域文化的不同而不同。非物质要素相互作用，形成社会结构、经济结构、文化结构，而最终都会体现在空间结构上面。因此，历史环境是一种有形的社会、经济和文化的表达。而空间又包括宏观（环境景观）、中观（聚落形态）和微观（建构筑物）三个层次。

历史文化村镇的核心价值与历史文化村镇的自身特征密切相关。对于历史文化村镇核心价值的提炼应该建立在特征评价的基础之上。但是，除了固有特征上表现出来的差异性外，也体现在相似特征下真实完整性的差异性上。因此，价值评价包括了特征评价和真实完整性评价两个方面。

5.3.2 综合评价因子

1. 特征评价指标体系

（1）宏观层面物质要素特征评价

历史文化村镇与环境有着非常密切的联系。首先，它是村镇得以形成的物质基础，是村镇选址的主要因素。其次，村镇在发展过程中又会对环境进行一定程度的改造，以更好地适应人的需求。这部分体现了先人朴素的自然观以及利用自然的智慧，是中国历史文化村镇非常突出的价值，对当前的村镇建设、世界的人居环境建设等方面都有非常重要的借鉴意义。

本项指标主要包括两个方面：①自然环境独特性评价；②聚落与自然环境融合度评价。总分为10分。评价因子包括：

A1整体关系独特性/优美度。极为独特/优美为2分，较为独特/优美为1分，较为一般为0分。

A2山体景观独特性/优美度。较为独特为1分，较为一般为0分。

A3水系/水利设施独特性。包括自然水体特色、水系处理巧妙程度，以及水利设施建设程度等。较为独特为1分，较为一般为0分。

A4农业/矿产资源景观独特性/优美度。包括作物类型特色、劳作方式特色以及所形成的农业/矿产资源景观。各地农业生产/矿产，由于自然环境的差异以及经济发展水平的不平衡而引起生产方式有较大的差别，生产方式在不同民族、不同地区、不同经济发展水平之间都有独自的特点，是村镇形态以及土地使用方式重要的决定因素，同时也是构成村落景观的主要因素。较为独特/优美为1分，较为一般为0分。

A5择地选址和土地利用模式的科学性。包括自然地形特色、地形利用巧妙程度，以及地形改造科学程度等。体现经典理论为2分，较为独特为1分，较为一般为0分。

A6景观构筑物和景观视廊独特性。包括景观构筑物（如自然环境中的塔、亭、桥等）

的分布特点、文化性，以及环境中景观视廊的设计特色。较为独特为1分，较为一般为0分。

A7通道独特性。包括历史文化村镇的对外交通通道（古驿道、运河等）以及与日常耕作生活相关的劳作通道。它们往往是人们感知环境的非常重要的路径，因此景观性和文化性是非常重要的指标。较为独特为1分，较为一般为0分。

A8入口与边界独特性。入口往往在历史文化村镇中具有非常重要的意义，其与环境的融合程度（景观性）以及文化性是非常重要的评价指标。边界特色往往能够反映历史文化村镇处理聚落与自然环境关系的理念与方式。较为独特为1分，较为一般为0分。

（2）中观层面物质要素特征评价

价值评价的范围主要是中观层面的历史聚落部分，而这往往也是保护规划中划定的核心保护的范围。在这个范围中需要评价的内容包括：①聚落职能独特性评价；②聚落格局独特性评价；③街巷（河道）空间独特性评价；④节点空间独特性评价；⑤基础设施独特性评价。总分为30分。评价因子包括：

A9重要职能特色。历史文化村镇因为形成原因不同，重要职能也很不同。有的曾经作为政治中心、军事要地、交通枢纽和物流集散地，或少数民族宗教圣地，或传统生产、工程设施建设地等。某些村镇的功能非常特殊，因此从空间格局方面表现出非常不同的特色，这是历史文化村镇独特性的体现。具全国性影响力为3分，具区域/流域性影响力为2分，具地域性影响力为1分。

A10空间格局独特性。村镇聚落内部的功能布局、空间关系等，或是否具有独特的消防、给水排水、防盗、防御等格局。极为独特为5分，较为独特为3分，较为一般为1分。

A11街巷（河道）空间体系独特性。历史文化村镇的街巷（河道）体系的等级特征和功能分类情况。极为独特为2分，较为一般为1分。

A12街巷（河道）空间形态独特性。历史文化村镇的街巷（河道）格局形态，如牛形、船形、鱼骨状等。极为独特为4分，较为独特为2分，较为一般为1分。

A13街巷（河道）空间风貌独特性。历史文化村镇的街巷（河道）由尺度、铺砌、界面所表现出来的空间风貌的独特性。极为独特为4分，较为独特为2分，较为一般为1分。

A14节点空间体系独特性。空间节点是村镇活动的重要场所，往往是在街巷的重要位置，或者在重要公共建筑周边。例如，村落历史上遗留下来的晒场即为古村落传统农业生产的一种体现，在作物收获的季节，这些晒场作为生活活动场所而存在；在农闲时节，则大多被用来开展日常社会活动。历史文化村镇节点空间的等级体系和功能分类情况。极为独特为2分，较为一般为1分。

A15节点空间形态独特性。历史文化村镇的节点空间格局形态，如半月形、八卦形等。极为独特为4分，较为独特为2分，较为一般为1分。

A16节点空间风貌独特性。历史文化村镇的节点空间由尺度、铺砌、界面所表现出来的空间风貌的独特性。极为独特为4分，较为独特为2分，较为一般为1分。

A17基础设施体系独特性。中国传统聚落的基础设施是先民们智慧地尊重自然、利用自然，从而创造宜居环境的体现，但是往往又是经常被忽略的要素。可以通过对聚落基础设施（如排水、给水等）的年代、分布、体系进行分析，从而评价其科学性和艺术性。极为独特为2分，较为一般为1分。

（3）微观层面物质要素特征评价

公共建筑往往是聚落功能特色的重要物质载体，同时也往往是空间布局组织的重点。居住建筑是聚落中最主要的建筑类型，同时与居民的生活息息相关，综合反映了一个聚落的环境特征和文化特征。历史构筑物可以反映该聚落传统的生活活动和经济发展模式，如码头、桥梁、水碓、腌塘等；同时往往也承载着当地的一些历史传说、名人典故等内容，如牌坊等。这些构筑物和其所承载的文化内容成为当地传统文化意识形态的一种反映。古树名木一方面反映了地域的自然环境特色，另一方面也与街巷、建筑物、构筑物共同构成了聚落的景观，甚至具有一定的文化含义。因此，需要评价的内容包括：①公共建筑独特性评价；②居住建筑独特性评价；③构筑物独特性评价；④绿化独特性评价。总分为30分。评价因子包括：

A18公共建筑类型多样性。历史文化村镇中的公共建筑包括祠堂、庙宇、书院、会馆等。公共建筑的类型多样性往往体现了该历史文化村镇的社会经济发展程度。极为多样为2分，较为一般为1分。

A19公共建筑空间格局独特性。中国历史文化村镇中的公共建筑往往以院落的形式进行空间布局，但是在不同的地域文化、经济、社会背景下，公共建筑空间格局在此基础上又有非常灵活多样的变化，体现了独特的地域性。极为独特为3分，较为独特为2分，较为一般为1分。

A20公共建筑风格独特性。我国国土辽阔，地域差异大，各地的建筑风格差异也很大。因此，历史文化村镇公共建筑的风格评价应结合地域风格进行。极为独特为3分，较为独特为2分，较为一般为1分。

A21公共建筑结构独特性。建筑的结构、构造、用材等往往体现了一个地区的建造技术水平，包括建筑物构件的结合精细程度、排水、消防、通风等处理的独特性。较为独特为2分，较为一般为1分。

A22居住建筑空间独特性。历史文化村镇中的居住建筑空间非常具有地方特色。如北方的四合院、皖南的"四水归堂"、云南的"一颗印"、客家的土楼和围屋、江南水乡的厅堂式住宅等。应该结合地域特色评价其独特性和典型性。极为独特为4分，较为独特为2分，较为一般为1分。

A23居住建筑风格独特性。历史文化村镇中的民居风格非常多样。应该结合地域特色评价其独特性和典型性。极为独特为4分，较为独特为2分，较为一般为1分。

A24居住建筑结构独特性。建筑的结构、构造、用材等往往体现了一个地区的建造技术水平，包括建筑物构件的结合精细程度、排水、消防、通风等处理的独特性。极为独特为3分，较为独特为2分，较为一般为1分。

A25构筑物类型多样性。包括城墙、桥、井、亭、牌坊、埠头等。极为多样为2分，较为一般为1分。

A26构筑物风格独特性。应该结合地域特色评价其独特性和典型性。极为独特为2分，较为一般为1分。

A27构筑物结构独特性。构筑物的结构、构造、用材等往往体现了一个地区的建造技术水平，包括建筑物构件的结合精细程度等处理的独特性。极为独特为2分，较为一般为1分。

A28古树名木独特性。通过对树木的年代、分布、树种等进行分析，评价其稀缺性和文化性。极为独特为2分，较为一般为1分。

A29传统绿化形式独特性。传统绿化形式特色也是构成历史聚落空间特色非常重要的方面，包括树种、分布及绿化形式等。极为独特为2分，较为一般为1分。

（4）历史影响评价

历史文化村镇在发展、演变的漫长历史时期中，一些重大历史事件的发生和名人在村镇中的居住、生活，都会对历史文化村镇的历史轨迹产生重大的影响，历史文化村镇也会由于这些事件和名人的影响而受人瞩目。历史影响是历史文化村镇价值评价的重要内容。需要评价的内容包括：①历史久远度评价；②历史事件或历史名人影响度。总分为5分。评价因子包括：

A30最早建造年代。由于历史文化村镇往往肇始于宋元时期，因此，唐代及以前为1分，说明具有重要的历史价值。唐代以后不再分级。

A31历史事件影响度。历史事件往往对区域、本地社会经济、文化发展具有重要作用。因此需要评价该历史事件是否在一定历史时期内具有国际和全国的影响力。国际级影响力为2分，国家级影响力为1分。

A32历史名人影响度。历史名人往往在区域、本地具有影响力。因此需要评价该历史名人是否在一定历史时期内具有国际和全国的影响力。国际级影响力为2分，国家级影响力为1分。

（5）传统文化特征评价

传统节日、传统手工艺、社会风俗等往往具有非常浓郁的地方特色而有别于其他地域或民族。可以根据有关非物质文化遗产的标准对其稀缺性、艺术性、丰富性进行评价。评价内容包括：地方非物质文化遗产的独特性评价。总分为20分。评价因子包括：

A33传统口头文学以及作为其载体的语言。极为独特为4分，较为独特为3分，较为一般为1分。

A34传统美术、书法、音乐、舞蹈、戏剧、曲艺和杂技。极为独特为4分，较为独特为3分，较为一般为1分。

A35传统技艺、医药和历法。极为独特为4分，较为独特为3分，较为一般为1分。
A36传统礼仪、节庆等民俗。极为独特为4分，较为独特为3分，较为一般为1分。
A37传统体育和游艺。极为独特为2分，较为一般为1分。
A38其他非物质文化遗产。极为独特为2分，较为一般为1分。

（6）社会生活特征评价

家庭和人口的分布往往能够体现出传统社会结构特色和家庭组织模式，也能够体现出社会文化关系与物质空间层面的契合关系。评价内容包括：社会结构独特性评价。总分为5分。评价因子包括：

A39传统社会组织模式特征。较为独特为2分，较为一般为1分。
A40原住民社会属性特征。极为独特为3分，较为独特为2分，较为一般为1分。

2. 真实完整性评价指标体系

（1）宏观层面物质要素真实完整性评价

中国的历史文化村镇在选址时非常注重自然环境宜居性，并在后来的营建过程中注重聚落与自然环境的融合。但是其保存程度是当前进行价值评价的非常重要的影响因素。评价内容包括：①自然环境独特性保存度评价；②聚落与自然环境融合度保存度评价。总分为10分。评价因子包括：

（2）中观层面物质要素真实完整性评价

评价内容包括：①聚落职能保存度评价；②聚落格局保存度评价；③街巷（河道）空间保存度评价；④节点空间保存度评价；⑤基础设施保存度评价。总分为30分。

（3）微观层面物质要素真实完整性评价

评价内容包括：①特色公共建筑保存度评价；②居住建筑保存度评价；③构筑物保存度评价；④绿化保存度评价。总分为30分。

（4）历史影响真实完整性评价

虽然不少村镇营建年代很早，或曾经发生过重大历史事件，或曾经有历史名人生活居住，但是由于无法提供实物进行考证，只能通过有关文献佐证，因此其真实性受到很大影响。因此，实证保存状况是历史久远度评价的重要内容。评价内容包括：①历史久远度评价；②历史事件或历史名人影响度。总分为5分。

（5）传统文化真实完整性评价

评价内容包括：地方非物质文化遗产的保存度评价。总分为20分。

（6）社会生活真实完整性评价

评价内容包括：社会结构保存度评价。总分为5分。

具体评价因子及分值汇总如表5-31所示。

历史文化村镇综合评价体系　　　　　　　　　　表5-31

指标		A特征评价	最高限分	B真实完整性评价	最高限分
		指标分解及释义		指标分解及释义	
一、宏观层面			10		10
1. 自然环境独特性		A1整体关系独特性/优美度	2	B1整体关系的保存度	2
		A2山体景观独特性/优美度	1	B2山体景观的保存度	1
		A3水系/水利设施特性	1	B3水系/水利设施保存度	1
		A4农业/矿产资源景观独特性/优美度	1	B4农业/矿业资源景观保存度	1
2. 聚落与自然环境融合度		A5择地选址和土地利用模式的科学性	2	B5土地利用模式保存度	2
		A6景观构筑物和景观视廊特征	1	B6景观构筑物和景观视廊保存度	1
		A7通道特征	1	B7通道特征保存度	1
		A8入口与边界独特性	1	B8入口与边界保存度	1
二、中观层面			30		30
3. 聚落职能独特性		A9重要职能的独特性	3	B9重要职能保存度	3
4. 聚落格局独特性		A10空间格局独特性	5	B10空间格局保存度	2
				B11核心区面积	3
5. 街巷（河道）空间独特性		A11街巷（河道）空间体系独特性	2	B12特色街巷（河道）的数量	2
		A12街巷（河道）空间形态独特性	4	B13特色街巷（河道）的长度	4
		A13街巷（河道）空间风貌独特性	4	B14特色街巷（河道）两侧文物保护单位、历史建筑和风貌建筑比例	2
				B15特色街巷路面（河岸）保持传统材料及铺砌方式比例	2
6. 节点空间独特性		A14节点空间体系独特性	2	B16特色节点空间数量	2
		A15节点空间形态独特性	4	B17特色节点空间面积	4
		A16节点空间风貌独特性	4	B18特色节点空间周边文物保护单位、历史建筑和风貌建筑比例	2
				B19特色节点空间保持传统材料及铺砌方式的比例	2
7. 基础设施独特性		A17基础设施体系独特性	2	B20特色基础设施数量	2
三、微观层面			30		30
8. 公共建筑独特性		A18公共建筑类型独特性	2	B21特色公共建筑保存数量与程度	5
		A19空间格局独特性	3		
		A20风格独特性	3	B22特色公共建筑保存建筑面积	5
		A21结构独特性	2		
9. 居住建筑独特性		A22空间格局独特性	4	B23特色居住建筑保存数量与程度	4
		A23风格独特性	3	B24特色居住建筑保存建筑面积	6
		A24结构独特性	3		

续表

指标	A特征评价 指标分解及释义	最高限分	B真实完整性评价 指标分解及释义	最高限分
10. 构筑物独特性	A25类型独特性	2	B25特色构筑物保存数量与程度	6
	A26风格独特性	2		
	A27结构独特性	2		
11. 绿化独特性	A28古树名木独特性	2	B26古树名木保存数量	3
	A29传统绿化形式独特性	2	B27传统绿化形式保存度	1
四、历史影响		5		5
12. 历史久远度	A30最早建造年代	1	B28现存反映历史久远度要素的建造年代	1
13. 历史事件或历史名人影响度	A31历史事件影响度	2	B29重大历史事件发生地原有建筑保存度	2
	A32历史名人影响度	2	B30历史名人生活居住地原有建筑保存度	2
五、传统文化		20		20
14. 地方非物质文化遗产的独特性	A33传统口头文学以及作为其载体的语言独特性	4	B31传统口头文学以及作为其载体的语言的保存数量和程度	4
	A34传统美术、书法、音乐、舞蹈、戏剧、曲艺和杂技独特性	4	B32传统美术、书法、音乐、舞蹈、戏剧、曲艺和杂技保存数量和程度	4
	A35传统技艺、医药和历法独特性	4	B33传统技艺、医药和历法的保存数量和程度	4
	A36传统礼仪、节庆等民俗独特性	4	B34传统礼仪、节庆等民俗的保存数量和程度	4
	A37传统体育和游艺独特性	2	B35传统体育和游艺	2
	A38其他非物质文化遗产独特性	2	B36其他非物质文化遗产	2
六、生活延续		5		5
15. 传统社会结构独特性	A39传统社会组织模式独特性	2	B37传统社会组织模式的保存程度	1
	A40原住民社会属性独特性	3	B38核心区原住民居民比例	2
			B39核心区原住民居住密度	1
			B40核心区从事传统职业的居民比例	1
总分		100		100

5.3.3 历史文化村镇的分类

历史文化村镇综合评价的得分是特征评价分数和真实完整性评价分数的平均分。将得分在80~100分的村镇评为"整体型历史文化村镇";得分在60~80分的村镇评为"普通型历史文化村镇";得分低于60分的村镇为"散点型历史文化村镇"。通过"以价值为导向"的综合评价,将历史文化村镇分为三种类型,加上由国家或省级人民政府认定并命名的历史文化名镇名村和传统村落，总共有五种类型，分别是：

1. 历史文化名镇名村

"文物古迹比较集中，或能较完整地体现某一历史时期传统风貌和民族地方特色"的传统村镇。由所在地县级人民政府提出申请，经国家、省、自治区、直辖市人民政府确定的保护主管部门会同同级文物主管部门组织有关部门、专家等进行论证，提出审查意见，报国家、省、自治区、直辖市人民政府批准并公布的，属于历史文化名镇名村。

2. 传统村落

指村落形成较早，拥有较丰富的传统资源，具有一定历史、文化、科学、艺术、社会、经济价值，应予以保护的村落。

3. 整体型历史文化村镇

综合评价得分在80~100分，整体风貌较完整，保护价值较高，且未被命名为历史文化名镇名村和传统村落的历史文化村镇。

4. 普通型历史文化村镇

综合评价得分在60~80分，整体风貌一般，新旧建筑并存但格局较完整，且未被命名为历史文化名镇名村和传统村落的历史文化村镇。

5. 散点型历史文化村镇

综合评价得分低于60分，历史风貌和格局被破坏，仅存散点分布的传统风貌建筑单体，且未被命名为历史文化名镇名村和传统村落的历史文化村镇。

不同类型的历史文化村镇所采取的保护方式不同，保护规划技术路线也有所区别。"整体型历史文化村镇"的历史文化遗产比较丰富且集中成片，特色比较鲜明，应该按照《历史文化名城名镇名村保护条例》和《历史文化名城名镇名村保护规划编制办法（试行）》的规定来进行保护和编制保护规划，并可在时机成熟的时候申报历史文化名镇名村，与现行的历史文化名镇名村的保护规划衔接。"普通型历史文化村镇"一般没有集中成片的历史文化遗存，可以按不同的空间路线和文化主题线索形成网络格局进行保护，按照本书构建的保护规划技术路线进行编制保护规划。"散点型历史文化村镇"的历史文化特色不够突出，不编制专门的保护规划，只在相应的村镇规划中提出保护当地历史文化特色的原则要求。

需要说明的是，综合评价所得的分数是划分历史文化等级的主要指标，但不是绝对标准；特别是得分处于80分左右或60分左右的历史文化村镇，需要规划技术人员根据村镇的实际情况进行分级评定，然后采取相应的保护规划技术路线来编制保护规划。

06

"整体型历史文化村镇"保护规划

- "整体型历史文化古镇"保护规划
- "整体型历史文化村落"保护规划
- 建筑分类保护与利用

我国历史文化村镇数量众多,保存现状各异,需要根据实际情况进行分类保护。通过基础资料的收集和综合评价,将价值比较突出、历史文化遗产分布比较集中、得分在80分以上的村镇定为"整体型历史文化村镇"。其保护规划有关物质文化遗产保护的内容可参照历史文化名镇名村,根据《历史文化名城名镇名村保护条例》和《历史文化名城名镇名村保护规划编制要求(试行)》的相关规定来确定。

在我国的乡村行政体系中,村和镇分别承担着不同的功能,它们在空间形态和历史文化遗产的特点上都存在着较大的差异(表6-1)。为了使得保护规划技术具有更强的针对性,需要对历史文化古镇和历史文化村落分别构建相应的保护规划技术及保护措施。

历史文化古镇与历史文化村落特点对比 表6-1

内容	历史文化古镇	历史文化村落
空间形态	1. 整体空间环境 1)承载非物质文化遗产和优秀传统文化的空间公共性更强; 2)空间环境通过借景将周边自然环境引入,与自然环境紧密性不强; 3)整体空间立面天际线起伏多变; 4)总体布局有规划指导,受功能、交通、职能等条件影响; 5)空间形态多样,多集中和分散结合布置; 6)受交通条件影响选址居多,多处于水运、陆运条件较好地区	1. 整体空间环境 1)承载非物质文化遗产和优秀传统文化的空间私密性更强; 2)空间环境完全融入自然环境,与自然环境结合紧密; 3)整体空间立面天际线趋于平直; 4)总体布局少规划指导,受地形、风水观念影响; 5)空间形态有一定规律性,较多围绕祠堂向心集中布置; 6)受农业条件选址居多,农田选择优于居住选择
	2. 街巷系统、公共空间 1)有明确的街道或街巷,并形成街巷系统,街巷系统中的商业交换功能明显; 2)街巷路面多为硬化处理; 3)绿地形态中田地较少; 4)街巷具有较明确的交往、休息功能,街巷转折处多有场所(广场),如四方街,街巷多呈丁字形、十字形、井字形等; 5)有公共建筑及其场所空间,如庙宇、书院; 6)具有公共祭祀空间,如广场或某大姓氏、有钱人家的祠堂; 7)可保护范围相对集中,存有部分孤立在范围外的文物保护单位; 8)承载优秀文化习俗的空间较分散,没有明显的家族特性,较多为公共性; 9)保护与发展较好,传统建筑有一定的更新	2. 街巷系统、公共空间 1)无明显的街道和街巷系统,一般自发形成巷或道,且生活交往功能明显; 2)巷、道地面硬化处理较少; 3)绿地形态多以田地为主; 4)巷、道无明显交往、休息功能,因其巷道为自发形成而无一定规律形态; 5)围绕某个标志物形成较小场所,如古树、古井等; 6)有公共祭祀空间,多围绕家族祠堂,空间多样化且功能性明显; 7)村的可保护范围相对集中,但与之依存的山水、田园相对开阔; 8)承载优秀文化习俗的空间较集中,家族性强,包括私密性和半私密性; 9)多出现空心化,衰败较快,而传统建筑内部分隔混乱
	3. 建筑空间 1)建筑是各为单元建设,建筑向心为街巷的交易空间; 2)镇为混合生产业态,建筑形态多样;	3. 建筑空间 1)建筑向心有一定规律性,呈组团型布置,建筑向心为居民生活空间; 2)村的生产业态单一,建筑形态较单一;

续表

内容	历史文化古镇	历史文化村落
空间形态	3）因沿街建筑前铺后居，租赁影响建筑面宽受限，进深可能较大； 4）建筑沿街巷布置，建筑入口处少有遮挡或侧向进门； 5）建筑采用楼房样式，建筑高度较村高； 6）少有古树名木、古井等历史文化要素； 7）市政设施相对完善，公共服务建筑多样化； 8）建筑服务对象多样化，商业化建筑较多； 9）新建建筑以政府组织与自建穿插，有部分片状新建建筑与传统建筑穿插	3）建筑主要供居住使用，建筑面宽、进深基本沿宅基地建设； 4）建筑沿巷道布置，一般在入口有门斗或照壁等遮挡； 5）建筑多以1、2层为主，建筑高度较低； 6）多有古树或古井等历史文化要素； 7）市政设施不完善，公共服务建筑较少或利用传统建筑； 8）建筑服务对象主要为本村居民，以居住建筑为主； 9）新建建筑以村民自建为主，基本以点状新建建筑与传统建筑穿插
社会组织	1）有户籍管理机构，社会组织结构统一； 2）人口来源多样化，多为熟人、邻居关系； 3）群体活动属公共性，少有为个人而举行的活动； 4）税收大多以纳税形式作为主要经济收入； 5）人口年龄层次多样化； 6）人口数量呈增加趋势； 7）整体教育水平较高	1）社会组织多为自治，社会组织结构呈多样性； 2）人口来源单一，多为氏族或血缘关系； 3）群体活动多是家族性质，如办喜事、出名人等； 4）税收大多按传统交粮形式作为主要收入； 5）人口年龄趋向老少两极端； 6）人口数量呈减少趋势； 7）整体教育水平较低
生产方式	1）产业多样化，多为手工业和商贸服务业； 2）产业多沿街面布置，出现前店后居或上居下店等功能模式； 3）少许因旅游开发形成的产业联合； 4）手工业生产基本已成规模，有一定的产业链，能集中生产； 5）旅游发展有一定规划，发展规模较大	1）产业较单一，主要以农业生产为主，部分辅以旅游业； 2）少许因旅游开发而形成的前店后居功能模式； 3）产业为各家单独作业，产业不联合； 4）有少许手工业，且多为农户自家分散制作； 5）少许村有旅游发展，以小规模实验型为主，缺少旅游规划指导
财政土地管理	1）财政收支受镇政府统一管理； 2）财政收入主要包括工业、贸易、旅游等税收，其中农业收入较少； 3）财政支出根据政府统一规划有计划地进行拨款； 4）土地为国有，土地买卖和建房子有一定的管理； 5）建设一般有规划，涉及多方面建设，基础设施建设较多； 6）土地用地功能有规划，各功能用地较为规整且相互分离	1）财务一般是"村财村用乡代管"制度； 2）财政收入主要以农、林等第一产业为主，分村集体收入和农户收入； 3）财政支出基本为农户个人意识行为，具有自由性； 4）土地为集体所有，故建设上有较大的自由性，不易控制； 5）建设大多为农户自家用房建设，基础设施建设较少； 6）土地利用功能较单一，没有明显功能分区
文化习俗	1）农耕文化因外来人员的介入而不完整； 2）非物质文化遗产主要是手工业技术类； 3）家庭观念、氏族观念较弱； 4）文化习俗的举行一般以宣传为目的； 5）文化习俗有文档记录； 6）优秀文化传统有商业目的的行为特征，流水线式或批量式	1）完整的农耕文化； 2）非物质文化遗产主要是原始的祭祀、礼仪、传统习俗等； 3）传统氏族、家庭文化观念浓郁； 4）文化习俗的举行以传承为目的祭祀文化等； 5）文化习俗多以口口相传形式； 6）优秀文化传统有一定的时间、空间规律性

续表

内容	历史文化古镇	历史文化村落
市政设施	1）有集中对外交通站点、设施； 2）停车一般在规定停车场，且多有规划指导； 3）生产、生活用水一般纳入市政管网，由供水厂集中供给，水源质量较好； 4）排水基本纳入市政管网，设置有集中污水处理； 5）少有农业生产水利设施； 6）电网能源供给由市政统一规划； 7）缺少农业生产，存有农业贸易市场，且一般按规划呈散点分布； 8）水流域治理、垃圾处理设施建设等一般有统一规划； 9）除自然灾害外，主要是由工业或商业行为不得当而造成的火灾	1）对外交通距离较远，分布分散； 2）停车一般沿道路，以方便为主要目的停放车辆； 3）生产用水主要服务于农业灌溉，来源于高压水泵或农户自打水井；生活供水多采用农户自打水井，水源质量没有保障； 4）污水排入化粪池，无特殊的处理；雨水就近排入河流或湖泊； 5）存有农田灌溉水利设施； 6）农村电力和农村能源，主要有农村沼气池建设，古村电网基本采用地上铺设电线； 7）村内以农业生产、畜牧养殖等原生态生产业态为主，较少出现农业贸易市场； 8）村内无水流域治理设施，垃圾有集中收集点，部分由村民自行焚烧处理，对环境造成一定污染； 9）除自然灾害外，主要是由家庭作坊或农户使用明火而造成的火灾；村内还存有白蚁侵蚀木建筑的危害

6.1 "整体型历史文化古镇"保护规划

"整体型历史文化古镇"是指综合评价得分高于80分的历史文化古镇。其保护规划应统筹考虑新、旧镇区的保护和发展要求，在用地、设施、人口等方面提出新、旧镇区协调发展的措施和要求，促进"整体型历史文化古镇"的文化遗产保护与人居环境的可持续发展。

"整体型历史文化古镇"保护规划范围分为镇域和镇区两个层次。镇域范围的规划深度应达到国土空间规划的深度，镇区范围的规划深度应达到控制性详细规划的深度。根据实际情况，保护范围的规划深度宜达到修建性详细规划的深度。保护规划应定期评估实施效果，不能有效指导保护工作的，可根据实际情况报请上级主管部门批准进行修编。

6.1.1 保护范围与保护要求

1. 保护范围的划分

"整体型历史文化古镇"由于建成区规模变化比较大，在进行保护范围划分时，应考虑古镇的实际情况，灵活划分。对于只有1~2条历史街区的古镇，保护范围划分为两个层次，将镇区内传统建筑集中的街区划分为核心保护范围，离散分布的重要历史建筑按文物保护的方式划定核心保护范围；镇区范围内其余的地区划分为建设控制地带。

对于有3条以上历史街区的古镇，应该作为小城镇参照《历史文化名城保护规划规范》的要求，将保护范围划分为3个层次，将镇区内传统建筑集中的街区划分为核心保护范围，离散分布的重要历史建筑按文物保护的方式划定核心保护范围；将核心保护范围边界周围100m范围内划为建设控制地带；将镇区范围内的其余地区划为环境协调区。

核心保护范围是"整体型历史文化古镇"中最具价值特色的区域，应在综合评价的基础上划定。其中，保护性建筑应数量较多且分布集中，能反映完整的传统风貌；传统街巷应基本保持原有的肌理，能反映"整体型历史文化古镇"的传统格局。"整体型历史文化古镇"中部分寺庙、书院等保护性建筑，虽不与其他保护性建筑连接成片，但因其价值特色突出也应独立划定为核心保护范围。

保护范围界线划定包括利用现状用地边界，传统风貌建筑群、街巷的边界，以及河道、沟坎、道路等自然地理和人工分界线等，并附有明确的地理坐标及相应的地形图。

2. 保护措施

保护有价值特色的文化遗产是"整体型历史文化古镇"保护规划的主要内容，也是"整体型历史文化古镇"得以传承和发展的基础。所以在划定保护范围后，首先应对保护范围内的文化遗产提出保护措施和要求。在此基础上，才可分别结合核心保护范围、建设控制地带的保护要求，对必要的建设活动提出控制要求，利于建设"整体型历史文化古镇"宜居环境。

"整体型历史文化古镇"的核心保护范围内严禁新建建筑，但可以对必要的市政基础设施和公共服务设施进行新建和扩建，以改善居民的人居环境。同时，为防止对"整体型历史文化古镇"的传统风貌造成破坏，保护规划应对必要建设的市政基础设施和公共服务设施提出控制要求。

"整体型历史文化古镇"的建设控制地带应延续核心保护范围的空间格局，确保"整体型历史文化古镇"传统风貌的完整性。建设控制地带内允许必要的建设活动，但应对建设控制地带内的新建、扩建和改建等活动，提出建设控制要求。

6.1.2 公共服务设施

"整体型历史文化古镇"的国土空间规划中有公共服务设施专项规划，对全镇范围内的公共服务设施做出统筹安排。保护规划有关公共服务设施的内容应在镇国土空间规划中的公共服务设施专项规划的指导下进行，并与之相衔接。

在镇国土空间规划中公共服务设施专项规划的指导下，还应根据"整体型历史文化古镇"的特点，针对历史街区内不同人群的生活特点与需求，完善相应的公共服务设施配备，提升社区服务能力。

"整体型历史文化古镇"保护范围内，在保护的前提下，可以根据实际情况，通过整理街巷空间、改造院落等方式，利用零散空间资源逐步完善街巷内的小型公共服务设施（如绿地、幼儿园、菜市场、商贸网点等），切实提升居民生活水平。

为保护"整体型历史文化古镇"的文化遗产和历史风貌，在保护范围内不应规划建设大型公共服务设施（如学校、医院等）。应将这些大型公共服务设施放到保护范围以外，在镇国土空间规划的公共服务设施专项规划中做出统筹安排。

6.1.3 道路交通与市政基础设施

在保持和延续传统道路格局的基础上，以疏解交通为主要目的，确定保护范围内道路系统和交通组织避免机动车交通穿越核心保护范围，穿越交通和集中停车场应布置在核心保护范围之外，在核心保护范围内划定非机动车与步行交通线路，提出机动车限行措施。

（1）限时段机动车道应根据具体情况在核心保护范围内设置，不应破坏传统风貌，可供夜间送货兼具紧急情况下救护和消防扑救功能，路面宽度最窄处不宜小于4m；

（2）慢行道包括非机动车道和步行道，宜与传统街巷相结合，传统商业街宜设置为步行道，并根据具体情况设置人流集散广场和临时机动车停车位；

（3）大型停车场应结合镇区主要机动车道路与次要机动车道路，设置在保护范围外，核心保护范围内设置的小型停车场宜采用外围机动车道路尽端回车场的形式。

"整体型历史文化古镇"中保存的传统市政基础设施，体现了古镇的地域特色，蕴藏着丰富的科学智慧，多数仍在使用之中。因此，保护规划宜根据传统市政基础设施的现状情况，对其提出具体的保护要求与利用措施。保护规划应根据"整体型历史文化古镇"市政基础设施的现状情况，结合未来的发展需求，提出各类市政基础设施在选址、规模、工艺形式等方面的配套建设要求。部分市政基础设施的建设无法满足现行有关规定的，保护规划宜根据实际条件提出有效的解决措施，并论证其可行性。

"整体型历史文化古镇"保护范围内基础设施的改善应与上位规划相协调，提出各项基础设施的合理配置标准。在现状基础设施的基础上，提出卫生、安全，以及兼顾生态友好与风貌协调的改善措施，具体包括：

（1）给水设施

计算用水量，科学选择水源，确定水质标准，提出水源及卫生防护、水质净化措施，进行管网布置。

（2）排水设施

计算排水量，合理确定排水体制，宜采取分流制，污水排放应符合国家的相关标准，提出生活污水处理的设施方案，进行管网布置。

（3）供电设施

计算供电负荷，布置供电线路，配置供电设施，对供电设施的定位及形式进行设计，线路敷设优先考虑地下敷设或沿墙明敷的方式。

（4）环卫设施

计算生活垃圾产生量，提出垃圾收集、处理的方式与措施，采取容器化、密闭化方式进行收集，对垃圾箱、公厕等设施进行合理设置，改善公厕卫生条件，实现粪便的无害化、资源化处理。

（5）防洪工程

参照国家规定与上位规划，适度提高"整体型历史文化古镇"的防洪等级，加强对传统防洪设施的保护与管理，提出工程措施与生物措施相结合的方式，消除山洪。工程措施主要包括修建截洪沟等，生物措施主要包括植树种草、控制水土流失等。

6.1.4　防灾与环境保护

保护规划应根据实际条件，对潜在的火灾、水灾、风灾、雪灾、地震、山体崩塌、滑坡、泥石流、地面塌陷、地面沉降、白蚁等自然灾害风险进行评估，制定和落实防灾减灾措施，建立灾害防治预案。

"整体型历史文化古镇"保护范围内建筑密度高、街巷通道窄、木质建筑比例高、火灾隐患较大。保护规划应根据实际情况，制定具有针对性的防火安全措施和宣传防范教育。确定核心保护范围内消防设施的布局、规模、标准，确定重点防火单位，按照有关技术标准和规范设置消防水源、消火栓及消防通道等，以满足实际防火安全需要。对常规消防车辆无法通行的街巷提出特殊消防措施，配备灭火器、消火栓箱及消防摩托车等适用的灭火装备；通过设置水塘、水池、水缸等方式补给消防水源。对以木质材料为主的历史建筑应提高安全防火等级，并提出相应措施。

6.1.5　实施与管理

保护规划应从组织、制度、政策、资金、技术等方面对实施规划提出具体的控制措施和要求；对具有价值特色的商贸文化、多样业态等提出具体的管理措施和要求。

实施保护规划是长期的过程，应在综合评价的基础上，结合"整体型历史文化古镇"自身的现状条件，制定合理的分期实施方案。编制近期建设规划，对近期建设的目标、内容和实施进行部署，确保规划实施有序推进。保护规划应针对濒危的文化遗产，提出抢救性保护和管理措施，优先实施涉及居民生命财产安全以及生产、生活迫切需求的保护与整治项目。

6.2　"整体型历史文化村落"保护规划

"整体型历史文化村落"是指综合评价高于80分的历史文化村落。农业生产方式是我国几千年农耕文明传承下来的宝贵文化遗产，是长期历史发展过程中人地关系协调的结果，在"整体型历史文化村落"的生存与发展过程中发挥了重要作用。保护规划宜对具有重要价值特色的传统农业生产方式提出具体的保护措施和要求，促进传统农耕文明精华的发掘与传承。

保护规划应统筹考虑新村和旧村的关系，在用地、设施、人口等方面提出新村和旧村协调发展的措施。新村建设应与旧村传统风貌相协调，并与周边的自然生态环境相融合。

保护规划宜与村庄规划同时编制与修编。保护规划的规划范围与规划期限应与村庄规划的规划范围与规划期限相一致。保护规划的深度与村庄规划的深度相一致，保护范围的规划深度宜达到修建性详细规划的深度。保护规划应定期评估实施效果，不能有效指导保护工作的，可根据实际情况报请上级主管部门批准进行修编。

6.2.1 保护范围与保护要求

核心保护范围是"整体型历史文化村落"中最具价值特色的地段，应在综合评价的基础上划定。其中，保护性建筑应数量较多且分布集中，能反映完整的传统风貌；与传统格局、传统风貌紧密依存的农业生产环境与自然景观环境也应划入核心保护范围。部分保护性建筑虽未连接成片，但因其价值特色突出也应独立划定为核心保护范围。

为确保"整体型历史文化村落"传统格局与风貌的完整与协调，保护规划应在核心保护范围以外，与核心保护范围紧密关联的地段划定建设控制地带。

为协调传统风貌、保护自然生态环境，保护规划宜根据实际需要，在保护范围以外，将具有一定特色的地形地貌、河流水系、自然植被、农耕生产环境等自然和人文景观环境划定为环境协调区。

保护范围界线划定包括利用现状用地边界，传统风貌建筑群、巷道的边界，以及河道、沟坎、道路等自然地理和人工分界线等。并附有明确的地理坐标及相应的地形图。

保护有价值特色的文化遗产是保护规划的主要内容，也是"整体型历史文化村落"得以传承和发展的基础。因此在划定保护范围后，应对保护范围和环境协调区内的文化遗产提出保护措施和要求。据此，分别根据核心保护范围、建设控制地带和环境协调区的保护要求，对必要的建设活动提出控制要求，利于建设"整体型历史文化村落"宜居环境。

传统巷道的保护与整治应保留乡土风貌特色，维持传统的格局与比例尺度，宜采用乡土材料与民间工艺。传统巷道不应为追求平直而破坏原有的肌理与风貌。

"整体型历史文化村落"的核心保护范围内不应新建建筑，但可以对必要的市政基础设施和公共服务设施进行新建和扩建，改善村民的人居环境。同时，为防止对"整体型历史文化村落"的传统风貌造成破坏，保护规划应对必要建设的市政基础设施和公共服务设施提出控制要求。

保护规划应提出建设控制地带的控制和引导措施，延续核心保护范围的空间格局，确保传统风貌的完整性。建设控制地带内允许必要的建设活动，但应对建设控制地带内的新建、扩建和改建等活动提出建设指引，协调新村与旧村的风貌与功能组织。

保护规划宜对环境协调区内分布的农耕生产环境、自然景观环境以及保护性建筑、历史环境要素等提出具体的管理措施和要求，突出乡土环境与当地农业生产特色。对环境协调区内新建、改建、扩建等活动提出规划指引，体现"整体型历史文化村落"风貌的完整性。

6.2.2 格局与风貌

自然景观环境是"整体型历史文化村落"的重要依托，具有在生态层面与文化层面体现其真实性和完整性价值的双重意义。其中，山水格局是"整体型历史文化村落"选址的重要影响因素，是生产、生活、防御、防灾等活动的基础；自然植被是重要的环境要素，它们通过提供食物、燃料和建材等与日常生活建立了密不可分的联系。

传统生产性景观是"整体型历史文化村落"农耕生产文化的重要载体，是乡土特色的重要体现。保护规划应对具有价值特色的梯田、水田等传统农耕生产景观，以及水车、磨坊、酒坊等特定历史阶段的代表性生产设施，提出具体的保护措施和要求。

6.2.3 道路交通与市政基础设施

保护规划应对"整体型历史文化村落"中的机动车道、步行道、机耕道、停车场等道路交通设施现状情况进行调查与评价，以方便村民生活出行、满足农业生产运输为目的，制定具体的道路交通规划方案。

保护规划应制定管理和引导措施，减少和控制机动车在保护范围内的通行。规划的交通性干道，不应穿越核心保护范围，避免对历史环境造成不利影响。

"整体型历史文化村落"中的公交站场、停车场等交通设施，不应设置在核心保护范围内，其外观形式宜与"整体型历史文化村落"传统风貌相协调，避免对传统风貌产生影响。

保护规划应在不影响"整体型历史文化村落"传统风貌的基础上，满足村民农业生产运输需求，合理规划农用设备、生产资料和农产品等的运输线路和存储场地，并提出具体的管理要求与措施。

"整体型历史文化村落"中部分排水、灌溉、防洪等传统市政基础设施，是其发展过程中适应自然环境的智慧体现，往往具有因地制宜、成本低廉、生态适用、易于建设与维护等特征，蕴含着丰富的生态智慧，体现出鲜明的地域特色，是"整体型历史文化村落"市政基础设施区别于城镇市政基础设施的显著标志。因此，保护规划宜根据传统市政基础设施的现状情况，提出具体的保护和利用措施。

部分"整体型历史文化村落"中的公共基础设施相对落后，因此保护规划应根据现状及未来需求，提出各类公共基础设施在选址、规模、工艺形式等方面的配套建设要求。提升名村的公共基础设施水平，改善人居环境。

6.2.4 防灾与环境保护

保护规划应根据"整体型历史文化村落"的实际，对潜在的火灾、水灾、风灾、雪灾、地震、山体崩塌、滑坡、泥石流、地面塌陷、地面沉降、白蚁等自然灾害的风险进行评估，在此基础上根据实际条件制定和落实防灾减灾措施，建立灾害防治预案。

保护规划应根据"整体型历史文化村落"的特点，制定具有针对性的防火安全措施和教育宣传。对于消防车辆无法通行的保护性建筑密集片区，应配备灭火器、消火栓箱及消防摩托车等适用的灭火装备；消防通道严禁堆放土石、柴草等障碍物；"整体型历史文化村落"中的易燃、可燃材料堆场，集贸市场或营业摊点的设置应符合农村建筑防火的有关规定；部分"整体型历史文化村落"由于历史或自然原因，不具备设置消防给水管网的条件，或天然水源不能满足消防用水时，宜设置消防水池，寒冷地区的消防水池应采取防冻措施；对于"整体型历史文化村落"周边的山林果园，也应制定具体的防火安全措施与预案。

6.2.5 实施与管理

保护规划应根据农村制度与社会经济状况，提出保护规划实施所需的配套政策、资金、组织、技术、人才等需求；根据具体情况提出多部门协同管理的措施和要求。针对村民建设自主性大、约束困难的问题，保护规划应通过制定建设指引、确定实施管理细则、积极组织村民参与、加强宣传等方式，促进保护规划有效实施。

实施保护规划是长期的过程，应在综合评价的基础上，结合"整体型历史文化村落"的现状条件，制定合理的分期实施方案，确保规划实施有序推进。保护规划应针对濒危的文化遗产，提出抢救性保护和管理措施；优先实施涉及村民生命财产安全以及生产、生活迫切需求的保护与整治项目。

保护规划应从"整体型历史文化村落"实际出发，广泛征求村民意见，发挥村民自治组织的作用，积极引导村民将保护规划中的相关条款转化为乡规民约，促进规划顺利实施。

保护规划涉及国土、文物、人口、财政等多个部门，规划的实施工作需多部门协同开展，当保护规划和相关部门管理制度与要求有冲突时，应积极开展协调工作，确保村民利益。依据土地制度，积极探索宅基地供给的有效途径，满足村民合理的建房需求，避免对"整体型历史文化村落"传统风貌产生破坏。

6.3 建筑分类保护与利用

历史文化村镇中的建筑物，按照其价值特色以及与传统风貌的协调程度，可以分为文物保护单位、历史建筑、传统风貌建筑、一般建（构）筑物四类。其中文物保护单位、历史建筑已经由主管部门进行认定并公布，具有法定依据；将与历史文化村镇传统风貌相协调，具有一定历史文化价值，但未公布为不可移动文物或历史建筑的建（构）筑物确定为传统风貌建筑；一般建（构）筑物也可将与历史文化村镇传统风貌协调的确定为风貌协调建筑；将与历史文化村镇传统风貌冲突的确定为风貌不协调建筑。

保护规划应针对文物保护单位、历史建筑、传统风貌建筑的特点，以传承历史文化、体现传统风貌为依据，提出分类保护的要求与措施；针对一般建（构）筑物，以协调传统风貌为依据，提出整治要求与措施。

历史文化村镇的保护性建筑包括文物保护单位、历史建筑和传统风貌建筑。历史文化村镇中部分保护性建筑由于空间狭小、设施陈旧等原因，无法适应现代生产生活的需求；部分保护性建筑处于空置或低效利用状态。随着居民生活水平的提高以及旅游等产业的发展，许多保护性建筑存在功能提升与有效利用的需求。因此，保护规划应对"整体型历史文化村镇"中保护性建筑的空间、设施改善以及功能提升、合理利用提出引导措施，在保护的前提下，实现保护性建筑的有序更新。

6.3.1 建筑分类保护与整治

1. 文物建筑与地下埋藏区

根据《中华人民共和国文物保护法》，县级以上地方人民政府文物行政部门应当根据不同文物的保护需要，制定文物保护单位和未核定为文物保护单位的不可移动文物的具体保护措施。因此，保护规划应对已经公布的保护措施和要求予以落实。历史文化村镇内的文物建筑必须符合《文物保护法》等法律法规文件的要求，具体保护技术规定原则上根据文物保护管理单位提供的保护名录、保护区划及保护措施执行。但因为历史文化村镇内较低级别的文物一般缺少文物保护规划，对它们的保护要求仅来自国家及各地文物保护法律法规的原则性要求，不够具体，保护力度不足，保护规划应提出进一步要求。

从规划的保护技术补充层面讲，主要集中在文物价值的补充分析、保护区划的适当调整、文物建筑利用的规定与要求、建议增补未列级文物等几方面。

（1）文物价值的补充分析

包括文物在内的遗产价值评估确定是明确保护级别与保护措施的基础。历史文化村镇级别较低的文物往往价值分析比较概括简单，除了被整体打包以"某某村古建筑群"命名的文物外，对一般文物的价值认识也较孤立。保护规划中应对历史文化村镇的文物价值进行深入研究与评估。评估尤其要从当地历史文化价值的角度出发,关注保护这些文物对本村落文化延续发展的重要意义,要尽可能地将历史文化村镇内各项文物及历史建筑、历史环境要素整体进行价值评估。

(2)保护区划的适当调整

保护规划应对各级文物保护单位与地下文物埋藏区的保护范围进行综合考虑。单个文物保护单位与地下文物埋藏区的保护范围一般以文物主管部门核定的范围为准,保护规划中可结合保护要求与实际情况,确需调整的应形成调整建议,组织文物部门参与协调,征得文物部门同意后纳入保护规划。

(3)文物单位本体及保护范围的保护要求

对文物本体应按照"保护修缮"的原则进行保护,保护规划可提出详细的保护修缮措施供地方保护主管部门参考。文物保护单位保护范围内的保护要求严格按照《文物保护法》执行,一般不应有新的建设。建设控制地带的控制内容包括用地和建筑性质,建筑高度、体量、色彩及形式,绿化,重要地形地貌等。控制要求应征得文物部门的同意。环境协调区的控制内容包括用地性质、建筑高度及周围的自然景观环境特征。

地下文物埋藏区保护范围内的一般性技术要求包括:地下文物埋藏区保护界线范围内一般不得进行建设,必要的道路建设、市政管线建设、房屋建设农业和其他生产活动等不得危及地下文物的安全。在地下文物埋藏区实施建设前应先做考古发掘。

2. 历史建筑

历史文化村镇中的历史建筑蕴含着丰富的遗产信息,具有较高的历史、科学和艺术价值。但是许多历史建筑由于年久失修或不当使用,破损破旧现象严重。因此,对历史建筑的修缮与维修,应当以原貌为依据,维持传统的外观风貌和空间格局。同时,尽量采用传统的施工技术、工艺与材料,使保护措施实施后,建筑内外各部分能够延续原有的传统风貌。

由于"历史建筑"这一概念的提出相对较晚,其遴选与保护规划编制工作目前正在全国范围内逐渐推进。因此,对于已经制定保护规划或保护措施的历史建筑,保护规划应予以落实;对于未制定保护规划或保护措施的历史建筑,保护规划应对其制定保护措施,并由主管部门予以确认和公布。

对历史建筑要进行分类甄别。对优秀的历史建筑,原则上按照文物保护单位的相关要求进行保养、加固或修复。对其他历史建筑采取维修改善的方式,在不改变外观特征的前提下允许对内部进行适当的维修改造。

要对历史建筑建立历史建筑档案数据库,当地政府保护管理主管部门依据数据库建立历史建筑档案,内容包括:

(1)建筑艺术特征、历史特征、年代及稀有程度;

（2）建筑的平面布局、面积指标、高度、色彩等有关技术资料；
（3）建筑的使用现状和权属变化等情况；
（4）建筑室内外及历史构件的文字、图纸、图片、影像等资料；
（5）建筑修缮、装饰装修工程中形成的文字、图纸、图片、影像等资料；
（6）建筑的平面、立面、剖面测绘图档和相关资料；
（7）根据保护规划提出的保护要求和保护措施建议。

毗邻历史建筑进行基础设施和公共服务设施建设选址的，对其提出历史建筑原址保护的措施要求。因特殊情况不能避开历史建筑进行必要的基础设施和公共服务设施选址建设的，对其提出历史建筑异地保护或拆除的方案与措施。

3. 历史环境要素

历史环境要素是指"除文物古迹、历史建筑之外，构成历史风貌的围墙、石阶、铺地、驳岸、树木等景物"。

对历史环境要素的保护规划控制参照历史建筑的相关技术要求，对价值突出的历史环境要素，原则上应按照文物保护单位的相关要求进行保养，对其他历史环境要素采取维修改善的方式，在不改变外观特征的前提下允许适当维修改造。

4. 一般建（构）筑物

对历史文化村镇的一般建（构）筑物保护规划应采取分类措施。措施的主要内容包括分类标准与级别、分类保护或更新措施的确定。

对历史文化村镇的一般建（构）筑物分类可分为三类：

（1）传统风貌建筑：将历史文化名镇、名村内具有一定建成历史，反映历史文化名镇、名村不同历史时期风貌的建筑物、构筑物划为传统风貌建筑。传统风貌建筑是构成历史文化名镇、名村格局与风貌的重要组成部分。传统风貌建筑是"整体型历史文化村镇"中普遍存在的建筑类型，对于其整体风貌的形成具有重要作用。因此，该类建筑保护的重点在于进行有效的维修、改善，以与传统风貌相协调为原则，保持其外观风貌特色，改造其内部空间与设施。

（2）风貌协调建筑：将历史文化名镇、名村内与整体风貌不冲突的新、旧建筑物、构筑物划为风貌协调建筑。对"整体型历史文化村镇"中与传统风貌或自然环境相协调的一般建（构）筑物，可采取保留、维修、改善的方式；与传统风貌不协调但可以通过一定措施使之取得协调的一般建（构）筑物，可采取整治的方式。

（3）风貌不协调建筑：将历史文化名镇、名村内与整体风貌有冲突的建筑物、构筑物划为风貌不协调建筑，一般以新建建筑物、构筑物为主。与传统风貌严重冲突且无法采用整治措施的一般建（构）筑物，宜予拆除。

相应的分类保护与更新措施包括：

1）对传统风貌建筑提出整治要求，对其具有传统风貌价值的外观进行维修，保持其传统风貌特征，对其与传统风貌相冲突的建筑部分、建筑构件及院落环境等进行改善。该类建筑应予以保留，不允许随意拆除，但是允许对其进行通风采光和节能改造，也可以按照原体量、材料、色彩、形式进行翻建。

2）对风貌协调建筑可予以保留，并控制与其相关的建设活动，使之与历史风貌相协调。

3）对风貌不协调建筑进行整治更新，在与历史风貌相协调的前提下对建筑进行内部改造和外部更新。对与传统风貌严重冲突的建筑物、构筑物，应择机拆除。

一般历史文化村镇可根据自身建筑遗存保护现状条件适当简化分类级别与保护更新措施。对传统风貌建筑的翻建、风貌不协调建筑拆除后的更新建造应提出系统的引导图集，应包括院落规划、屋顶形式、建筑开间高度、绿化种植等方方面面的易犯错误与建议采取的传统模式等内容。

6.3.2 保护性建筑有效利用与功能改善

保护规划应根据保护性建筑的历史文化价值、风貌特色、现状功能、保存状况、产权情况，以及"整体型历史文化村镇"的未来发展部署等信息的综合评价结果，确定保护性建筑适宜的使用功能。针对重要公共建筑的使用功能，应进行专门的论证分析。

在"整体型历史文化村镇"发展过程中，保护性建筑确有需要转换使用功能的，应充分考虑新增功能与原建筑在空间特色与文化内涵等方面的兼容性，通过合理的功能转换，促进保护性建筑的有效保护。

保护性建筑长期空置也会损坏。"整体型历史文化村镇"中保护性建筑宜通过居住、旅游、文化等多种有效利用方式，适应发展需求，促进保护性建筑的有效利用。但对"整体型历史文化村镇"中的保护性建筑，特别是一些重要的府邸、宅院，往往成了重要的旅游吸引点，过度承载了旅游功能。因此，需在保护规划中界定其游客承载量，避免对保护性建筑造成利用性破坏。

保护性建筑的功能改善，应根据保护性建筑类型分类制定。对于文物保护单位，重点应是保护，其功能改善应严格服从《中华人民共和国文物保护法》的规定。历史建筑具有较高的历史、科学和艺术价值，由于它们大部分仍在使用，有着功能改善的需求。因此对于历史建筑的功能改善，应确保建筑物历史信息的安全与完整，功能改善应在有效保护的前提下开展。当保护与功能改善产生矛盾时，功能改善应服从保护。传统风貌建筑具有一定的价值，是历史文化村镇的重要组成部分，多数正在使用，对其功能改善宜在维持传统风貌和结构的前提下进行。保护性建筑在功能改善过程中涉及改建时，应充分考虑如何在空间上与原建筑相协调，不阻碍交通流线与功能布局，并在尺度、形态、风格方面与原建筑有机整合、协调一致。

由于历史原因，历史文化村镇中许多保护性建筑的设施配置不完善或较为陈旧，部分还存在安全隐患，居民的生产生活环境亟待提升。因此，保护规划应提出保护性建筑改善设施的要求，特别是针对水、暖、电等基础设施的容量、设备、管线等提出具体的更新措施和要求，并与传统风貌相协调。

07

"普通型历史文化村镇"保护规划

- 历史文化资源分析
- 保护网络构建
- 景观环境与传统格局保护
- 非物质文化遗产保护

"普通型历史文化村镇"是在综合评价中得分60~80分的村镇，它们大多数被认为是"平常"的、一般性的历史文化村镇。在目前的社会发展背景下，可能只有为数不多的被国家和地方政府指定保护的历史文化村镇能够得以幸存，而大量一般性历史文化村镇的生态及文化在新一轮的新型城镇化浪潮和新农村建设中受到严重冲击。

历史文化村镇文化遗产在新型城镇化和乡村振兴进程中不应该成为负担和累赘，相反，这些遗产都是新社区建设的催化剂，为城镇化社区提供乡愁信仰的基础，为新社区的文化与社会和谐作出贡献，并为城镇的发展创造休闲和旅游的机会。村镇的山水格局、生态景观、乡土文化遗产和乡愁信仰体系，是中国乡土聚落社会和谐的基础。如果能保护好历史文化村镇的上述三方面，中国广大村镇的发展将得以延续。那么，新型城镇化建设和乡村振兴将是中国社会发展的一大机遇；否则，这样的运动则很可能成为乡土文化遗产的危机。正是出于这样的认识，笔者提出了通过建立保障生态、文化和社会及信仰过程，来维护一般性历史文化村镇生命的持续和健康，历史文化村镇保护规划强调对过程的分析和规划。

7.1 历史文化资源分析

7.1.1 山水格局

在历史文化村镇原有的布局和设计中，地形和水体的"风水"意识发挥了重要的作用，这些特征应该在新的设计中给予体现。对地形和水体的评估按以下的准则进行：

（1）生态价值：包括生物多样性和再生能力。

（2）文化价值："风水"的意义，传统的乡愁信仰体系，乡土有机农耕体系。

（3）环境价值：水体的质量。

在基础资源调研建立起GIS数据库基础上，应用地图叠加方法，得出了历史文化村镇最有价值的地形和水系图。对历史文化村镇宏观生态格局的保护，是保持历史文化村镇景观特色和场所感的关键，也是维持健康环境和健全生态服务功能的保障。

7.1.2 开放空间系统

历史文化村镇及其附近的村民经常聚在一起进行各种节日性的活动。在一些主要的节日，如龙舟节、佛诞、农历新年和中秋节等，成千上万的人聚集到一起庆祝；在平日，他们也经常有一些聚集性的活动。所有这些活动，构成了村镇历史文化活力的重要方面。活动的场所分布在村镇各个特定的位置，构成了开放空间的各个层次。因此，在保护规划中，保留这些空间对维护村镇的活力十分重要。这些开放空间可划分为三个层次：村镇、家族和邻里。这些不同的开放空间层次由祠堂、佛庙、神坛、许愿树和池塘等组成，同时也包括了一些生产性以及运动和娱乐性的设施。

对这些公共空间的评估，主要基于以下一些准则：承载文化遗产情况可达性、影响力、物质空间品质、活动的重要性、场地林木的质量等。

通过GIS地图叠加，绘制出一张历史文化村镇最有价值的公共空间分布图。对这些关键性公共空间的保护和改善，对历史文化村镇社会活动的保留和延续至关重要。

7.1.3 宗教建筑和信仰活动

历史文化村镇的社会结构基于族亲和血缘关系。所有这些家族都有自己的祠堂，这些祠堂是村镇里聚会的中心和社会结构的核心。此外，佛教、道教和儒教也是其信仰体系的一部分，它们有单独的或共有的庙宇或神坛。

这些宗教场所通常会与所谓的"风水"景观元素相联系，如山体、水体和树木，这些元素通常位于正式或非正式活动空间的中心。对这些宗教信仰建筑的评价通常基于以下准则：建筑的历史价值；庙宇和神坛的宗教氛围。

基于地图叠加，绘制出历史文化村镇最有价值的宗教信仰建筑综合分布图。保护和完善这些关键性的宗教信仰建筑，对于构建历史文化村镇草根信仰和道德规范、对建设和谐的社会至关重要。

7.1.4 街道网络和社区联系

在历史文化村镇，家庭和个人通过人行道、小巷产生密切的联系。这些街道网络同样与社会活动场所和宗教场所紧密联系，使村镇居民很方便地进行各种活动。那些使用频率最高的街道必须给予保留，以保证社区内部高度的可达性和连通性。在村镇被重新整合到新的城镇肌理中后，这些原有的街道网络和联系性可以使历史和场所感延续，并给新城区带来活力。

这些道路网络现在正面临着开发的挑战。在许多地方，与历史文化村镇不成比例的大马路已经被规划并正在施工，而人行道也面临着被拓宽的危险，随之而来的则是路两旁老房子和传统建筑的拆除。村镇内部联系的街道网络正在被增加的交通流和道路建设工程所摧毁。

对街道网络的评估基于以下的准则：与自然景观布局的联系；与具有较高价值的开放空间和宗教建筑的联系；视觉质量。基于地图叠加技术，绘制出历史文化村镇最具价值的街道和巷道。

7.1.5 民居和单体建筑

历史文化村镇是一个由不同年代、不同形态及不同功能的建筑所构成的集体。其中的一些建筑对保存村镇的文化认同感、视觉感知的完整性和真实性非常重要，因此判别和小心地保护这些关键性建筑非常重要。这些传统的建筑通常带有自己的院落，而且只有1~2层。

对历史文化村镇重要建筑的评价基于以下的准则：与传统乡土建筑相协调的物质形态；具有的历史和文化意义；建筑质量。

基于地图叠加方法，绘制出历史文化村镇最有价值的民居建筑分布图。保护和完善这些关键性的民居建筑，对保持历史文化村镇在视觉上的整体性和文化上的真实性至关重要。将上述各种单一分析图纸在GIS系统内进行综合叠加后，便形成综合的历史文化村镇保护格局，它将决定可建设区域和不可建设区域。

7.2 保护网络构建

7.2.1 网络化

把上述各种针对单一过程和功能的历史文化村镇保护格局进行整合，建立完整的保护和利用格局，用以维护村镇的生态、文化、信仰和社会过程的完整性和真实性。这个历史文化保护网络是保护历史文化村镇活力的底线，它不仅可以保持村镇的整体性，而且可以为旅游者提供完整体验的线路，包括建立步行空间网络、自行车旅游网络、环境解说系统、历史文化和环境教育系统等。它是联系历史和未来的纽带——古老村镇和城镇新区或新农村、土地和人民、原住居民和新移民。

网络化过程以相关性为原则。所谓相关性包含三个方面：

（1）地理相关（空间相关）：在空间上相邻、相近或在同一条线和同一区域内的景观元素之间建立联系，形成连续的整体步行和休憩网络。

（2）历史相关（时间相关）：以时间为纽带，将属于同一或相邻时间段的景观元素联系在一起，或根据发生的时间序列，将景观元素整合在一起，形成历史文化教育网络。

（3）内容相关（功能和意义相关）：根据功能和过程，如宗教信仰功能、"风水"功能、交流和聚会功能，将一些关键的景观元素整合在一起，从而形成独特的体验网络。

7.2.2 拼贴与补缀

与习惯的城镇开发方法不同，不采用把整个村镇拆除的方式，也不是"整体型历史文化村镇"的成片划分保护范围的方式，而是用拼贴和补缀的方法。以上述历史文化村镇保护格局为骨架，在保留其结构和过程的真实性和完整性的同时，引入新的景观元素和开发建设。即在"旧骨"上长出"新肉"，用中国古代阴阳家的说法叫"返气纳骨"，从而使历史文化村镇的活力得以维持和延续，也使新的城镇或新农村从其诞生之日起，便被赋予场地精神，以及历史、文化和社会之生命。

按照过程分析与规划的方法进行历史文化村镇的保护规划与建设，人们完全可能在原历史文化村镇的基础上，发展出一个具有活力的新城镇或新村。这种方法保护和整合了原有的社会、文化和精神的载体，同时创造了一个具备生态良好、历史延续、文化特色和认同感鲜明的和谐新社区。

7.3 景观环境与传统格局保护

7.3.1 景观环境

在漫长的发展进程中，历史文化村镇与周围的环境融合成一个有机的整体。那绕村而过的一条小溪、一座祠堂、一片风水林、一池碧水，都有家族和村落人们的精神寄托和情感认同，这些乡土的、民间的环境景观，与他们祖先和先贤的灵魂一起，构成了一方乡土环境景观的文化基因。

1. 历史文化村镇景观环境分析

历史文化村镇景观环境的形成，自始至终都以生存为第一要义。人们寻求的是一种能够"安居乐业"的理想景观环境。所谓"安居"，就是选择理想的自然环境，并将其建设成宜居的村镇聚落的过程，形成了村镇融入自然山水的景观环境；"乐业"则是指人们从事生产活动以获得生活物资的过程，中国几千年的传统农耕社会，在广袤的土地上留存了大量的农业景观；它们与村镇的自然环境共同构成了宏观的田园景观环境。

（1）历史文化村镇的选址

历史文化村镇的选址从早期人类寻求生息之所开始，逐步形成了宜居稳定的村镇景观格局模式。在人类定居初期，生产力水平低下，地广人稀，为了生存，原始村落强调的是《管子》中描述的"高勿近阜而水用足，低勿近水而沟防省"的选址方式。世界的五大文明古国都是沿大河流域发展起来的，因为这里能够提供生存的基本条件：水源充足，且河流冲积平原提供了肥沃的耕地。

随着社会的发展，有限的大河流域冲积平原土地无法承载增长的人口，人地关系变成了"人多地少"，为了生存，人们退而求其次，开始选择山地居住。生产力决定生产关系，农村以耕作为主要的生产方式，农民（或地主）都是以田地为核心，人的居住尽量不占好田地，这样的生产生活要求产生了依山建村、背山面田的模式（图7-1）。由于气候的

图7-1
贵州背山面田的松桃苗王寨下寨（李婧摄）

图7-2
贵州雷山县新桥苗寨的水上粮仓（李婧摄）

原因，村落会尽量选择北向靠山，南向面田或面水，这样有利于避冬季风雨、迎夏季凉风。通过总结和传承，这种坐北向南、背山面田或水的定居模式趋于成熟。及至封建社会的后半段，人们已不可能随心所欲地选择背山面水、藏风聚气的环境条件，只能模拟成熟的环境模式，根据前人的选址学说来修改完善村落的环境，进行村镇聚落环境的再创造。

（2）历史文化村镇的农业景观

人们一旦选定了适宜的居住环境定居下来后，首先面临的就是生产粮食来解决生存问题。于是在居住点附近开垦农田进行耕种，随着人口的不断增加，原来的居住点逐渐发展为村落和市镇，开垦的农田面积也不断扩大，从而在村镇周围形成了大尺度的农业景观。

传统农业是看天吃饭，受自然环境和气候的影响比较大。由于我国南北方气候差异比较大，东西部地区的地形地貌复杂多变，形成了各地不同的小气候环境，产生出不同的农业景观，如北方的旱地农业景观、南方的圩田农业景观、山区的梯田农业景观、西北地区的砂田农业景观等。

在历史文化村镇中，传统的农业生产方式需要的一些生产工具和设施也成为村镇的一种独特的景观元素。比如水车，在一些历史村镇至今仍在发挥着灌溉农田的作用，就是在现代城镇景观中也是重要的表达乡村主题的景观符号；贵州省雷山县新桥苗寨的水上粮仓，是人们为了防火和防鼠而想出的妙招，穿行其间能给人一种独特的景观感受（图7-2）。

（3）历史文化村镇居住景观环境

人们的居家生活还需要私密或半私密的环境空间，此为微观的景观环境，包括房前屋后的半私密景观环境和私家庭院的私密景观环境。历史文化村镇微观景观环境营造的是一种"心安理得"的归属感。所谓"理得"就是村镇居民的居住环境要符合自然规律和乡土社会传统文化及礼制秩序，使得人们在这样的环境中居住感觉安全而舒适，达到心理上坦然的归属感，即"心安"。

1）私家庭院景观

我国的传统民居受自然地理气候和传统思想观念的影响，形成了丰富多变的庭院空间，如北方地区的四合院体现的是尊卑有序的儒家伦理；南方由于湿热多雨的气候，则是通过小院、天井与巷道组成完整的通风体系来解决散热和防潮问题。为了满足向往自然的心理需求，人们在庭院内种植花草树木，加上天井或巷道转角的雕塑小品、入口照壁或屏风的楹联题字，形成了生趣盎然、别具韵味的庭院景观（图7-3）。此外，在江南和徽州地区，出外做官或经商的成功人士衣锦还乡，他们经济实力比较雄厚，建起了私家庭园，运用传统的造园手法，在园内掇山理水，亭台楼阁点缀其间，讲究的是诗情画意，具有很高的艺术水平。

2）房前屋后景观

一个舒适的居住环境，必须拥有合理的居住空间组织和绿化系统，才能把室内空间与室外空间连接成一个整体，充分把家的韵味延伸到外部空间。在景观组织上，特别是在视线组织上，采用渗透、开敞的临界界面交融手法，使住居庭院借助院外景色，把院外景色组织到园内，将院内外空间有机地结合在一起。历史文化村镇传统民居房前屋后的绿化景观就起着这样的作用。传统民居房前屋后植物种类的选择很有讲究，每一种植物都有特定的文化内涵。例如，人们常用的玉、堂、春、富贵分别指的是白玉兰、海棠、迎春花和牡丹，用以寄托人们美好的愿望。有时，对植物种类的选择已经成为民俗文化的一部分，民间有"前不栽桑，后不栽柳，门前不栽鬼拍手（杨）"之说，因为杨树风吹会发出哗啦哗啦的声音，俗称"鬼拍手"。还有"梧桐栖凤""桃树辟邪""樟树除秽"等说法，使得这些树种大量应用在庭院绿化和房前屋后的绿化中。还有一些文人隐士特别钟爱某种植物而在房前屋后大量种植，如"宁可食无肉，不可居无竹"的郑板桥。由此可见，在历史文化村镇中，人们对房前屋后的绿化景观是相当重视的，已经成为传统民俗文化的一部分。

2．保护措施

（1）山水格局

我国历史文化村镇在选址布局时注重对聚落本身与周边山水的紧密结合（图7-4），并在其后的建设中继续强化二者之间的关联。历史文化村镇的山水格局，不仅包括一般意义上的山水与聚落间的相对位置关系与选址定位基准，如"背山面水""左青龙，右白虎""天心十

图7-3
贵州黄平旧州中华苏维埃银行旧址院内盛开的紫薇

图7-4
泸沽湖里格半岛的湖光山色

字"等,还包括村落形态中与周围山水间的视线通廊,与山水结合形成的防御体系、防灾体系等。山水格局是我国传统聚落遗产特有的文化内容,具有非常高的文化价值。

对山水格局的保护规划控制主要集中在对已破坏山体水体的生态修复,以及对应重点保护的山体水体、相关视廊的严格保护。

历史文化村镇应对其山水格局进行严格的保护与控制。对山体的规划措施有:

1)强化山体的自然景观特征,尽量保护原始状态的自然区域,确需建设的,必须编制环评报告,严格控制功能、规模与强度,强调局部人工开发区域与自然环境保护相协调。

2)严格保护具有文化内涵的重要山体的轮廓线、制高点,严格保护山体之间、山与聚落之间的视线走廊。

3)村庄规划及乡、镇国土空间规划中应将在山体向平原地区的过渡带划入禁建或限建地区,该范围内禁止开发,加强绿化复育,控制边界要明确可辨。

4)控制位于山脉中的传统村落的建设用地蔓延,避免村庄建设对自然山体的破坏。

5)严禁开山采石,对于已经被毁的山体山脉要采用山体修补、梯级过渡等方式强化绿化种植,通过生态修复,恢复其原有的山体形势和林木景观。

6)对水体的规划措施有:

①水环境保护不能限于老村址或老镇区,要从宏观层面认识河道水体在村(镇)域甚至更大范围内的保护与利用,通过村(镇)域内的整体生态环境改善、控制对地下水资源的攫取来保证水系的完整。

②对雨水汇入河道的山沟两侧、河道两侧一定范围内划定生态保护区,加强管控力度,禁止在该区内进行有损生态环境的各种活动,引导两岸的农田保护区、林地、园地形成一体化系统。

③保护河道的自然流向,避免因建设而人为侵占、改变原有河道。

④严禁往季节性河道内抛扔垃圾,治理水污染,改善水质环境。

(2)自然植被

历史文化村镇中以及周边区域内的自然植被是重要环境因素,并且均为本土植被种群。它们曾通过提供燃料、建材与村镇日常生活建立起密不可分的关联,农业种植更是村镇居民的生产场所与赖以生存的生产资料,因此自然植被具有在视觉层面与文化层面参与传统聚落真实性与完整性价值表达的双重意义。

对基本农田及林地的保护有相关法律法规的规定要求。从保护规划角度来讲,对自然植被的保护重点在于通过研究确定从美学角度及文化角度来讲对历史文化村镇的完整性有意义的植被地区。

对自然植被的保护措施有:

1)研究当地植物种群类型,并在生态修复中优先推广。

2)通过调研了解历史文化村镇的风水林、风水树等具有文化内涵的种植,并加以重点保护。

3）历史文化名镇名村或"整体型历史文化村镇"保护规划中环境协调区的划定要保证一定规模的自然植被面积比例。

（3）历史地形地貌

历史地形地貌包括两方面的内容：一是历史文化村镇选址初期先民利用自然环境或稍加改造后形成的建设用地竖向规划，需要综合考虑用地经济性、排水防涝、便于防御、交通便利等因素后而形成；二是因为战争、集会等历史事件或民间传说而具有文化内涵的地形地貌，如小丘陵、洞穴、坡地、空场等。两方面内容均应得到保护。

对历史地形地貌的保护重点应主要集中在保护对象的明确及竖向设计技术的要求，体现在传统的竖向组织规律及特色、历史事件或民间传说相关地形地貌、传统的排水明渠和排水组织方式等方面。

7.3.2 传统格局

历史文化村镇的传统格局包括古村古镇区轮廓、街巷肌理、重要建筑、环境要素的相对位置等。传统格局记录了村镇的发展变迁，具有丰富的文化内容。村镇轮廓是营建之初确定的"规划范围"，并通过形象意会具有文化内涵；尺度宜人的历史街巷是构成古村古镇传统特色的重要部分，部分传统街巷的走向与周边山体水体之间存在紧密的对应关系，形成特有的文化景致；重要建筑与环境要素的相对位置则往往反映了村镇内宗族的繁衍分化、等级关系。保护传统格局是历史文化村镇保护规划的关键内容之一。

1. 传统格局的分析

随着人口的增长和迁移，村镇聚落的规模也开始扩散。村镇聚落按何种方式进行扩散，则与其所处的自然环境和人们的生产生活密切相关，形成了各种各样的村镇布局形式和场所空间，构成了历史文化村镇中观尺度的景观环境。它营造的是一种"安身立命"的场所感。所谓"安身"就是安定下来，进行生产生活，使生活有着落，亦即营造一系列场所来满足人们不同的使用功能；"立命"，即人们生活的精神有所寄托，使得场所空间成为历史文化村镇非物质文化遗产的物质载体。

（1）历史文化村镇的功能性场所景观

生活在历史文化村镇的人们为了满足日常生产和生活的需求，营造了一系列具有各种使用功能的场所。这些场所由于使用功能不同，其空间形态也多种多样，从而形成了丰富多彩的村镇场所景观。

1）交通场所景观

"世上本无路，走的人多了，便成了路"，这句谚语用来形容历史文化村镇中的道路最为贴切。历史文化村镇中，人们通常是房屋先行，先是选定房屋的基址，待房屋建成后，再按照惯常的足迹而"踩"出一条路来。这种情况恐怕与城市中的做法大相径庭；但凡城市，不论是现代还是古代，大体上都是经过某种规划设想而形成的，如《周礼·考工记》中所说的九经九纬，便是按照网格的形式来确定整个城市的道路系统。然而正是这种按照人们的需要而自然形成的乡间小路，形成了历史文化村镇中最具特色的道路景观。乡间小路依山就势，有着丰富的曲线变化和高程变化，人行其间，视野会随着道路的变化而变化，产生丰富的视觉体验，给人留下深刻的印象（图7-5）。

还有一种极具景观价值的交通设施就是各式各样的桥。人们为了通行的需要而在溪流或山谷上架桥，同时也给村镇景观增添几分姿色。一般的桥都具有比较精美的体形及轮廓线，即使是用几块石板乃至独木搭成的最简单的桥，都为村镇环境增添了一项独特的景观要素。历史文化村镇中桥的形式多种多样，不同类型的桥以及所处地段、环境的不同，都会对村镇景观产生不同的影响。传统的拱桥形式不仅功能、结构合理，而且从审美角度讲也很富有诗意。人们为了停留交往和遮风挡雨的需要，在桥上建起了长廊或亭子，使得桥与廊或者亭结合在一起形成廊桥或亭桥，桥上的亭或廊优美独特的外观极大地丰富了桥及其整体空间环境的景观变化，就更容易成为村镇景观中的视觉焦点（图7-6）。

2）生活场所景观

水是人们日常生活中不可缺少的资源。历史文化村镇中传统的生活方式没有现在的自来水，水源或为绕村镇而过的溪流，或为均布村镇中的水井，或为村镇前面的人工水塘。为了便于汲水或洗刷衣物，在井的周围多用条石砌筑成井台，沿溪流或水塘边则有亲水的台阶和平台。这些井台或亲水平台虽然主要是出于使用要求，也可以起到丰富村镇景观的作用。村镇的街巷空间呈"线"状的空间形态，具有很强的连续性，井台空间则属于"点"状的空间形态，两者相结合，犹如文字中的标点符号，可借以分出段落并加强其抑扬顿挫的节奏感。而沿溪流或水塘岸边设置的亲水台阶和平台则有助于打破单调的岸线景观，获得虚实、凹凸的对比和变化。另外，井台或亲水平台空间虽然很小，却是村镇中重要的交

图7-5
贵州黎平县堂安寨生态博物馆的石板路

图7-6
广西三江县程阳八寨的风雨桥

往场所之一，妇女们借洗衣、淘米之机，相聚在这里交流家长里短，评议大千世界，使这里成了村镇中最是有生活情趣的场所之一。

（2）历史文化村镇是非物质文化遗产的物质载体

满足日常生产生活各种使用功能需求的空间为人们提供了"安身"的场所，同时人们也需要能够承载他们赖以"立命"的精神依靠的物质空间。这种精神依靠就是一村人或一族人的集体记忆和历史记忆，构成了历史文化村镇的非物质文化遗产；经过千百年的发展与传承，这些非物质文化遗产已经与历史文化村镇的物质空间融为一体，主要表现在以下几个方面：

1）体现传统观念的村镇布局

由于宗族关系在古代礼俗社会中占有重要地位，村落的布局首先强调的是宗祠位置的布局。虽然宗祠的普遍兴建是在唐宋以后，但从原始社会开始，人类就以血缘关系为纽带形成一种聚族而居的村落雏形，氏族首领位居村落中心的传统却一直沿袭了下来，如西安半坡原始聚落和临潼姜寨聚落的发掘遗址所呈现出来的村落布局（图7-7）。特别是在同一宗族组成的血缘村落中，血缘宗法关系在村落空间布局中有着明显的影响。通常是族中规模最大的总祠居村落中心，下面分出若干支系，每个支系都有一个支祠作为副中心，整个村落分区明显，如皖南西递村、浙江兰溪诸葛村就是典型的这种布局。

有些历史文化悠久的村镇从高处俯瞰，其总体布局看起来像某种动物、植物或事物，这就是通常所说的历史文化村镇仿生象物的意向，它反映的是人们追求天地人和谐合一的哲学思想。例如，位于安徽省歙县的国家级历史文化名村鱼梁古村，从空中俯瞰，整个村落呈现为一条鱼的形状，不仅有"鱼头""鱼腹""鱼尾""鱼骨"，甚至还有"鱼鳞"。中间的鱼梁路是一条两端低、中间高的弓形路，鹅卵石铺装宛如鱼鳞，整个村落像是浮在江边的一条大鱼，惟妙惟肖，栩栩如生（图7-8）。

再有对历史文化村镇布局影响比较大的传统观念就是"耕读传家"的思想。传统封建社会的科举制度为从事农耕作业的下层百姓子弟提供了一条登科入仕的渠道，这对传统农

图7-7
陕西临潼姜寨仰韶文化的原始村落形态与布局

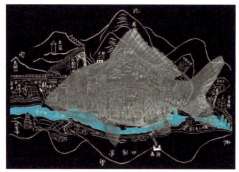

图7-8
安徽歙县鱼梁古村形态与布局

业社会的人们产生了重要影响，他们信奉的是"耕可致富，读可荣身"的生活理念。这一思想必然会反映到人们对村镇的布局上。如浙江温州市永嘉县楠溪江边的苍坡村是以"文房四宝"为布局的典型。

2）民俗文化的活动场所

我国是一个历史悠久的多民族国家，遍布在各民族的传统节庆活动、庙会、歌会、花儿会、歌圩、赶坳、集市等，都是最典型的具有民族特色的民俗文化遗产。这些民俗文化活动的开展都需要一定的场所空间。人们在营建村镇的时候也会辟出专门的场所来承载民俗活动，形成具有浓郁民族特色的文化景观，这在少数民族地区表现得尤其突出。如黔桂交界地区的侗族村寨，每个寨的中心都有其标志性的景观——高耸的鼓楼，有鼓楼必定就会有戏台，它们与鼓楼前广场共同组成了侗族人家展现其民族文化的场所，著名的侗族大歌就是在这样的戏台上走向世界的（图7-9）。

3）光宗耀祖的旌表设施

所谓旌表，是古代统治者提倡封建德行的一种方式。自秦、汉以来，历代王朝对所谓义夫、节妇、孝子、贤人、隐逸及累世同居等大加推崇，由地方官申报朝廷，获准后则赐以匾额，或由官府为造石坊，以彰显其名声气节。这在全国各地历史比较悠久的村镇留下了不少状元坊、贞节牌坊等。

还有就是在封建社会的客家地区有人考取了秀才、举人、进士，不管出在哪家，都被视为全村、本宗族人的荣耀。中了科举的人均可在祠堂或祖屋竖立楣杆，以显示功名，光宗耀祖，流芳千古（图7-10）。

这些旌表设施矗立在历史文化村镇的村头街尾或宗族祠堂，向人们述说着整个家族过去的辉煌，同时也成为具有深厚历史文化内涵的特色村镇景观。

2. 传统格局的保护

对传统格局的保护重点集中在历史文化村镇规模的合理确定与限定、传统街巷的合理

图7-9
贵州肇兴侗寨戏台上表演的侗族大歌（李婧摄）

图7-10
福建南靖塔下村张氏家庙德远堂门前壮观的石楣杆林

化改造利用上。包括村镇街巷的结构、走势、宽度，以及形成街巷建筑物的尺度。

历史文化村镇中的历史街巷与历史文化名城中的街区在尺度和功能上有着很大的区别。村镇中的历史街巷与人们的日常生活紧密相关，尺度比较亲切宜人，在功能上也主要是为了满足人们的日常交流和交通需求，或附带有一些商业功能；而城市中的历史街区则不同，其功能主要是为了商业和交通，由于城市人流量大，相应的街区巷道的尺度也很宏大，给人的心理感受是比较冷漠与寂寥。而且，历史文化村镇中历史街巷的某些节点部位还是村镇非物质文化遗产的物质空间载体。因此，对历史文化村镇中历史街巷的保护也不能照搬历史文化名城的模式，而要保护这些历史街巷的界面、尺度、密度、铺装和节点等要素的传统韵味。

（1）街巷特色保护

历史文化村镇特色街巷的保护有别于城市历史街区的保护，其特色不仅体现在街巷自身，还主要体现在反映历史文化村镇的整体特征。特色保护的重点在于挖掘特色街巷与历史文化村镇的关系。

1）空间形态特色：对于构成历史文化村镇形态特征的主要部分，能集中反映某一地区形态特色的街巷，应给予空间形态保护。

特色街巷构成历史文化村镇形态特征的主要部分，能体现我国传统的选址和规划布局经典理论。空间形态特色是指具有仿生、象形、象征的图案形式；或其自身形态可以构成历史文化村镇空间形态的最主要特征，如拓扑式、向心、直线形态等；或能集中反映某一地区形态特色，如圆形、方形、聚合、发散等。此空间形态主要指特色街巷与整个历史文化村镇的形态关系。

中国自古在村落建造选址中就有仿生象形理论，如宏村具有独特造型的"牛型村落"——"山为牛头树为角，桥为四蹄屋为身"。广东塘尾村依自然山势缓坡而建，围前三口鱼塘一大二小，分别代表蟹壳与两只蟹钳，围面两口古井则代表两只蟹眼，仿生喻义一只巨蟹守护后面的村落和前面的千亩良田。浙江诸葛八卦村按照八卦阵布局，整个村镇就是一个巨大的活文物。

特色街巷是指维系这类村镇特有空间形态的街巷，它们来源于真实的历史，是传递村镇空间特色信息的重要来源，这些街巷一旦毁坏，村镇最明显的特征将不复存在。一些地方不注重保护历史遗存，而热衷于建造仿古街区，这是本末倒置的做法。

2）环境特色：对于具有独特的自然环境或地理位置，反映村镇独特的景观特征的街巷，应给予自然环境特征保护。此类型特色街巷主要包括两种：地理环境特色街巷及自然环境特色街巷。地理环境特色是指由地理位置引起的特色，如当地水路交通中心、重要的码头或丝绸之路上的古镇等。这些广场、码头、滨水地带因为地理位置而形成客流、货流、物流集散地，反映地理特征，从而成为村镇最有特色的区域。地理环境与国土规划、区域资源配置、结构与功能优化等因素有关，带有明显的地带性特点。

自然环境特色是指环绕在村镇街区周围的各种自然因素引起的特色。我国很多历史文化村镇都坐落在群山之中或被其环绕，依山就势的山水格局是这些村镇的特色。独特的自然环境造就独特的街巷风貌，同样也使这些街巷成为其村镇的特色所在，周庄水乡、延安窑洞都属于这类特色。失去自然特征，切断河流、开山、采石、开矿这些活动将会严重破坏自然景观、植被和地形地貌，造成特色消失。

环境特色的保护原则是保持原有自然状况。对于已经遭到破坏的情况，可以恢复的要给予复原，不可以恢复的要在保护规划中给予发展意向。因修路、开垦而造成的河流改道或断流，应尽量恢复原来的水土状况；像丝绸之路这种已不可恢复的因素，其特色街巷由于不再作为集散地，必然面临人员外迁、经济流失的现状，在保留历史地理特色的同时，要挖掘街巷新的特色，并对街巷规划新的发展模式。

3）功能特色：对于具有防御、防灾、祭祀等特殊功能，或街巷作为特色商业、手工业、文化教育等功能的载体，代表了历史文化村镇的性质特征，在历史文化村镇的发展中起到了突出作用的街巷，应给予功能特征保护。

此类型特色街巷包括：具有防御功能的街巷，如城墙、碉堡；具有防灾功能的街巷，如大坝、水库；具有祭祀功能的街巷，如祠堂、庙宇；具有商业功能的街巷，如手工业一条街、茶馆、会馆；具有公共集会的街巷，如广场、市场；具有交通功能的街巷，如码头、车站等。

分析街巷功能，是便于从保护规划分析街巷供给，确定街巷的特色功能。一方面，功能上的特殊性可以作为街巷的特色；另一方面，建立适应街区发展条件的功能体系，促进功能的可持续发展能力的形成，可以保护生态环境，促进良好居住环境的建设，结合发展趋势及各种功能自身的需求确定特色街巷的引导功能，从而为特色街巷的功能拓展确定依据。

4）建筑特色：对于本身具有高度识别性的建筑，历史建筑物、构筑物成片集中的街巷，应给予建筑特色保护。

此类型特色街巷包括：清代以前建造的街巷；集中反映某一地区特色和风情、民族特色传统建造技术的街巷；反映经典营造法式和精湛建造技艺的街巷；较完整地反映某一历史时期传统风貌的街巷；在中国革命历史中有重大影响的成片历史传统建筑群、纪念物、遗址等。

建筑特色街巷集中体现了历史文化村镇地域文化特色及悠久历史。对此类型街巷内历史建筑的保护主要在于外貌保护，不同于文物保护单位的保护。文物保护单位是要求其保护对象的外貌和内部都尽可能维持历史风貌。而建筑特色街巷的建筑外部尽可能维持历史原貌，内部则可根据建筑功能的需要进行适当的变动。

对于建筑特色街巷的保护，主要包括：建筑艺术特征、街区建造年代、地域建筑文化类型、建造工艺及建筑相关技术（如建筑高度、布局、形式、色彩、材料等）的保护。

5）文化特色：对于具有传统艺术特色，或在一定历史时期起到重大作用的街巷，具有全国或地区范围影响的街巷，应给予文化特色保护。

除了有形的历史遗产、文物古迹外，特色街巷还拥有丰富的传统文化内容，如民俗精华、名人轶事、历史事件等。文化特色是各种以非物质形式存在的与群众生活密切相关、世代相承的传统文化表现形式。

此类型特色街巷包括：具有传统艺术文化特色的街巷；在一定历史时期内对推动全国或某一地区的社会经济发展起过重要作用，具有全国或地区范围影响的街巷；在革命历史上发生过重大事件，或曾为革命政权机关驻地而闻名于世的街巷；历史上发生过抗击外来侵略或经历过改变战局的重大战役，以及曾为著名战役军事指挥机关驻地的街巷等。

（2）街巷空间形态保护

传统的街巷空间（包括巷道和水巷）是历史文化村镇的精华所在，也是历史文化风貌的重要组成部分。在街巷空间形态保护过程中，运用设计手法对街巷的空间结构、界面、节点及空间尺度等方面加以控制和设计，不仅可以实现对历史文化村镇肌理的延续，也可以对社会网络和生活网络的缝合起到积极的作用，达到保护村镇风貌的目的。

街巷空间形态应该保护的内容包括：地段和街道的格局和空间形式；建筑物和绿化、旷地的空间关系；历史性建筑的内外面貌，包括体量、形式、建筑风格、材料、建筑装饰等地段与周围环境的关系，包括与自然和人工环境的关系等。

1）整体保护街道格局，不允许进行拓宽建设。确保此范围以内的建筑物、构筑物、环境要素不受破坏，如需改动，必须严格按照保护规划执行，并经过上级城市规划主管部门审定批准。

2）保护范围内的建筑物、构筑物，应当根据建筑的保护级别采取相应措施，实行分类保护。各级文物保护单位和历史建筑进行修缮或维修，修缮活动不得改变其原有的高度、体量、外观及色彩等。

7.4 非物质文化遗产保护

2003年10月通过的《保护非物质文化遗产国际公约》指出，非物质文化遗产应涵盖五个方面的项目：①口头传说和表述，包括作为非物质文化遗产媒介的语言；②表演艺术；③社会风俗、礼仪、节庆；④有关自然界和宇宙的知识和实践；⑤传统的手工艺技能。《公约》指出，非物质文化遗产概念中的非物质性含义，是与满足人们物质生活基本需求的物质生产相对而言的，是指以满足人们的精神生活需求为目的的精神生产这层含义上的非物质性。所谓非物质性，并不是与物质绝缘，而是指其偏重于以非物质形态存在的精神领域的创造活动及其结晶。

历史文化村镇作为传统文化的重要载体，既负载着丰厚的物质文化遗产，又负载着丰厚的非物质文化遗产，这两种形态的传统文化遗产构成了历史文化村镇独特的历史文化价值。优秀的非物质文化遗产同样是现代社会、现代村镇景观的积极因素和极其重要的组成部分。在经济发展对传统文化已经造成巨大影响的今天，应该确立起对优秀历史文化保护比当代经济建设和城市建设优先的保护观和发展观。

非物质文化遗产的保护面临着两个重要的观念问题，一是如何看待传统文化与现代文明之间的关系，即保护与发展的关系；二是如何看待保护与利用的关系。非物质文化遗产的保护需要建立在两个观念之上：一方面，绝对不能将传统的非物质文化看成现代都市文明的装饰品、展品或者奢侈品，更不能看作是现代文明可有可无的附庸甚至绊脚石；另一方面，对传统文化的保护不能当成拒绝现代文化发展的理由，传统文化应该积极寻求对现代社会的意义。

传统文化与现代社会既有相互排斥之处，更有相互契合的特性。对于历史文化村镇而言，应当在批判继承传统文化的基础上，把优秀传统文化与现代社会结合起来，并赋予新的时代精神，立足现代文化促成传统文化的创新和转换，发展新的都市文明，提高市民文化素质，增强自信心和文化凝聚力。

针对历史文化村镇自身的特色，提出以文博为龙头，以开发利用历史文化资源为主要项目，把文化产业的发展有机融入村镇经济发展规划，形成新的经济增长点。但是应注意到，保护非物质文化遗产不仅仅是为了更好地发展经济，不仅仅是用于相应的"旅游展示"，而更需要使其深入地融入本地人的日常生活当中，让非物质文化遗产继续保持其强大的生命力，为我们的子孙后代所传承、发扬，让更多的人感受优秀传统文化。

对历史文化村镇非物质文化遗产进行保护规划的措施有：

（1）建立非物质文化遗产档案和资料库

运用多种方式对各类非物质文化遗产进行真实、系统、全面的记录，建立档案和资料库。

（2）对非物质文化遗产进行重点保护

对非物质文化遗产应进行优先重点保护，其中处于濒危状态的非物质文化遗产应采取适当措施予以抢救性保护。

（3）建立健全历史文化村镇非物质文化遗产代表作名录体系

参照《国家级非物质文化遗产代表作申报评定暂行办法》，结合历史文化村镇具体情况，建立健全非物质文化遗产代表作名录体系。

（4）建立切实可行的非物质文化遗产传承机制，积极扶持与培养传承人

应建立非物质文化遗产的代表性传承人名录登记机制，鼓励和扶持传承人非物质文化遗产制作或表演及授艺等传承活动。

对历史文化村镇非物质文化遗产文化空间进行保护规划的措施有：

（1）做好文化空间的建档和挂牌工作

对村内各类文化空间进行真实、系统、全面的记录，建立文化空间档案和资料库。同

时，完善文化空间标识系统，做好文化空间的挂牌工作。

（2）保护现存较完好的文化空间本体

大部分保存较好的文化空间已被列为文物保护单位，应按照相应的物质文化遗产保护要求对文化空间本体进行保护、整治。

（3）恢复部分已消失的文化空间

采用多种方式恢复部分已消失的文化空间，如设立展示牌、复建部分手工作坊、改造现状部分地块为文化展示馆等。

（4）还原文化空间的文化功能属性

加强文化空间的物质属性与非物质属性的有机结合，以文化空间为载体，还原其承载的非物质文化遗产，突出文化空间的文化功能属性。

（5）通过多种手段加强对文化空间自身及其承载的非物质文化遗产的展示和宣传，扩大文化遗产的影响力。

08

历史文化村镇风貌导控

- 历史风貌整治内容
- 风貌导控要素界定
- 风貌导控体系构建
- 风貌导控表述方法
- 风貌导控体系特点

让历史文化村镇继续成为适宜人居住的、有活力的地区是其保护的重要目标。在这个过程中，不能绝对阻止新要素的介入，而是要使新要素的介入有序进行。为达到这一目标，首先必须在规划的层面界定被保护和被改造的对象，以明确能够被新的要素代替的对象以及可被代替的程度。这些对象不仅是建筑，还包括街道空间、绿化、道路。同时，对必须改造的对象界定能被改造的程度。

整治是以保护与复原历史风貌为目的，对构成历史文化村镇的建筑、环境及一切相关因素进行整理、修缮与调整，使得历史文化村镇的历史环境保存与现代居住生活的调适达到最佳状态的综合行为与过程。历史风貌的整治是一个不断充实、不断完善、不断深入的长期持续的过程，也是一种小范围、小规模、小尺度、低干预的，以逐步恢复历史传统风貌为目的的渐进式"修旧如旧"。

8.1 历史风貌整治内容

8.1.1 景观环境整治

1．绿地系统规划

保留现有耕地、山林地和鱼塘水体。

按照人均不低于1.5m²的用地标准规划布置中心绿地及公共活动的绿化场地。绿地植物应以乡土品种为主，乔、灌、花、草相互搭配。充分利用路旁、宅院及宅间空地，种植经济作物等绿色植物，利用村落空地设置公共绿地，提升绿地率。

公用水塘定期维护，及时清淤，保持水面洁净，改善堤岸亲水环境，充分保留利用和改造原有的坑（水）塘。疏浚内河涌水道，控制建筑退让河涌距离应视具体情况分门别类，做好河涌两岸绿化设施。

2．景观系统

山体和农田成为大尺度的景观背景，与村镇内重要的传统建筑和历史街巷形成点、线、面结合的景观结构。

3．环境保护与整治

重点包括开挖山体整治、节点空间整治和传统建筑综合整治。建议通过专项治理工程实施。加强对山体生态林地的保护，禁止挖山采石，已开挖山体做好复绿；禁止任何单位和个人占用山地进行建设；在山地的少量建设活动（道路和建筑小品、文化游览设施）必须严格按照规划的控制要求，并且作为公共设施开放使用。

4．增加公共开放空间

鉴于历史文化村镇建筑密集，绿地和开放空间较少，对旧村住宅用地中现有较为集中的空置地，应予以充分利用，以增加村镇内部的开放空间。对于各处开放空间，规划应通过地块控制图则的方式予以强制性保留。通过硬质铺地和绿化配置，改善村镇内部的公共活动气氛，适应发展历史文化遗产的展示利用功能。应进一步完善历史文化村镇绿化系统，加强公共绿地、沿街绿化带、街坊绿地、庭院绿地等多层次绿化建设和管理，做到点、线、面结合，使绿化系统层次丰富多变。

5．建设小型街坊绿地

在历史文化村镇保护范围内，以历史风貌和空间尺度为原则，提高现有沿街绿地的环境品质，利用现有空地、公共开放空间或拆除的建筑空地形成小型街坊绿地。提高居民的生态意识，整治庭院空间的环境，提倡对各家庭院进行绿化布置，提高庭院绿化率。传统庭院绿化和园林具有较高艺术价值，宜按历史原貌予以恢复。历史文化村镇更新区域内的居住用地绿化率不低于20%，公共设施绿化率不低于25%。注重历史文化村镇树种和其他植物的搭配，多种植传统树种和增加乡土观赏树木，营造历史风貌相宜的绿化环境氛围。严格保护历史文化村镇内各类古树名木。

8.1.2 开放空间整治

1．街巷空间保护

（1）传统街巷

对历史文化村镇内至今保存着较完整的历史风貌和空间格局的传统街巷，需严格控制，予以保护。对传统街巷的街景具体整治方案均必须做个案专题研究。

禁止在这类街巷中进行任何破坏街巷空间连续性、改变街巷空间尺度的建设活动。禁止在其中建设大体量建筑或采用不协调的建筑形式。保持街巷静谧的环境氛围。沿街开设商业服务设施应严格遵从用地规划的要求，对商业建筑店招、门窗、雨棚及地面管线均应做出统一规定，鼓励特色经营。新建房屋必须符合高度控制要求。鼓励采用传统的材料和形式铺砌路面。鼓励绿化种植与环境整治。

（2）其他街巷

历史文化村镇内除上述严格控制的传统街巷外，其余街巷的建设活动应以交通便利为主，保持现状空间尺度关系，并服从整体风貌保护的规定。

（3）街道开放空间

指由街道某些部分界面的后退、布局变化而形成的空间。此类空间是通道走廊中重要的节点，在丰富空间层次上有重要作用。这些开放空间应予以严格控制，保持原有功能、形式、周边界面的景观特性，不应随意改变原有的环境风貌。

2．建筑高度和景观视廊

（1）高度控制原则

1）从实际出发，紧密结合现状，使规划具有可行性。

2）正确处理整体与局部的关系，以保护为前提，协调统一全群落的景观环境。

3）充分协调经济、社会和环境效益，实现保护、利用和开发的有效统一。

4）主次结合，近远结合，一次规划，分期实施。

5）接近山脊部分的整治和更新建筑的建筑高度控制应有助于形成与山体走势相呼应的天际线。

（2）高度控制规划

高度控制规划是在充分研究和分析历史文化村镇特色和现状的基础上，考虑保护、利用和开发的综合要求，以及各类功能区既有高度的不同，结合视线走廊的分析，最终确定各个地块的建筑限高。

1）文物保护单位、优秀近现代建筑和历史建筑的高度严格控制为原有高度。文物保护单位和优秀近现代建筑保护范围内的新建或改建建筑不应超过该高度。

2）核心保护范围内的新建或改建建筑不宜超过6m。

3）建设控制地带的公共建筑不宜超过15m，住宅不宜超过12m。商业建筑宜低于12m，允许局部超高，超高建筑不得超过15m。

4）第2、3点范围与第1点交叉的，执行第1点的规定。

（3）视线控制

1）在历史文化村镇的制高点设置驻点空间，保障景观环境与文物及历史建筑视线通廊的顺畅，在可见范围内不得出现有碍观瞻的建筑物和构筑物。

2）根据景观规划理论，在规划范围内欣赏到主体的最初位置要小于18°视角，欣赏主体的最佳视点安排在18°～27°。在视线通廊所及范围内的建筑高度和风貌应进行视线分析，有碍视廊景观的建筑物应予以拆除，景观不良的建筑物应予以整治。视线通廊范围内的界面及开放空间应按其空间及界面的控制要求进行控制。

8.1.3 传统建（构）筑物整治

1．风貌协调建筑

根据对历史文化村镇内部建筑保存状况的评价分析，建筑保存状况可分成四个等级进行综合评价，并建立相应的保护与整治原则。

（1）完全保存的：指建筑传统风貌及建筑质量都完好的建筑。

（2）需做细部修缮的：指建筑传统风貌完整但建筑局部有破损、残缺的，在维持原有建筑形式的基础上做补缺和修缮。

（3）需做局部改造的：指建筑的局部如窗、门等因破损严重，或不符合风貌特征的，或因功能调整的需要等原因要做重新设计和改造。

（4）拆除重建的：指建筑形式在整体上破坏古街风貌，需拆除并根据功能要求重新设计建造与古街协调的新建筑。

根据现状，建筑立面的整治以上述（2）、（3）两种情况居多，整治过程要求尊重历史，不仅要传承传统建筑的形式，还要传承传统的建造材料和建造工艺，做到整旧如故，既改善现状，又保持历史文化古村落的历史沧桑感。

2. 风貌不协调建筑整治

为了使保护规划的实施投资少、见效快，减少不必要的拆迁费用，保护规划中应针对一些与历史文化村镇传统风貌不协调的建筑进行整治与改造。大致措施分为降二层为一层、平顶改坡顶、外墙立面、院落整治四个重要途径。对于体量过大的风貌不协调建筑，符合拆除条件的，应予以拆除；无法拆除的，可先控制将其留待条件成熟时拆除，或自然消亡。

如江山市清漾村的保护规划，对于一期实施的项目地块中，保留着大量的现状新建的村民住宅，这些建筑的沿街、高度超过2层、红砖外墙等因素都大大影响了村落传统风貌信息的传达。对非历史建筑的整治与改造主要分为两种类型，一为地块内部的非历史建筑的改造整治，一为沿街非历史建筑的整治与改造。具体改造过程分为降层（一期实施中对地块内部的非历史建筑保持2层的高度；沿街非历史建筑沿街部分改为1层的高度）、平屋顶改成坡屋顶、山墙增加传统建筑细部、门窗增加传统特色细部，另外对沿街非历史建筑的院落进行封闭整合，以保证沿街建筑界面的连续性和村落尺度。

8.1.4 新建建筑的风貌特色控制

为了保持历史文化村镇历史风貌的和谐统一，应对历史文化村镇中新建建筑的风貌进行控制。对于历史文化保护区范围内的新建建筑，保护规划要求根据当地传统的建造方式，建设具有地方特色的传统民居建筑；对于社会主义新农村建设部分的新建建筑，保护规划为新区部分建设提供了3种以上与传统民居风貌协调的房型和建造方式，为村民建设新居时选取。

8.2 风貌导控要素界定

8.2.1 历史文化村镇风貌问题

1. 外围环境屡受侵蚀

由于经济增长迅速、城市蔓延加剧、监管控制不力等原因，历史文化村镇的外围风貌正遭受着日益严重的破坏，具体表现在以下几个方面。

（1）城市建设用地的侵蚀：由于城市化的不断加速，城市用地的急剧扩张，对村镇用地造成了极大地侵占。加之经济增长速度过快，导致历史文化村镇周边形成了严重影响村镇风貌的无控制区域，几乎无风貌协调区作为缓冲。更有甚者，村镇已经被周边建筑团团包围，如佛山市碧江村和东莞市南社村（图8-1）。

（2）山体、河流等景观背景被破坏：在调研过程中发现，许多村镇存在与之相协调的自然山水背景被严重破坏的现象，如广州市番禺区大岭村的背景山体存在较严重的植被破坏现象（图8-2）。

（3）安置区缺少合理规划：部分村镇因条件限制无法满足现代生活需要，或因人口增多而原村落无法满足人口容量等原因，大部分居民采取了在保护区外围择址重建的措施，但由于缺乏合理的规划，出现了种种破坏历史文化村镇传统风貌和景观特色的现象，如深圳市大鹏镇鹏城村（图8-3）。

外围风貌环境是历史文化村镇的背景景观，保护控制中应当从风貌协调和延续的角度对此类要素进行控制。注重外围自然地理环境的保护，包括地形、地貌、植被、河流等要素，达到延续村镇与自然环境融合共生的风貌关系。

图8-1
南社"高质量城中村"

图8-2
大岭村山体遭破坏

图8-3
大鹏村外围安置区

2. 功能布局趋于无序

历史文化村镇虽然由于地域的差异而有所不同，但大都是从传统的农耕文化发展而来的聚落，都有着强烈的家族式的聚居特点。社会结构的单一性也在一定程度上决定了村落功能的相对纯粹。由于时代的发展和生活方式的改变，村镇的功能也产生了相应的变化，主要体现在以下几个方面。

（1）正是由于历史文化村镇独特的魅力和其内在的经济效益，很多村镇都展开了一定规模的旅游开发。众所周知，旅游开发是把双刃剑，既能给村镇带来经济的发展，又能给其带来功能上的变迁和重构，以及风貌上的破坏。在调研中发现，由于旅游功能的导入而产生的破坏不在少数。如深圳市鹏城村中的主街，由于旅游的发展，沿街开设了许多商铺。但以上功能都没有进行有效的规划引导，从而造成了一定破坏性。大多数村镇对于旅游的利用和思考不够，导致缺乏相应旅游配套服务设施和场地的功能性破坏与缺失，饮食和住宿设施的数量和质量都需要大量增加和提高，出售工艺品、旅游纪念品的商店随处可见，店面规模也随意扩大。

（2）在巨大的商业利益激发下，人们对保护工作越来越漠视，疯狂地追求眼前利益，出现了乱拆、乱改、乱建等现象，甚至粗暴地破坏了保护建筑原有的结构，建筑周边的空间环境也失去了原有的宜人氛围，与原有的功能南辕北辙。还有对于日益增长的建设量和居住人口，也缺乏相应的布局引导，增长的功能性选址问题十分重要。面对村镇功能上的丰富与转变，一方面要防止村镇功能性衰退和老化现象，应适当调整用地弹性和兼容性；另一方面，要对新增功能，如旅游餐饮功能等进行有效引导布置、统筹安排，在有限条件下做到方便使用且不破坏村镇整体景观风貌。

3. 空间场地普遍缺失

历史文化村镇的空间组合形式是不可多得的景观资源，但是其面临的破坏问题也是不容忽视的，具体表现在以下几个方面。

（1）活动空间设置简陋、布置不当：多数村镇内设有居民活动空间，但许多活动空间缺乏有效的设计引导，设施比较简陋，形成了比较杂乱的状态，在一定程度上影响了村落的景观。如广州市番禺区大岭村、佛山市大旗头村村口的村民聚集空间，活动场地缺乏有效规划，存在破坏景观环境的问题（图8-4）。

（2）水体及绿化空间缺少保护：在河网密布地区，水系发达，水形成了历史村镇里独具特色的景观元素。如今，哺育整个村镇的河流和水塘，都遭受到了不同程度的破坏，有些则是因为河岸的硬化而失去了自然风貌。如大岭村的水塘硬质驳岸太过明显生硬；东莞市塘尾村内缺少足够的绿化空间，显得整个村落冷清而缺乏生机（图8-5）。

（3）居民盲目自建，缺乏引导：还有些情况是居民有意识去建设一些活动空间和纪念空间，并且这些空间本身具有较好的发展价值和基础，但也是因为缺少足够的专业知识反

图8-4
舞台空间破旧

图8-5
水面空间受破坏

图8-6
村民活动空间简陋

而破坏了原有风貌。如深圳市鹏城村为表演而搭设的比武台就缺乏有效控制（图8-6）。

在保护控制中，应当考虑出活动空间外的滨水空间和绿地景观，不但要方便居民使用，还要注意恢复其历史风貌，避免与城市中的景观特色相混淆。

4．街巷网络逐渐弱化

街巷不但起到了连接和交通的作用，并且成了村镇空间布局的骨架。村镇的格局，在一定程度上也是对交通状况的反映。

（1）对传统街巷保护不够、利用不足：主要存在的问题是由于对街巷保护的控制力度不够，出现街巷界面不连续、街巷两边建筑不协调、建筑高度杂乱而影响街巷原有高宽比例的现象。如深圳市鹏城村的主街原本应有很好的街巷空间特色，但是由于两侧建筑风貌不协调而破坏了街巷景观；中山市翠亨村和广州市番禺区大岭村等，都存在不同程度的因建筑高度和建筑出挑没有得到有效控制而出现的影响街巷原有空间感受的现象。有些街巷由于利用率不高而废弃，有些则因为杂物等的堆放而影响了通行能力，使得街巷原有的骨架功能和联系功能受到影响。街巷空间的破坏也在一定程度上影响了景观视线的联系性，

图8-7
街巷界面、空间尺度受到破坏

很多传统街巷的轴线景观都已不再，使得村落的整体魅力大减（图8-7）。

（2）交通承载力不足、设施缺乏：由于居民对生产和生活等的需求，村镇对旅游开发的引入使得原有的交通系统受到了一定的冲击，出现了承载力不足的现象。传统的交通结构和街巷断面需要做出适当的调整，同时，停车设施的布置也需要考虑，如佛山市大旗头村缺少必要的停车设施。因此，如何既能满足发展的需求，又不破坏原有的村落格局和街巷风貌是问题的关键。

（3）节点空间及细节处理欠缺：传统街巷除了起着连接功能外，还是人们生活和交流的重要场所，尤其是在街巷相交的节点空间极具景观价值，这一方面往往被人们忽视。多数村镇对街巷的保护不力，铺设材质受到不同程度的破坏，如果注意对材质等细节的处理，也时常会达到意想不到的效果。例如中山市翠亨村内好多传统街巷的节点空间没有得到较好的处理。

对于传统街巷及其空间要进行妥善的修复处理，并最大限度地实现连通性，串联各个景观节点。应对街巷空间尺度、街巷立面和街巷铺地材质等做出相应的控制规定和整修措施。

5. 建筑风貌破旧混杂

历史文化村镇的建筑风貌，是村落保护的重点内容，是村镇风貌特征的重要物质载体，在现状建筑保护中主要存在以下问题。

（1）年久失修、保护修缮不够：虽然近年来逐渐重视了对文化遗产的保护，国家也在这个区域内颁布了多个历史文化名镇名村，但是不管是什么级别的历史文化村镇，都存在建筑缺乏维修的状况。古建筑随着年代的推移，出现了不同程度的老化破损现象，如果再无人问津，将出现自生自灭的状况。如东莞市南社村和中山市翠亨村，部分地区建筑破旧现象严重，甚至许多建筑群处于废弃状态，极大地影响了村落的环境风貌，十分可惜（图8-8～图8-10）。

图8-8
南社村破败的建筑

图8-9
翠亨村破败的建筑

图8-10
新旧建筑不协调

图8-11
新旧建筑不协调

图8-12
建设性破坏

图8-13
新建筑形式不当

（2）新旧不协调、缺少合理布置：由于政策限制，村民经常拆旧建新，导致村镇中许多古建筑被毁。但是新建筑又缺少合理的规划设计，使得新旧建筑混杂在一起，风格又不能统一，和老建筑极不协调。建筑质量参差不齐，原有的村镇格局和风貌等被破坏殆尽。如广州市番禺区大岭村内祠堂与边上的新建筑极不协调，东莞市塘尾村水塘正面风格极不相称的活动中心（图8-11）。

（3）建设性破坏、自建改建现象严重：其实大部分村镇的居民都有较高的保护意识，并且有着继承祖业的优良传统，但是由于居民自身专业知识有限，又缺少相关的指导，处于自发的修缮状态，反而成了对历史建筑间接的破坏行为。如深圳市鹏城村内有一处寺庙，其所用材料和修缮手法都与历史建筑风格差距较大（图8-12）。

（4）新建建筑形制选择不恰当：对于村镇中因为各种原因而新建的建筑，如村委会、活动中心、旅游接待中心、商业设施等，也经常出现建筑空间组合形式没有延续村镇传统特点、建筑材料和色彩等与古建筑有冲突的问题。如佛山市碧江村商业建筑略显简陋，并且与村落风貌极不协调（图8-13）。

对建筑的规划控制应集中在色彩、形制、材料及高度等方面，在最大程度上使得新旧建筑相互协调。根据保护与政治模式进行分类，如保存、修复、更改、更新和再生等类型，对旧建筑的改造利用也应有相应的规划指导。

6. 基础设施杂乱落后

对于历史文化村镇的基础设施，部分村落村镇有着很好的示范作用，如佛山市大旗头村在建村的时候就用高标准建设，拥有一套科学美观的排水系统。屋檐雨水落在天井小巷，自渗井由高向低自"金钱眼"泄入暗渠，再由暗渠排到天井小巷，最后排进村前池塘。正因为如此，大旗头村修建百余年来，即便在暴雨时节，也从未发生过积水浸村事件。还比如部分历史文化名村的排水管造型精致，成为建筑装饰的一部分（图8-14）。

但是对于基础设施而言，新增要素的问题往往比历史遗存更难以处理。并且在调研过程中发现，因为基础设施杂乱落后而影响村镇景观的现象屡见不鲜。

（1）设施落后且不满足需要：在众多历史文化村镇中，普遍存在基础设施落后、卫生条件差等问题，公共厕所、垃圾收集等设施严重不足。另外，好多村镇的基础设施因年久失修，基本处于废弃状态，存在着一定的安全隐患。

（2）破坏景观风貌：有些村镇的基础设施由于没有合理设计和规划，多数为临时设置，对景观产生了极大的影响。密如蛛网的电线和天线，以及杂乱无章的给水排水管，是破坏村镇景观最为严重的现象。如深圳市鹏城村内给水设施和供电电线严重破坏了村镇的形象（图8-15～图8-17）。

对于村镇的基础设施问题，不但要保护具有保护和研究价值的遗存设施，还要有效引导新增设施。其实，对于基础设施要素的控制，是最简单也是最容易呈现效果的，并且这些要素也是和居民生活息息相关的内容。

图8-14
传统设施装饰形式

图8-15
给水设施破坏现象严重

图8-16
乱设接收天线

图8-17
供电线路纵横

图8-18
牌坊、神龛样式不协调

图8-19
古井、古桥存在破坏

图8-20
指示牌、招牌等存在风貌不协调

7. 其他破坏现象

另外还有其他有可能对村镇景观细部产生影响的因素，其中一部分是村镇原有的历史景观要素，如古井、古桥等景观点；一部分是因村民生活需要而设立的，如室外空调机、太阳能热水器等；还有一部分是因旅游发展而设立的，如售票点、旅游指示标牌、街道家具等。如不注重控制其形制、位置等特点，会对村镇景观造成极大的破坏。这些现象在调研的村镇中屡见不鲜。如东莞市南社村内的旅游设施缺乏风格引导（图8-18～图8-20）。多数村镇都存在新增生活要素破坏村镇景观和街道家具缺乏的现象。部分村镇都有这方面的意识，但是由于缺少管理依据和专业指导，控制情况都不尽人意。此类景观要素包括历史性要素、生活性要素和旅游性要素三类。多数为新增要素，对这些要素的控制要合理规定其设置原则和要求，妥善选择其风格样式。在细节处体现保护控制历史文化村镇景观、延续村镇风貌的处理方法。

8.2.2 保护控制要素内容提取

前文对历史文化村镇的物质空间构成要素，从外围环境、功能布局、空间场地、街巷网络、建筑风貌、基础设施和其他景观七个方面进行了具体分析，对各要素中普遍存在的问题一一进行了阐述。通过前面描述性的分析过程，对控制要素有了初步的认识。为了解决现存问题，使得后面的控制及引导策略更有针对性，将保护控制要素的具体内容分为景观格局要素、历史街巷要素、传统建筑要素和环境设施要素四类。对这四类的具体内容解释如下（图8-21）：

（1）景观格局要素：主要是指村镇外围的风貌和本身的空间形态要素。涉及村镇山水植被、景观背景等，还包括村镇原有的格局特色、功能布局和各种景观空间等。景观格局的导控能保护村镇历史风貌外延区的景观特色，对历史文化名村的整体风貌产生有利的影响，对村落原有空间形态、风水格局、特色空间都能进行良好的保护，是村落整体印象中不可缺少的导控内容。

（2）历史街巷要素：是指对历史文化村镇建成区内各街巷界面、尺度和节点的控制。不但对历史街巷的特点进行针对性的保护，而且注重街巷围合的街坊内的密度和空间效果，是村镇风貌和特色延续的重点控制内容。

（3）传统建筑要素：是对历史文化村镇中建筑的保护，包括对建筑物的修缮和整治工作。通过对建筑的院落空间组合、建筑高度、建筑材料、建筑色彩和建筑装饰的控制，能达到村镇风貌延续的效果。

（4）环境设施要素：此类要素主要着眼于对历史文化村镇内微观要素的控制，包括设施要素和环境景观要素两个类型。涉及传统构筑物、新增基础设施、信息指示、店面招牌和街道家具等内容。主要控制此类要素与村镇环境景观的协调，其控制的好坏，直接从设施上体现了村镇的保护优劣，从细节上决定了村镇的历史景观延续。

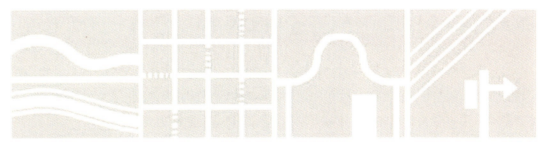

景观格局要素　　历史街巷要素　　传统建筑要素　　环境设施要素

图8-21
界定要素中的四大类

8.2.3 保护控制要素内容汇总

根据上面界定出的四类控制及引导要素，对其每一项分别进行细化，构成了共二十四项控制及引导要素（表8-1）。

控制及引导要素内容汇总表　　　　　　　　　表8-1

分类	景观格局	历史街巷	传统建筑	环境设施
要素内容	生态景观 地形地貌 村落格局 功能布局 功能更新 游客容量 水体空间 绿化空间	街巷界面 街巷尺度 街坊密度 街巷铺装 街巷节点	建筑分类 院落组合 建筑高度 建筑材料 建筑色彩 建筑装饰	构筑物 市政设施 店面招牌 信息指示 街道家具

8.3 风貌导控体系构建

8.3.1 体系建构原则及目标

保护控制体系的构建是本章的核心价值体现，能否构建一个合理有效的控制与引导体系，是本章的重点。在遵循一些共性的规划控制原则，如可持续发展、生态优先、以人为本的基础上，根据历史文化名村的特点与保护控制方法，在体系构建过程当中还应当形成以下原则。

1. 构建原则

（1）整体协调性原则：整体协调性原则是历史文化村镇保护控制体系的基本原则，确定了保护控制体系要注重村落整体风貌景观的保护和延续的特点。历史文化村镇是由各要素组成的有机体，必须要保护其所有的自然要素，包括空间格局及其周边的环境与山林、水体和绿化等；还要包括村镇的人工要素，包括街巷空间、历史建筑等。作为控制的工具，保护控制体系的制定也必须考虑村镇的整体保护，体现整体性原则。这一原则不但能避免保护当中过分注重局部而破坏了整体效果的问题，也为日后的村落建设和保护管理提供了方便。

（2）灵活分级性原则：结合控制要素的自身特点，采取分级别控制的原则和方法。对不同级别的要素采取相应的控制要求和强度，尽量做到合理有效的灵活控制和弹性控制要求。这样不但可以突出重点，在有限的资金和资源基础上做好历史文化村镇的保护工作，同时还可有效避免"一刀切"的控制方法的出现，对村镇的保护和发展产生积极意义。对于历史文化村镇的相同要素，结合保护规划中所划定的核心保护范围、建设控制区、环境协调区三个保护范围，应考虑进行横向分级控制。

（3）动态延续性原则：历史文化村镇的形成本来就有强烈的自组织特点，优秀的保护规划并不是终极蓝图式的规划，而是要延续村镇这一基本特点，采取积极的、可持续的保护方法。强调动态的、非终结性的保护控制方法，运用分期形成多阶段的动态决策过程。保护控制体系的构建就是要在保护管理和发展思路上，保证保护方法的长期性和有效性，使得保护过程成为长期持久的细致过程，形成历史文化村镇自我延续的良性保护状态。

2. 构建目标

（1）便于操作：保护控制体系的构建不是最终目的，而是实现最终目的的方法与手段。本章立足于构建一个系统构架清晰、合理完善的保护控制体系。采用图文并茂的阐述方法，去绘制一个简便易行的保护导控手册。

（2）强效管理：面对村镇复杂的保护要素，传统的保护范围划定比较笼统，无法有效控制其他要素。保护控制体系力图寻求一个内容丰富、控制翔实的多元化方法，并对控制要素进行图示化的表述，为以后的管理工作提供切实依据。

（3）有效引导：为了延续历史文化村镇的传统风貌，对于建筑修复和环境整治行为，以及一些新增要素的控制，应采用设计导则的方法，对居民自建和改造行为进行有针对性的指导和建议。

3. 构建方法

借鉴相关理论经验，结合历史文化村镇的特点，将通过五种导控方法和四种表述方法进行保护控制体系的构建，方法框架如图8-22所示。

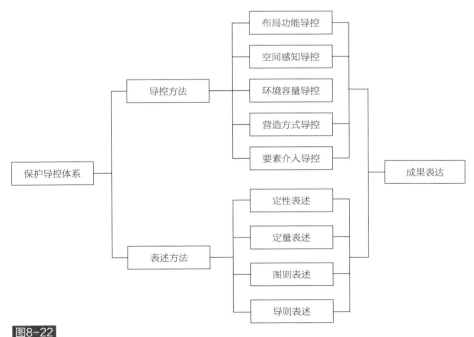

图8-22
导控方法构建体系

8.3.2 导控方法构建

对于历史文化村镇保护工作，形成一套保护导控体系对于保护的进程和实效性都有着至关重要的作用。针对上一节界定的具体保护要素内容，总结出适合历史文化村镇保护的五种导控方法，分别是布局功能导控、空间感知导控、环境容量导控、营造方式导控和要素介入导控，从不同角度对各个控制要素进行相应的控制与引导，现将各种方法的特点和具体内容阐述如下。

1. 布局功能导控

由于村镇的发展和建设性的破坏，历史文化村镇的风貌受到了很大的影响。现代道路、广场等功能的加入破坏了村镇的整体布局。居民们也为了追求现代化的生活，采取了盲目无序的拆建行为，并缺少有效的规划布局，这些现象应该引起高度关注。布局功能导控采用影响功能导入和有效吸纳新增功能的控制与引导方法，利用对功能布局、用地布局的规划控制和对历史文化村镇的传统形态进行保护的控制方法。该方法有别于传统的城市层面的布局控制，并不强调对用地指标和性质等方面的控制，而是结合村镇自身的特点，强调兼容性和混合性，并提出相应的导控原则。

1）新增功能应注意与原村镇的格局融合，与有破坏性的功能应保持一定缓冲距离。
2）商业功能尽量融合到原有功能体系中，体现兼容性和适应性的原则。
3）大型旅游接待设施应布置在传统村镇之外，防止对历史环境产生破坏。
4）严禁空间恶性膨胀，对新增用地进行有效控制。
5）严格控制交通性道路的走向，禁止穿行于核心保护范围。
6）对于功能置换和业态更新要严格控制具体数量。

布局功能控制适用于控制的内容是村镇格局、功能布局和功能更新的内容。布局功能是规划设计的问题，对其进行控制，有一定的复杂性，除了以上原则之外，根据历史文化村镇的特点，如较多的功能更新现象，提出了更新度控制方法，并对地块划分方法提出了相应建议。

（1）功能更新度控制

布局功能导控也涉及两方面，一是对新增功能的控制，二是对原有形态的保护。对于新增功能的控制，采用功能更新度的量化指标进行控制（表8-2）。功能更新度有两个核定指标，分别是新增功能用地比和置换功能建筑面积比（图8-23）。

新增功能更新度=新增功能用地面积/（新增用地面积+原建设面积）×100%

置换功能更新度=置换功能建筑面积/（原有建筑面积−置换建筑面积）×100%

新增功能更新度着眼于整个村镇，而置换功能更新度则可以对具体地块进行有效控制。功能更新度只设置上限，一方面能有效吸纳村镇新增功能，弹性灵活地进行控制工作；另一方面，也能防止村镇过度更新产生破坏。

功能更新导控表　　　　　　　　　　　　　表8-2

新增功能	原有建筑功能			
	特殊文保	祠堂	一般民居	阁、舫等
零售商业	△	△	○	○
娱乐	△	△	○	○
办公	△	◇	◇	△
农家乐	△	△	○	△
餐饮	△	△	○	△
展览	○	○	○	○
社区活动	◇	○	○	◇
社区服务	◇	○	◇	○

注：△禁止，◇有条件允许，○允许。

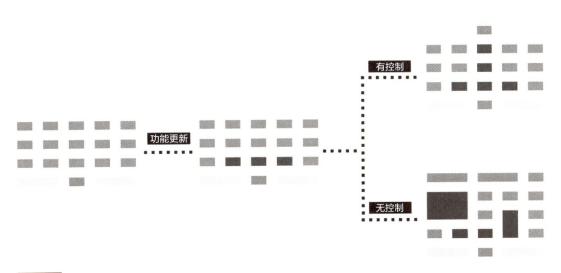

图8-23
功能更新与控制关系模式图

（2）边界划分

对于边界的划分，分为两个方面。一方面是对于传统保护区的划分，即核心保护范围、建设控制区和环境协调区，三个保护区的划分是历史文化村镇保护工作开展的重要内容；另一方面是街坊边界和其他控制线的划分。

首先，街坊划分应与用地现状条件相结合，兼顾土地性质、使用权、产权边界和建筑质量等内容。其次，街坊大小要与历史文化村镇的肌理和尺度相协调，文保单位和院落、历史建筑等要单独进行划分。最后，应兼顾未来发展，根据小规模改造、有机更新的保护发展原则，街坊划分应以小规模为主。街坊地块是实施保护控制的基本单元，合理划分街坊的大小有利于确定其内的保护、控制与开发的条件，街坊边界的划分考虑到控制管理的

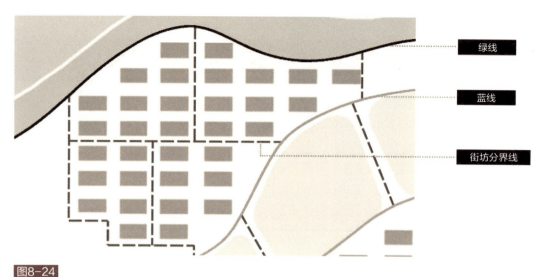

图8-24
边界线划分示意

便利性,一般控制在0.1~0.5hm^2,应以院落为单位,并结合考虑街坊内的建筑性质、类别和质量(图8-24)。

2. 空间感知导控

历史文化村镇具有独特的空间构成和宜人的尺度感受。但是,面对历史文化村镇中的建筑和街巷等直接影响人们视觉感知的要素控制与引导却比较薄弱,在调研中发现,由于控制保护不力,很多历史文化村镇对建筑高度和街巷尺度的控制缺失,这种空间尺度的魅力逐渐被削弱。空间感知导控是通过景观视线和空间感受两种方法,对建筑高度、院落组合形式和街巷尺度进行控制。该方法注重人们置身村镇中的空间感知,以此为主要依据,而对由于经济和环境承载力对其造成的影响则作为辅助考虑。空间感知控制应遵循以下主要原则:

(1)考虑视线范围,保证有效历史景观最大化。
(2)保证标志性历史景观之间视线通廊的贯穿,保证街巷景观贯通性。
(3)严禁破坏景观视线的建筑物出现,严格控制建筑高度。
(4)强调动态的空间环境感受,注重人的感官体验。
(5)街巷空间和场地空间自身及其周边应着重考虑。

对历史文化村镇的建筑和街巷进行控制,适用于街巷界面的形式、街巷高宽比、街巷节点和建筑高度等内容。具体内容阐述如下:

(1)空间感受与限高

历史文化村镇建筑高度控制的考虑因素与城市中的建筑高度控制因素有所不同。在城市中,建筑高度的限制主要取决于经济因素、环境承载因素、建筑技术水平和社会环境因素等，而对于历史文化村镇的建筑高度控制因素，主要是原有风貌的延续和宜人的空间感受，经济利益的因素则退居其次。在历史文化村镇确定的保护范围内，建筑高度的控制要结合保护范围的划定来进行。一是根据普遍经验，对建筑高度的控制有一个开阔性的控制范围；二是通过视线和空间分析，对重要建筑和景观点周边的建筑进行较为精确的控制。

根据普遍经验法，核心保护区的建筑高度大致控制在6~9m，建设控制区建筑高度大致控制在9~12m，风貌协调区的建筑高度一般控制在12~15m。该方法较为简单易行，但还要根据历史文化村镇的具体情况而定。

视线和空间分析法是指以人在空间中的感受和景观获取等为依据，利用视线和视角原理，对建筑高度进行控制的方法。人在静态观赏景物时，由于视点、视线和角度的不同，会产生不同的空间感受。当景观视线为仰角45°时，是欣赏景物细部的观赏角度；仰角27°是最为清晰地欣赏建筑物的角度；仰角为9°~18°时，是欣赏背景在内的风景全貌的观赏角度。如果是身处古建筑群内，当仰角超过30°时，渐变建筑高度容易使人情绪紧张，产生压抑感（图8-25）。这种视距分析方式常用在院落、广场、绿化及水体景观周边等开阔地段。

在运用该方法确定建筑高度控制标准的同时，也应注意以保持传统风貌为前提，参照核心保护范围文物古迹和历史建筑的平均高度来制定相应的控制要求。对于重要保护建筑和其他特殊区域周边建筑高度的控制，应根据情况重点考虑，并应绘制相应的建筑高度控制线。对于地形起伏变化的山地丘陵地区，要进行分片控制。

（2）街巷界面与尺度

街巷界面与尺度的控制，强调内部视点动态控制，目的是恢复街巷原有的界面特点，营造原有空间氛围，并保持街巷尺度，严格控制其原有空间感受。主要是对街巷界面形式的控制和对街巷高宽比的控制两个方面。

对于历史文化村镇内街巷界面的控制，由于街巷的功能属性不同，如交通属性和生活属性，呈现出不同的界面形式。又由于街巷所处位置不同，呈现出不同的景观状态。有的街巷沿河岸展开，界面变化丰富；有些街巷两侧为封闭单调的建筑山墙，界面单调。要

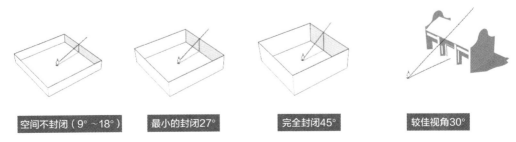

图8-25
视线角度与空间感受

根据不同街巷的界面现状情况及功能要求，进行街巷立面的保护整治，尤其要注意保持沿街建筑形式的连续性和视觉景观的完整性。因此街巷控制与引导方法中提出街巷界面轮廓控制线和连续度的概念，对于主要街巷节点，要做出相应的空间分析图，进行有效的控制（图8-26）。

对于街巷的尺度控制，其思路和建筑高度控制中所用的空间感受和视线分析方法是一样的，提出街巷高宽比的控制办法（图8-27）。对于街巷的高宽比，是人们日常生活中最

图8-26
街巷剖面与界面模式图

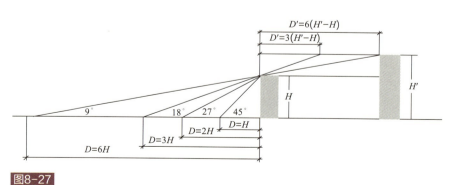

图8-27
*D/H*与视线角度关系图

敏感的度量指标，也是理想街巷空间评价的重要参考因素。除了尊重原有的街巷特点之外，也应在修缮和新建过程中注意以下特点。

当$D/H<1$时，空间有明显围合感，会感受到压抑。

当$D/H=1$时，空间的界定感较强，不感到压抑，两边的建筑物有亲和密切的关系。

当$D/H=2$时，空间仍围合，内向感稍弱，两边的建筑保持联系。

当$D/H=3$时，两边建筑联系薄弱，不对空间产生限定作用，围合感消失。

对于历史文化村镇内的街巷，一般来讲，巷道D/H小于1且大于0.3，巷子D/H小于0.3。街巷D/H值的控制，与建筑限高有一定的联系，但两者不能混淆，它是一个针对街巷尺度的量化方法。要准确核算出街巷的高宽比，确定好其控制数值，有利于更好地保护好村镇特有的街巷空间尺度（图8-28）。

（3）院落组合方式

在历史文化村镇更新利用过程当中，因为忽视发展的延续性而破坏原有建筑院落组合方式的现象屡见不鲜。传统院落形式由当时的社会、经济、文化、气候等因素共同作用所形成，在一定程度上体现了一个地区家庭的构成本质。在传统建筑群体设计中，院落是基本单位，是其灵魂所在，不同地区的院落有着不同的组织方式和表现形式。如珠三角地区的院落受湿热气候的影响，注意院落的防热通风，采用天井的模式，院落平面布局开敞通

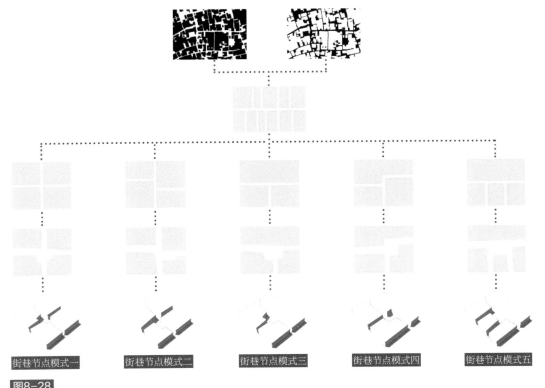

图8-28
街巷节点抽象模式图

透，并结合庭院进行园林景观的布置。对于院落的组合方式，采取引导性控制的方法，对院落的空间结构进行相应的规定，既不限定具体式样，也不会因缺乏引导而出现盲目更新建设现象。具体可采用原地复原和利用类型学的原理再生两种办法。

原地复原的方法顾名思义，即为参照相关文献记载，或模仿周边院落的组合方式，对需更新改造院落进行空间复原的做法。该方法较为简单，也比较见效。利用类型学的方法，则更注重吸收原有院落空间特点，在延续其特点的基础上，对其进行设计与再生，注重创造性。该方法注重保护中的引导性，鼓励保护的有机和多元化。

吴良镛先生曾说，要加强对传统建筑空间和院落原型的研究，它们是创作的源泉，这种方法就蕴含着类型学的思想。"类型"这一概念由阿尔多·罗西提出："类型并不意味着事物形象的抄袭和完美的模仿，而是意味着某一种因素的观念，这种观念本身即是形成模型的法则"。"类型"与样板的复制不同，是通过揭示事物最初动因来寻求答案。创作就是以"类型"为依据，建筑师不能创造一个与原院落组合方式相违背的构成模式，我们的引导就是为实现这一有本源的设计行为提供原则和动力。

院落空间尺度控制的重点是控制好"间"和"院"这些基本单元与方格网的关系。在科学的尺度控制下通过排列组合可以形成多样化的院落组合形式，这种将设计解构为基本单元，并结合尺度控制来实现灵活性组织的方法对院落空间的保护与发展都有一定的启发意义（图8-29）。

3. 环境容量导控

对于历史文化村镇来讲，对环境自身的保护和其承载力的控制问题不容忽视，能否妥善确定历史文化村镇的环境容量对于保护的长期性和稳定性至关重要。在城市层面的控制性详细规划中，环境容量的控制是为了保证良好的城市环境质量，对建设用地能够容纳的建设量和人口聚集量做出合理的规定。主要包括容积率、建筑密度和绿地率等内容。

对于城市层面来讲，环境容量控制中的容积率等内容是其核心内容，它更多考虑的是经济问题和承载问题。而历史文化村镇的环境容量导控虽借鉴控制性详细规划中环境容量控制的方法，但侧重点则在于对村镇风貌保护控制的延续和稳定，并针对历史文化名村的独有特点和控制内容，有相应的侧重和改良。

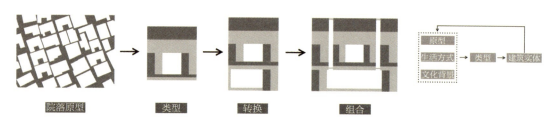

图8-29
院落类型演变模式图

图8-30
街坊密度示意图

本导控方法将环境容量分为自然环境容量和人工环境容量两方面。自然环境容量主要对村镇的生态景观、地形地貌、水体及绿化空间、街坊建筑密度等进行控制，设定控制指标和方法；人工环境容量主要对旅游承载力、公服设施的负荷能力进行控制。

（1）街坊密度控制

历史文化村镇中街坊密度控制与控规中建筑密度控制有着同样的立足点，但相对于建筑密度而言，街坊密度控制有着更综合的考虑，它同时结合水体和绿化等空间，是对街坊的密度和空间状况的一个反映。对于街坊密度来讲，不仅仅反映和衡量了村镇居住环境的综合指标，绿地、水体和活动空间的多少，更重要的是反映了村镇的风貌状态。对于历史文化名村而言，街坊建筑密度普遍都比较高，一般在40%～70%。在确定街坊建筑密度时，要综合考虑村镇自身风貌特点和其他街坊建筑密度值。可以利用历史文化名村的地形图进行图底关系分析，可以更直观地了解街坊密度（图8-30）。

对于水体、绿化和活动空间的控制，应注意增加绿地面积和开放空间，作为展示民俗风情的地方，注意绿化景观与自然环境的协调，并注重绿化和院落空间的关系。根据环境条件和功能要求的不同，结合街坊的密度，为了更好地区分街坊内的绿化配置特点，引入郁闭度的概念。郁闭度是指树林中乔木树冠彼此相接、遮蔽地面的程度，用十分数表示，以完全覆盖绿化地面的程度为1。在绿化规划中，通过背景密林、疏林灌木、疏林草地、草地、林荫广场等种植方式来表达某一部分的郁闭度（表8-3）。历史文化村镇街坊中的郁闭度一般控制在$0.4<P<0.8$。

种植方式与郁闭度关系　　　　　　　　　　　　　　表8-3

种植方式	背景密林	疏林灌木	疏林草地	草地	林荫广场
郁闭度（P）	$P>0.8$	$0.6<P<0.8$	$0.4<P<0.8$	$P>0.2$	$0.6<P>0.8$

（2）承载力控制

对于历史文化村镇而言，承载力不单指居住人口的问题，而是对于旅游承载力的控制问题。它主要是旅游容量的确定和设施的配置问题。

如果村镇还有较多村民居住，应该疏散其人口傍建新村，控制旧村中人口数量，避免因为满足居住和生活要求而引发的建设性破坏现象。对于已经开发旅游的历史文化村镇而言，还应着重控制游客数量。鉴于村镇古建筑及其环境不可再生的资源，为防止过度旅游对其造成损害，必须进行旅游环境容量控制。旅游环境容量是受当地旅游资源、生态环境、旅游设施、基础设施以及当地居民心理承受能力等多因素影响的，其中起决定性作用的是景点容量和街巷容量。对于历史文化名村，其旅游容量确定可以借鉴旅游地容量测定公式，并适当简化：

$$T = \sum_{i=1}^{m} S_i + \sum_{i=1}^{p} R_i + C$$

式中，T指村镇旅游环境容量；S_i指第i个旅游景点容量；R_i指第i个街巷容量；m、p分别指景点个数、街巷个数，C指非活动区接待游客数量。为简便起见，也可采取基本空间标准来测定旅游环境容量，按古建筑景区的基本空间标准为$20m^2/$人，与村镇游览面积相比，即可得出当地的旅游环境容量。

对于历史文化村镇的设施配置问题，涉及居委会、综合商场、卫生站、文化活动中心、公共厕所、垃圾收集点等公共服务设施；还有包括给水排水、电力电信、燃气等市政设施。在核心保护范围内，要注重设施的选材、外形、布局等因素，尽量避免给村镇景观带来不良影响。不得影响或破坏村镇的环境风貌和价值特色，在根据各专业标准和规定的要求下，进行相应的需求量和承载力核算，进行合理配置。

（3）生态环境控制

历史文化村镇规划建设秉持了中国文化"天人合一"思想中尊重自然乃至敬畏自然的理念，重视自然资源持续存在和永续利用，形成了保护林木资源、水资源、土地资源甚至动物资源的思想和措施。为谋求人居环境与自然的长期共存，应对历史文化村镇生态环境的保护控制采取一定措施。注重对周围自然地理环境的保护，包括地貌、地形、植被河流等构成更自然景观的要素，从而达到延续村镇与山水田园、自然植被等的融合共存关系，保持自然美学价值和特色景观风貌（图8-31）。应从满足居民的实际需要出发，综合考虑村镇的规模、环境承受能力、经济发展水平等问题。同时要体现与环境协调的原则，保持与自然环境及周围风貌的协调，避免对景观的观赏性造成影响。在划分环境协调区的基础上，进行更为细致的划分，分为保护控制区、生态核心环、生态控制区。此外，应根据村镇的具体情况，考虑设立生态维育区，扩大生态环境保护的范围。

古树名木应划出10m半径的保护圈，不允许随意改变此范围内原有的历史风貌和环境。圈内各项活动应以不破坏古树名木为基本原则，保护圈内影响古树名木的建筑物、构筑物必须坚决拆除，且应满足消防的要求。属于保护与景点建设举措的，不得对其根系有任何影响。

图8-31
村镇外围生态破坏抽象模式图

4. 营造方式导控

对于历史文化村镇中的建筑等营造方式方面的问题尤为突出，历史建筑年久失修、新旧建筑不协调、建设性破坏等问题时常发生。营造方式导控是对传统建筑的修缮和整治，对新建建筑的风格确定进行有效控制和引导的方法。为保证村镇历史风貌不受破坏，新建筑就要与老建筑相协调，进行必要的整治和控制引导。建筑保护整治的做法主要包括通过鉴定分析，对建筑进行编号及分类，拟定保护与更新清单，选择保护整治模式以及进行建筑高度、色彩、形式、体量等方面的控制。营造方式控制注重对新建建筑控制的同时，鼓励进行适当的艺术加工与创作，而不是一味地限定于某个固定模式。营造方式控制是对相关保护标准的技术性解释，有利于保护目标和保护原则的贯彻和实施，应遵循以下几个原则：①控制方法以导向性为主旨，内容上实现延续性和共通性；②应结合实践技术的进步不断更新控制方法，使其具有现实指导性；③可作为编制和修订有关标准的模板，使技术人员也可直接引用，具有可操作性。

（1）建筑编号及分类

对历史文化村镇中的现存建筑进行鉴定分析，就是对村镇保护范围内的每一处建筑在登记造册的基础上，对其建筑类型、风貌、保存度及历史文化特征进行评价分析和归类，这直接决定了其保护等级的划分和保护措施的选择。首先对建筑进行编号原则的规定，笔者借鉴多种建筑编号方式，结合历史文化村镇的特点，采取的建筑编号方式是由"分地块编号+数字"构成的，建筑编码从01开始（DH1~DH05），竖向街巷的建筑从南向北编号，横向街巷从左至右编号。

其次进行建筑分类标注的规定，建筑的保护和整治模式很多，要根据不同建筑的保存状况、类型特征及保护等级来确定。保护与整治模式一般有以下几种：

保存：对象是文物古迹，包括已经批准的各级文物保护单位和尚未批准的"准文物"建筑，即在不改变文物原状的基础上进行修缮保养。

修复：对象是历史建筑，即在保持原有建筑风貌的基础上，对建筑外立面进行修缮，对建筑内部设施和布局进行适当改造。

更改：对象是在一定程度上与历史风貌不协调的新式建筑，即按照历史风貌要求对建筑的高度、色彩、形式、体量等方面进行适当修改。

拆除：对象是很大程度上与历史风貌不协调的新式建筑，或是破败严重，极大影响景观效果的建筑，即对原有建筑进行拆除重建。

（2）形制及构件

在历史文化村镇保护中，对于建筑的主要形制及构件进行相应的控制引导措施，对保护工作中的新建和改建工作意义重大，对历史文化村镇建筑风貌的延续起着重要的作用。对建筑物中屋顶形式、山墙形式、门窗、柱础等构件形式等的选择，应提供引导方案和要求，遵循传统手法和风格（图8-32、图8-33）。另外还应考虑如古井、牌坊、石桥等构筑物的形制。如对于新增建筑均应采用坡屋顶，原有平屋顶建筑需经过适当的坡屋顶改造，门窗都选用传统材质和样式，避免铁门、防盗窗等与村镇风貌不协调的现象出现。应保持原有建筑细部和装饰等的样式，并在新增建筑中沿用。

（3）材质及色彩

对于历史文化村镇中建设的材质，可以分为户外场地材质和建筑材质两类。户外场地的材质主要指的是街巷、活动场地、桥梁、驳岸等的材质，选择应体现历史文化村镇的历史特点，强调村镇风貌的整体性和识别性，并应满足耐久性、便于维护的特点。

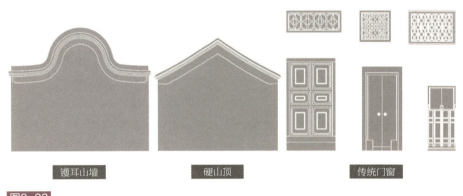

图8-32
传统建筑屋顶及门窗

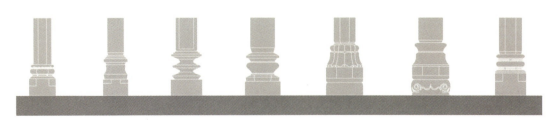

图8-33
传统柱式

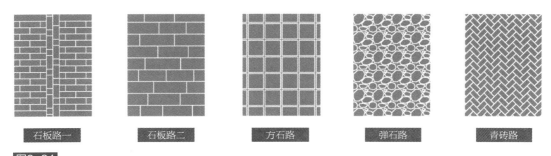

图8-34
常用铺装样式

街巷铺地形式主要有石板路、青砖或方石路、弹石路等类型。铺地类型从一定程度上也反映了街巷的层次与等级变化，一般主要街道采取石板路，而巷道则采用青砖路和弹石路。在街道铺地保护与整治中，应保持和采用当地传统的建筑材料和铺装形式，尽量避免实施路面工程改造，以免造成道路景观的破坏（图8-34）。对于建筑材质而言，应注重本土材质的利用，延续传统建筑砖、石、木的结构特点，避免与建筑风格相违背的材料出现，另外还要注重建筑色彩的选择和处理。

历史文化村镇中的建筑色彩作为村镇色彩构成要素之一，因其规模性和固定性，成为村镇的主题色和第一印象。古建筑与色彩间的联系十分重要，使得色彩设计成为不可忽视的重要因素，它在村镇风貌延续中扮演着重要的角色。受不同环境、气候、风土人情和文化习俗的影响，不同地区的古建筑色彩多种多样。因此，要分析当地建筑的色彩特点，运用色谱控制方法，通过色彩定性分析、色彩定量确定等步骤来确立建筑色彩的引导和控制。

色谱控制法是根据建筑色彩调研分析，进行建筑色彩定位（NCS色彩测量仪是目前比较理想的物理色彩识别设备），制定该村镇的建筑色彩总谱，包括主体色、强调色和辅助色。目前，很多国家都通过建立色彩数字化标准来控制历史民居建筑群的色彩风貌，我们可以运用在HSB色彩标准模式中，应配合色卡或色标，对古建筑进行色彩控制，同时也可以进一步规范改造项目中的建筑用色（图8-35、图3-36）。

5. 要素介入导控

关于历史文化村镇保护控制与引导思路，不能忽略其发展的一面，面对日益增长的生活需要和旅游功能的介入，如何既满足新增功能，又做到村镇传统风貌的延续，是一个十分重要的问题。要素介入控制对这些要素，尤其是新增要素进行数量、位置、色彩和形式等进行规定性和引导性控制，力求能够与历史文化村镇的传统风貌相融合，使得历史文化村镇的保护在建筑之外的细节上形成统一的风貌。

（1）设施增置控制

设施增置控制主要针对的是为满足居民的基本生活而增设的设施，是一项引导性的控

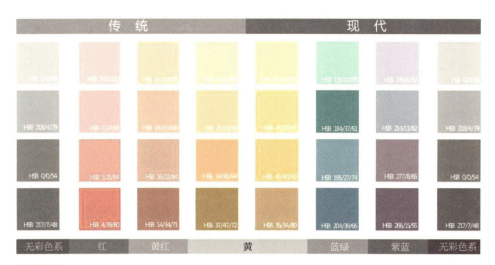

图8-35
广州城市色彩导控表
（来源：广州市城市色彩研究报告）

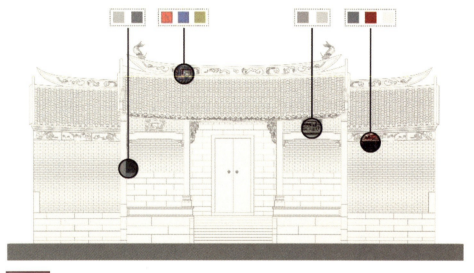

图8-36
建筑局部色彩示意图

制原则。虽说设施增置控制是一项辅助性的控制手段，但是对村镇的整体风貌和景观影响很大。所设计的内容主要包括给水排水、电力电信、燃气等工程设施，如在核心保护范围内，线路应该避开主要景观，采用埋地等隐藏方式处理，尽量减少架空穿过给景观带来的不良影响。还应注重保护当地现有的取水、排水方式及设施，尤其是具有地方特色的给水排水系统及设施，避免盲目引进新的方式，对原有的习惯和特色造成破坏。如架空电线，宜使用木质电线杆并做防腐处理，变压器、交换箱、空调室外机等设施应架设与传统建筑风貌相协调的遮盖物，材质宜为木质，达到风貌的延续与统一。

（2）街道家具及小品

对街道家具及小品的控制，主要是针对新加入旅游功能的历史文化村镇。对如垃圾桶、座椅、照明设施、绿化小品、商业广告、指示标牌等街道家具和小品的内容、位置、形式和净空界限等进行引导性规定。并进行统一设计，使其形式、材料和色彩形成系列化和统一或相近的风格。形成与历史风貌相协调、整体的街道景观。街道家具及小品的引导原则，应充分考虑行人通行和活动的需求，设置在恰当的位置，尺度符合人的尺度和使用功能的要求，并应符合经久耐用、维护简便等特征。

对于商业气息过于浓重、对传统风貌和生活气息造成干扰破坏的小品设施、广告牌匾，应进行整治，或从核心保护范围迁出。雕塑等小品应与村镇特色、传统风貌等相协调，且应具有较高的观赏性，避免与村镇的传统风貌不协调。

6. 导控方法分类

前文中对五种导控方法进行了详细的介绍，对其特点和方法进行了论述。下面根据以上五种导控方法，对控制要素根据特点进行以下分类（表8-4）。

导控方法汇总表　　　　表8-4

控制方法	导控要素内容	要素分类
布局功能导控	村落格局、功能布局、功能更新	景观格局
空间感知导控	街巷界面、街巷尺度、街巷节点、建筑高度、院落组合	历史街巷、传统建筑
环境容量导控	生态景观、地形地貌、游客容量、水体空间、绿化空间、街坊密度	景观格局、历史街巷
营造方式导控	街巷铺装、建筑分类、建筑材料、建筑颜色、建筑装饰、构筑物	历史街巷、传统建筑、环境设施
要素介入导控	市政设施、店面招牌、信息指示、街道家具	环境设施

8.4　风貌导控表述方法

前文中提到的布局功能导控、空间感知导控、环境容量导控、营造方式导控和要素介入导控五种方法，对历史文化村镇的保护控制体系构建了有效的控制方法。然而，如何将方法变成可操作的具体管理和控制引导文件，即有效的表述方法也很重要。本节采取定性和定量两种方法，实现对控制要素进行文字性表述控制。另一方面，将采取控规图则和设计导则两种方法，实现对控制要素进行图示化表述控制。

8.4.1 定性表述

定性表述方法在传统的控制性详细规划和其他控制性规划中都有广泛的应用，但一般被用作辅助手段。在历史文化村镇保护控制体系中，由于其控制与引导的目的与以往控制性规划不同，更强调的是保护、延续与协调，所以对于定性表述方法，将其放到一个更为重要的位置，标准更为严格。定性表述方法力图尽可能地用详尽的文字描述来控制与引导相关要素，通过定性描述，对要素形成从控制原则、控制要求和控制形式等方面提出具体的保护方法，达到历史文化名村保护的目的。主要内容涉及村镇格局、功能布局、街巷界面、街巷铺装、街巷节点、建筑分类、院落组合、建筑材料、建筑颜色、建筑装饰、构筑物、市政设施等内容。

以往的定性方法在实操性上有一定的局限性，存在指导性差、目标性不强等不足，所以使得很多定性缺乏准确性。在定性控制方法尽量翔实的基础上，对其控制与引导进行了三级分类，分别是：

一级定性表述，表示十分严格的控制，任何情况下一定要这样做才可以，规定用词为"必须"和"严禁"。

二级定性表述，表示比较严格的控制，在条件允许的情况下应该做到，规定用词为"应该"和"不应"。

三级定性表述，表示允许进行选择，对控制性偏向引导，规定用词为"宜""可"和"不宜""不可"。

8.4.2 定量表述

与定性表述控制不同，定量表述控制在控制性详细规划和其他控制性规划中多指容积率、建筑密度、绿地率等内容，它们是控制的核心内容及主要目的。但是对于历史文化名村保护规划而言，是作为一种补充式的表述方法而存在的。定量表述是指那些可以用数字指标来表达的保护控制内容，它要求真实、合理和准确地反映历史信息。定量控制能有效地对可用数值衡量的要素，如控制范围、建设量、环境容量等内容进行更为精确的控制。主要包括的内容有生态景观、地形地貌、功能更新、游客容量、水体空间、绿化空间、街巷尺度、街坊密度、建筑高度等。

对于定量值的确定，显然区别于控制性详细规划指标的确定方法，如通用的"千人指标"等标准已经不能适用。定量值的确定作为定量控制方法的核心内容，研究主要采取以下方法：通过现状和历史信息进行统计，总结定量出相关指标的平均值；利用相关分析方法，如空间感受和视线控制等确定建筑高度和街巷尺度；从村镇的环境容量出发，运用相关容量计算方法对村镇开发建设和旅游发展产业进行合理估算，对其进行定量控制。

考虑到历史文化村镇的特点，结合历史文化村镇的风貌特征，延伸和拓展定量表述的不同强度，采取刚性定量表述控制和弹性定量表述控制两种方式。刚性强调的是保护控制的不妥协性，弹性是强调发展变化和对未来的适应性。

8.4.3 图则表述

图则表述是控制性详细规划最显著的特征，是控制性详细规划法律效力图解化的表现，也是区别于其他层次的规划编制最为独特的成果表达方式。图则表述是用一系列控制线和控制点对用地和设施进行定位控制，如地块边界、道路红线、建筑后退线、绿化控制线及控制点等。控制性详细规划图则经法定的审批程序后上升为具有法律效力的地方法规，具有行政法规的效能。部分控制规划中的图则控制是一套由总则、图则执行规定、单元控制图则、附件组成的相互支撑的控制成果体系。在近几年来的实践中，控制性规划图则在很多方面体现出了其优势特点，对我国规划控制体系的改良有一定启示作用。

针对历史文化村镇的特点，将图则表述方法运用到村镇保护控制当中，内容主要包括生态景观、地形地貌、村落格局、功能布局、功能更新、游客容量、水体空间、绿化空间、街巷界面、街巷尺度、街坊密度、建筑分类、建筑高度等。对其控制内容和侧重点进行相应的调整，对保护控制点、控制线和位置等进行图示化的控制表达。与控规中控制图则不同的是，以往的控制图则都是落实在用地性质上，历史文化名村保护控制的图则则落实在具体的建筑分类上，这也是与控制性详细规划和其他控制性规划图则编制方法本质上的不同。通过图则表述控制，可以将定性控制和定量控制中的部分内容整合到图则中，进行图示化的表达，更能清晰、准确和便捷地达到对历史文化名村进行控制和管理的目的。

图则表述根据所要控制要素的内容不同也分为两个层次，分别是"景观控制体系"和"建造控制体系"。其中，"景观控制体系"即为总图则，主要侧重于对历史文化村镇的生态景观、地形地貌、生物植被和景观视线、旅游路线等宏观要素内容的控制。"建造控制体系"即为分图则，除了控制更新强度之外，还侧重于对建筑建造、空间控制、街巷界面控制等较为微观要素的控制。另外，图则控制的表达还要结合相应的保护范围的划定进行统筹考虑。

8.4.4 导则表述

导则表述是在设计导则的基础上，针对历史文化村镇的特点，进行相应的提炼优化得来。设计导则的出现是伴随着城市设计理论的发展而产生的，是作为城市设计成果的一部分内容，是对未来城市形体环境元素和元素组合方式的综合描述，是为城市设计实施建立的一种技术性控制框架，是将城市设计的构想和意图用文字条款的形式抽象化的表达方式。

设计导则在城市设计中所涉及的范围一般包括城市形态和建筑形态两部分。在城市形态上是较为宏观的要素，包括城市空间格局的提炼与保护、城市特色景观区的组织、开放空间系统；建筑形态所涉及的微观要素，主要包括建筑高度、体量、造型、风格与色彩，以及景观空间尺度、天际线控制、地标管制、道路及街道家具、道路景观控制、广告标识控制、街道空间使用等，这些都是导则所要控制的内容。导则就像一条无形的线，牵引着城市空间的良性发展。依照城市设计的理念，导则的控制应力求做到维护公众利益、促进城市可持续发展、形成地方文脉、促进城市生活的多样性等。

导则表述控制结合历史文化村镇特点，对要控制要素进行有效的导则控制，力求以动态和延续的概念对现状进行分析研究，对形成地方建筑特征和传统的建筑主题、形式、韵律和语汇进行研究，抽象成导则语言，希望能对历史文化村镇的风貌延续和保护起到积极作用。主要内容包括街巷铺装、街巷节点、院落组合、建筑材料、建筑颜色、建筑装饰、构筑物、市政设施、店面招牌、信息指示、街道家具。

城市设计导则有规定性和引导性两种，前者规定性描述出最终成果的基本特点，后者则说明对建设过程的要求。引导性导则的内容可以"设计原则"的名义出现，规定性导则的内容可以"设计准则"的名义出现。本文所探讨的历史文化村镇保护控制导则，也借鉴这两种分类，即"规定性导则"和"引导性导则"。一方面对需要保护的要素进行规定性控制，使其延续原有历史风貌；另一方面对需要更新和新建的要素进行引导性控制，使其能够与村镇整体风貌相协调。

8.4.5 表述方法分类

前文中对四种表述方法进行了详细的介绍，下面对表述方法的分类及其所适应的控制要素内容进行汇总（表8-5）。

表述方法分类汇总表　　　　　　表8-5

表述方法	分类	控制要素内容
定性表述	一级、二级、三级	村落格局、功能布局、街巷界面、街巷铺装、街巷节点、建筑分类、院落组合、建筑材料、建筑颜色、建筑装饰、构筑物、市政设施、店面招牌、信息指示、街道家具
定量表述	弹性、刚性	生态景观、地形地貌、功能更新、游客容量、水体空间、绿化空间、街巷尺度、街坊密度、建筑高度

续表

表述方法	分类	控制要素内容
图则表述	景观控制图则（总图则） 建造控制图则（分图则）	生态景观、地形地貌、村落格局、功能布局、功能更新、游客容量、水体空间、绿化空间、街巷界面、街巷尺度、街巷节点、街坊密度、建筑分类、建筑高度
导则表述	规定性导则 引导性导则	街巷铺装、院落组合、建筑材料、建筑颜色、建筑装饰、构筑物、市政设施、店面招牌、信息指示、街道家具

现将保护控制与引导体系中不同要素所适应的表述方法、图示方法、分级分类和导控方法进行分类汇总（表8-6）。

要素导控体系详表　　　　　　表8-6

大类	小类	描述方法	级别	图示方法	分类	控制与引导方法
景观格局	生态景观	定量	刚性	图则控制	总图则	环境容量导控
	地形地貌	定量	刚性	图则控制	总图则	环境容量导控
	村落格局	定性	二级	图则控制	总图则	布局功能导控
	功能布局	定性	二级	图则控制	分图则	布局功能导控
	功能更新	定量	弹性	图则控制	分图则	布局功能导控
	游客容量	定量	弹性	图则控制	总图则	环境容量导控
	水体空间	定量	刚性	图则控制	分图则	环境容量导控
	绿化空间	定量	刚性	图则控制	分图则	环境容量导控
历史街巷	街巷界面	定性	二级	图则控制	分图则	空间感知导控
	街巷尺度	定量	刚性	图则控制	分图则	空间感知导控
	街巷铺装	定性	二级	导则控制	规定性	营造方式导控
	街巷节点	定性	二级	导则控制	引导性	空间感知导控
	街坊密度	定量	刚性	图则控制	分图则	环境容量导控
传统建筑	建筑分类	定性	一、二级	图则控制	分图则	营造方式导控
	院落组合	定性	一、二级	导则控制	引导性	空间感知导控
	建筑高度	定量	刚性	图则控制	分图则	空间感知导控
	建筑材料	定性	一、二级	导则控制	规定性	营造方式导控
	建筑颜色	定性	一、二级	导则控制	规定性	营造方式导控
	建筑装饰	定性	一、二级	导则控制	规定性	营造方式导控

续表

大类	小类	描述方法	级别	图示方法	分类	控制与引导方法
环境设施	构筑物	定性	二级	导则控制	引导性	营造方式导控
	市政设施	定性	三级	导则控制	引导性	要素介入导控
	店面招牌	定性	三级	导则控制	引导性	要素介入导控
	信息指示	定性	三级	导则控制	引导性	要素介入导控
	街道家具	定性	三级	导则控制	引导性	要素介入导控

8.5 风貌导控体系特点

保护导控体系是以保护和延续历史文化村镇风貌为前提，而进行的保护导控方法构建。该方法有分层次控制和较强的适应性两个基本特点，并且与其他控制体系也有着显著的区别，本节对其特点阐述如下。

8.5.1 体系基本特点

1．细化导控级别

历史文化村镇保护导控体系具有分层次导控的特性，一方面是导控体系中的控制性与引导性，也就是对保护中的相应行为进行不同层次的规定；另一方面是控制体系中的弹性和刚性，即在保护控制规划中指出哪些内容是必须遵照实行的，哪些是可以变通和调整的。分层次的特点，强调对不同控制要素的区别对待，有一定的弹性，对未来的发展变化留有一定余地。它强调保护是一个不断协调、不断完善的动态过程，而不是强调最终的结果。

注意保护控制方法的弹性非常重要。首先，历史文化村镇本身就是没有经过人为的现代观念的规划，而是通过聚落的风水特点，采用"自下而上"的方式形成的，因此历史文化村镇本身就是不断变化的。其次，由于社会经济不断变化和发展，为了适应时代的要求，人们对历史文化村镇保护的观念、保护更新的手法等，都会不断增加和完善，这就需要保护控制方法不断补充、加深和修改。因此，在保护导控中应提供可预见的变动，引导历史文化村镇向良性方向发展。

2．调整导控内容

为了适应历史文化村镇的独特保护要求，导控针对村镇特点，增加了许多适应性方法。例如，加入村镇更新度的控制、增加村镇建筑功能的兼容性、引入院落组合方式的引导、确定街坊划分和密度的方法、划分建筑编号和分类、对建筑材料和颜色进行规定性控制，以及对村镇内设施和家具风貌进行相应的引导控制。此外，保护控制方法还将常规的引导性要素，如建筑形式、材质、色彩和体量等提高要求，上升为规定性的指标。部分常规的规定性要素，如建筑密度、绿地率等环境容量控制内容，则根据具体需要下降为引导性指标等。这些都是为了保护控制与引导方法能对历史文化村镇的保护有更好的适应性。

8.5.2 与其他控制与引导体系的区别

虽然保护控制体系借鉴了控制性详细规划和城市设计等城市层面控制体系的部分理念和方法，但它们有着根本性的不同。对于运用到城市层面中的控制体系来讲，它更多强调的是一种公共干预手段，是对城市建设和发展行为施加的影响，以实现长远利益和预期的规划目标。相对于历史文化村镇自身特点和保护要求而言，所要构建的保护控制体系除了在要素内容上有所不同外，其控制方法、控制强度和控制手段都有所侧重（表8-7）。

保护导控体系特点比较　　　　表8-7

相同点		控制性详细规划	城市设计	保护导控体系
		对某一地段的物质要素内容进行限定		
不同点	制定理念	强调以物为主，注重利益协调	坚持以人为本，兼顾环境效益	多元化考虑，以保护为主，注重村落整体风貌的延续
	导控目的	进行规划建设	优化空间品质	注重名村风貌的保护与延续、利用与发展
	性质	较为具象的二维空间下的思考	感知与美学并重的三维空间下的思考	以保护为核心目的，多层次导控方法
	内容特点	用地与工程技术	空间布局与环境品质	在保护和延续的前提下，充分考虑利用和发展，并注重名村的空间布局和环境品质
	表达深度	成果简略，定量为主	成果细致，图文并茂	较为精细，实现对名村的多元控制与引导

09

历史文化村镇现代适应性更新

- 现代适应性更新的概念
- 历史文化村落的发展
- 历史文化古镇的更新
- 保护与展示利用规划

9.1 现代适应性更新的概念

"现代适应性更新"概念的提出是基于目前国内外丰富的相关理论基础，如有机更新理论、人居环境理论和需求层次理论，将适应性概念推广运用于历史文化村镇保护与更新领域。此概念强调的是历史文化村镇更新不是一成不变的方法，不同的时代背景下，应当有不同的更新方法。在保护历史文化的基础上，符合时代发展、满足当代需求，才是符合时代的更新目标，也是历史文化村镇与时俱进、良性发展的保障。"现代适应性更新"定义为"在保护历史文化的同时，考虑现代背景下的需求，以现代适应性要素与历史基底有机融合而符合时代发展特点的更新方法"。

现代适应性更新方法是基于系统观的理念提出的，即把历史文化村镇看成一个功能整体，一个以人为中心的主动系统，通过研究当地居民的现代思想观念与生活方式转变，确定适应性目标，制定适应性策略。概念中强调的是适应性，因此，我们的重点是研究如何在历史文化村镇整体系统功能的优化中，使系统中各个要素与时代的发展规律相适应。

对于目前仍然生活在历史文化村镇的居民而言，享受现代生活是其梦寐以求的现实目标。在他们看来，历史文化村镇的更新是他们实现与现代生活接轨的最便捷的方式和途径。对历史文化村镇保护与更新方式的探讨，不可避免地牵涉到对"现代化"意义的理解，甚至可以这样说，我们现在研究的历史文化村镇现代适应性更新，其本质就是研究历史文化村镇如何发展的问题。

根据前面历史文化村镇保护规划的定位，历史文化村落的保护规划既包含历史文化遗产保护的内容，又包含在保护的前提下，对村落的发展进行规划的内容；而历史文化古镇的保护规划则主要是历史文化遗产保护和整治的内容，关于古镇经济社会发展的内容在其他的专项规划中体现。因此，历史文化村镇的现代适应性更新在保护规划中有不同的表现形式，在历史文化村落保护规划中表现为村落的发展规划；在历史文化古镇保护规划中，则表现为对镇区内的历史文化街区进行更新改造，以适应居民的现代生活需求。

历史文化村镇的特点之一是具有乡土生活的延续性。历史文化村镇除了有历史文化遗产，还有生活在村里的当地居民，他们的生活也是历史文化村镇的有机组成部分。所以说，历史文化村镇是有生命的历史，是活着的文物。这就要求在进行历史文化村镇保护的同时，要考虑当地的经济社会发展需求。当地居民也不可谓不爱护老祖宗留下的文化遗产，但他们改善生活和增加收入的现实需求和愿望却更为强烈。当享受着现代生活的人们在惋惜历史文化村镇遭到破坏，要求保护历史文化遗产时，似乎又有"站着说话不腰疼"的嫌疑。如果处理不好，就会产生严重的社会矛盾，不仅不能达到保护历史文化村镇的目的，还影响社会的安定团结。

9.2 历史文化村落的发展

对于历史文化村落的发展，应该跳出"从保护出发"的思维定势，思考从发展出发，先以历史文化村落自身发展潜力考虑村落可行的发展模式，再叠合历史文化资源的合理有效利用，为传统村落的保护发展拓展思路。

从历史文化村落内在资源条件和外在需求结构双向维度综合评估发展潜力，寻找科学适宜的多元发展模式，再通过叠合历史文化资源的合理利用，使历史文化资源成为村落发展的助力，同时保障了历史文化村落作为乡村载体所追求的自下而上的发展，以及与作为传统文化载体的自上而下的保护之间的有机统一和相互促进，是突破历史文化村落保护与发展矛盾瓶颈的思路与理论创新。

（1）以自然景观环境、特色风俗、特色产业、用地条件等历史文化村落自身的资源条件，以及所依附的城镇规模、区域经济水平、区位交通条件、社会结构、生态环境等外在需求结构为双向指标，通过案例分析和数据统计，合理设置各项因子权重，构建历史文化村落综合发展潜力评估量表（表9-1）；

（2）通过归纳历史文化村落发展实例调研和实践经验，探索多元发展模式，并构建与发展潜力评估类型相对应的适宜发展模式库；

（3）结合历史文化村落所在区域发展现状的差异，构建村落发展情境模拟系统和三维分析平台，协助对多个备选模式的比选和发展时序的决策；

（4）对各类发展模式叠合第二部分研究中形成的历史文化村落历史文化资源利用指引，构建优化而适宜的保护发展模式指引体系（图9-1）。

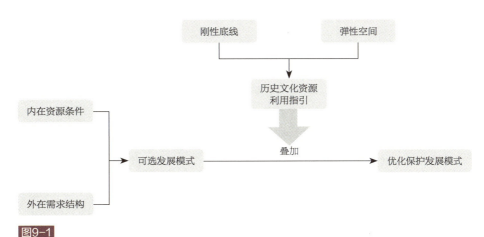

图9-1
以历史文化资源利用叠加的保护发展模式优化路径

历史文化村落发展潜力评估量表（样表）　　　表9-1

内向维度	资源子项	资源子项评估值 （● "丰富"=1；◉ "一般"=0.5；○ "无"=0）		
内在资源 条件评估	自然景观	●	◉	○
	特色民俗	●	◉	○
	历史文化	●	◉	○
	特色产品	●	◉	○
	村落景观	●	◉	○
	建构筑景观	●	◉	○
	建设用地条件	●	◉	○
	特色产业	……		
外向维度	需求子项	需求子项评估值		
外在需求 结构评估	依附城镇的规模	根据国家城镇等级标准划分，对历史文化村落所依附的城镇进行规模评估		
	区域经济水平	对历史文化村落所依附城镇的人均收入、支出、支出构成等进行测算，评估历史文化村落所依附城镇的消费能力		
	区位交通条件	对历史文化村落所在区位的交通时间、方式、条件等进行测算，评估历史文化村落的交通成本		
	依附城镇的 人口结构	对历史文化村落所依附城镇的人口构成、人口数量等进行测算，评估历史文化村落的社会需求度		
	区域生态环境	对历史文化村落所在区域的空气、水体、植被覆盖率等进行测算，评估历史文化村落的生态需求度		
	……	……		

9.2.1　人口与社会规划

1．历史文化村落人口特点

从历史文化村镇调研的走访情况来看，历史文化村落人口外流的情况十分严重，有逐步空心化的趋势。对25个历史文化村落的深度调研发现，几乎每个村落人口外流的情况都很普遍，有一半以上的人口常年在外打工。在经济不发达的偏远地区，外出人口的比例达到2/3，比如梅州丰顺县建桥村，是个户籍人口有6000多人的大村，目前村里只有2000多人。而且外出人员的年龄80%集中在20~45岁的青壮年,留在村里的少数青壮年也是因为家里有老年病人需要照顾无法脱身,或者自己本身疾病缠身,无法外出打工。

普通的村庄由于农业生产经济效益远低于外出打工的收入,造成大量人口外出打工。而历史文化村落与普通的村庄情况不一样,它有着独特的历史文化遗产资源,村民却守着遗产资源的宝库出门讨生活。因此,需要在保护规划中对村落的产业发展进行规划,繁荣村落经济,吸引当地村民回流。

2. 规划内容

(1)人口估算:结合近几年全村人口的迁入、迁出情况,估计规划期内全村总人口和重点村落人口数量。

(2)经济目标:提出规划期内(近期分年度)全村农民人均纯收入、主要农产品和二、三产业的发展目标,以及实现目标的项目构成测算;应有村级集体经济发展的项目、产值、效益等规划内容。

(3)产业发展与定位:应对全村的产业发展水平进行预测,制定产业发展目标,搞好历史文化资源的保护与利用、中低产田改造、水利设施建设、农业机械化、林业生态等基本农田建设的规划布局,明确全村的主导产业和1~2个特色产业的发展规划(包括区域布局、年度目标、增长速度以及规划期末的发展规模、工作措施等),逐步形成优势产业。提出全村剩余劳动力转移计划,对村内加工业、工商服务业、观光旅游等行业发展进行规划。同时应注意适度集中,为产业集聚创造条件。

(4)基本农田建设:明确全村基本农田的保有数量、田块分布范围,以及按人均基本农田标准要求需要进行农业综合开发整治的面积等;提出需要配套建设或整治改造的水利工程、渠系建设、堤排灌设施、机耕道建设等建设项目、投资概算;明确农业机械推广、生态林建设及"四旁"林木栽种规划。

(5)围绕产业发展,对推进新农村建设的基层组织机构提出规划建议;对市场组织化程度高、符合国内外市场准则要求的农民合作经济组织(包括各类专业协会、综合服务社、中介组织等)建设,提出名称、种类、规模和农民参合率的规划建议。

9.2.2 土地利用规划

1. 土地利用分类

农村土地为集体所有,性质与城镇用地不同,没有复杂的用地功能,不能套用城镇土地分类利用表,应根据历史文化村落的特色制定土地分类表(表9-2)。

农村土地利用分类表　　　　　　表9-2

序号	用地名称		现状		规划	
			面积（亩）	比例（%）	面积（亩）	比例（%）
1	文物古迹用地					
2	建设用地					
	其中	村落建设用地				
		散户建设用地				
3	农地					
	其中	基本农田		—		—
		其他农田		—		—
4	林地					
	其中	经济林地		—		—
		生态林地		—		—
5	牧草地					
6	道路用地					
7	水域					
8	工副业（集中）用地					
9	闲置地					
10	其他					
	其中	企事业单位用地		—		—
		区域设施用地		—		—
		特殊用地		—		—
	合计			100%		100%

2. 规划原则与功能定位

根据保护与发展并行的原则，通过对农村建设用地使用的合理调整，更好地保护历史风貌，改善居民生活环境，为创造具有地方特色的社会主义新农村奠定物质基础。

规划应遵照科学、合理、可操作的原则，充分考虑现状条件，将历史文化村落严格控制在"村"的概念和"村"的规模，防止其发展成"集镇"，功能上尽可能保持农村单一的农耕生活气氛，同时根据实际情况可增加一部分文化旅游服务等功能。

另外，由于历史文化村落具有深厚的历史文化内涵，开发文化旅游展示及其服务势在必行。而保护规划反对利用现有村落内部的用地改为大规模的旅游接待设施，因此要在边上选择一处可接待大量游客的用地。

3．功能布局调整

为了控制历史文化村落建设规模，保证其特有的村落格局，保护规划应在村落范围内明确各个功能，以应对以后文化旅游和新农村发展建设产生的问题。规划应对村落的规模进行严格的控制。

对历史文化村落功能布局的调整，一是增加土地的重点，主要是在广场用地、公共绿地、停车场、商业金融用地、旅游服务设施用地等。广场绿地、公共绿地多利用祠堂前空地、工厂拆迁后的用地，祠堂周边也是重点关注对象，以此增加绿地和开放空间。商业金融用地、旅游服务设施用地针对村落旅游发展要求，还要考虑展览、陈列馆的增加。对旅游产业的发展应该有一定的预见性，并为此留出一定的发展弹性空间，以免任其无序发展。二是村落空间格局的恢复。重要建筑的重建，如戏台、庙宇、宗祠、村门等，要留出用地；历史环境元素的恢复，如水塘，不仅恢复消防水池的功能，还使村落格局更完整；对不符合保护要求的建筑的拆除或功能置换，如对占用重要保护建筑的行政办公工厂、企业用地等的迁出。

4．村民住宅规划调控

（1）严格实行"一户一宅"的原则，在旧村边上建设新村村民新建住宅的，需将旧宅基地交回村委会统一规划。

（2）在满足建筑分类评估和保护措施要求的前提下，旧村地块（核心保护范围内的各居住用地）村民住宅更新设计应布局合理、使用方便。建筑外观要有当地特色，村内整体建筑风格协调统一，建筑结构安全合理，构造应采用节能设计。

（3）核心保护范围外的旧村居住用地，与新村地块一样，可以灵活探索不同的更新方式，鼓励村集体建设农民公寓政策和节水节能技术对策。

9.2.3 交通规划

1．村落对外交通

（1）道路调整。主要是过境交通的调整，减少对核心保护区的影响，这在靠近城市建设用地的乡村尤为明显。

（2）道路宽度和路面形式要求。案例中的村落对外交通道路宽度要求在4.5~6m；路面要求有水泥地、柏油路面、弹石路面。

（3）交通标志。主要是提出要增加引导标志，方便游客的出入。

2．村落内部车行交通

（1）道路宽度和路面形式、标高要求。案例中对此类道路宽度集中在4~6m，路面主要是提出青石板沥青、卵石路面，偶有提出水泥路面。路面标高低于两侧建筑，大于0.3m。

（2）规划主、次车行交通，形成回路系统。

（3）车辆限行。核心保护范围内列为车辆禁行区域，在核心保护范围外形成环形的车行系统，或者将某路段设为车辆限制区域。

3．村内部巷道

（1）道路宽度和路面形式要求。对此类宽度应为1.5～4m，路面为青石板路面或卵石铺地。

（2）原有风貌的保护与完善。提出的主要措施有：严禁拓宽规划确定的风貌保护街巷；保护现在或历史的风貌特色及空间尺度，如对已浇筑了水泥的街巷建议恢复青石板路面；打通各户、各院之间堵塞的街巷、门户、院墙，形成完整的步行系统。

4．游览线路规划

针对开展历史文化村落旅游的线路提出要求，宽度一般为1.5～2.5m。

5．消防交通规划

将村内主要车行道路作为消防通道，宽度不小于4m，在紧急情况下作为消防车道使用。对于传统巷道，不应改造拓宽路面，可加设消防泵和消防摩托车预防火灾。

6．停车场

村庄停车安排应以当地经济发展状况为基础，主要解决生产性停车需求，兼顾其他停车需求。按照停车方便、安全、经济、生态的原则，结合村庄的布局结构形态，综合确定停车设施的数量、种类和位置。

（1）村庄规模与停车设施布局

规模较大村庄的停车场宜分散布置，特别是河流较多的村庄，应结合水体的分隔，分片布置。旧村可沿村庄支路相对集中地设置停车场地或路边停车，新建村庄可结合自家院落分散停车。规模较小的村庄可结合村庄出入口，选择靠近村庄边缘地带设置集中停车场地。散点分布的村庄结合自家院落分散停车。

（2）村庄产业特点与停车设施布局

产业特点不同的村庄停车需求也不同。旅游型村庄停车应分为两部分。一部分是村民私家车，可按大分散与小集中相结合的原则布局；另一部分是旅游车辆，可结合旅游景点或旅游服务设施集中停放，没有明确的旅游服务设施的村庄，一般集中停放在村庄的边缘，以减少对村民生活的干扰。

（3）经济发展水平与停车设施布局预控

规划村庄的停车场地需有一定的前瞻性，结合规划布局对可预见将来的停车需求预控停车用地，预控用地可结合当前需求兼顾使用。可结合商店、村委会、活动中心等公建和较大的居住组团预控布置。停车场还可以"一场多用"，农忙时晾晒稻谷、麦子，农闲时节停放汽车。

9.2.4 市政基础设施

村庄市政基础设施主要包括给水、排水、电力电信、环卫和燃料等内容，应当坚持以下几个原则：①按照城乡经济社会发展一体化要求，根据当地经济社会发展水平，加强村庄市政公用设施建设；②按照村庄地形地貌、规模、风貌特点，因地制宜；③按照城乡统筹的原则，加强乡镇市政基础设施对乡村的辐射，在城镇周边地区、经济技术可行的情况下，优先考虑将村庄基础设施纳入城镇管网服务系统；④市政基础设施外露部分应考虑乡土气息和地方文化、空间特点；⑤应结合区县（自治县、市）域城镇体系、镇（乡）国土空间规划，适度集中布置市政基础设施，尽量实现共建共享，并注意保护和预留区域性基础设施用地和走廊。

1. 给水

因地制宜地选择给水方式，保证水源的安全。当地地面水或地下水能够达到国家卫生标准的，可作为饮用水源。村落的集中取水点应划定水源保护区范围。给水工程规划包括预测村落用水量，明确水质标准、供水水源等，明确人畜饮水工程中未通自来水或未使用饮用安全水的户数，以及需要建设集中供水点、铺设自来水管道的里程、建设地点、建设时间等建设规划内容；因地制宜地布置集中或分散的输配水设施，保障集中村落内每户通水；利用水库、山平塘、蓄水池和山泉水等饮水水源的村落，应建设管道自流引水工程；利用地下水、江河水等饮水水源的村落，可建设水泵供水设施或蓄水设施，兼顾消防用水。

城镇周边或城乡居民点密集地区，应依据经济、安全、实用的原则，优先选择城镇配水管网延伸供水。村庄远离城镇或无条件时，应建设集中式给水工程，联村、联片供水；无条件建设集中式给水工程的村庄，可选择手动泵、饮泉池或雨水收集等单户或联户分散式给水方式。结合村庄道路，合理布置输配水管网，有条件的地区可布置环状网。

2. 排水

村落可因地制宜地进行排水工程规划，包括预测污水量、明确污水处理及排放方式。污水可采用结合建设化粪池、沼气池等方法处理，也可建设集中污水处理站进行处理。

村庄污水收集与处理遵循就近集中的原则，靠近城镇的村庄污水宜优先纳入城镇污水收集处理系统；其他村庄可根据村庄分布与地理条件，采用生态式污水处理技术，集中或相对集中处理污水；不便集中的可采用净化沼气池、生化池、双层沉淀池或化粪池等方式就地处理。

优化排水管渠，雨水应充分利用地表径流和沟渠就近排放，污水应通过管道或暗渠处理后有序排放。

3．电力电信

考虑不同地区经济发展水平，合理确定相关建设标准，在保护历史文化村落风貌的基础上，有条件的地区可考虑电力电信设施全覆盖。电力电信线路提倡架空排设，以做到经济节约、便于检修，同时架空杆线应注意排列美观和日常安全，村庄入户线路应排列方便有序，避免私拉乱接。

应确定电源及变、配电设施的位置、规模，确定供电线路走向和高压线保护范围。配电设施应保障村落道路照明、公共设施照明和夜间应急照明需求。

4．环卫

因地制宜地选择生活垃圾处理方式，人口密度较大地区提倡"组保洁、村收集、镇转运、县（市）处理"的垃圾收集处置模式。提倡生活垃圾分类收集和有机垃圾就地资源化处理。确定村落生活垃圾集中收集点的位置、容量。受条件限制只能采用填埋方式的，填埋场应远离人畜饮水源，并距村落边界500m以外的下风向，同时还要防止污水渗入水塘。

结合村庄公共设施布局，按照村庄规模，合理配建公共厕所，有条件的地区应达到或超过三类水冲式标准。

5．燃料

村庄所用燃料主要包括管道天然气、瓶装液化气、沼气、煤、农作物秸秆、牲畜粪便等。靠近城镇的村庄有条件的应纳入城镇燃气管网；一般村庄应以瓶装液化气为主，瓶装液化气供气方式具有灵活、便利、供应覆盖范围广等特点。结合农业产业设施，有条件的地区应推广秸秆气化、沼气等。提倡发展太阳能、风能、生物质能、地热能等清洁能源。

9.2.5　公共服务设施

村庄公共服务设施在农村中所起的作用是多方面的。首先，直接服务于村民的生活，提升村民的生活质量。其次，可以促进生产，主要是发展村庄第三产业，如商业、服务业、旅游业等，可解决部分村民就业，某些公共服务设施还可带动村庄集体经济的发展。再次，还可以成为传承村落文化的载体，丰富多彩的人文活动是村庄最生动的活力体现，公共服务设施为村民提供公共活动场所的同时，公共建筑还能够形成良好的村庄景观风貌。

1. 村庄公共服务设施分类

行政管理类：村委会、其他管理机构。

教育类：小学、幼儿园、托儿所等。

医疗保健类：医务室、计生指导站等。

文体娱乐类：活动室、图书室、健身场所等。

商业服务类：小型超市、杂货店、小吃店、理发店、菜场、综合修理等。

2. 布局方式

（1）结合主要道路带状布局

沿村庄干路两侧布置公共服务设施，形成线性公共活动场所。干路人流多，且连通到村民各家，可方便大部分居民，同时还有利于组织街巷空间，形成村庄主体景观。一般情况下，沿路带状布局方式应作为优先选择的布局方式。

（2）结合公共空间设置

结合村庄公共空间布置公共设施，形成围合、半围合空间，作为村庄主要公共活动场所。

（3）结合村口设置

在村庄入口集中布置公共服务设施，富有特色的建筑形式可以为村外或路过的人们所使用，有利于充分发挥公共设施的服务作用。

（4）点状布局

公共服务设施分散设置在村庄居住组群中，形成散点状布局。这种方式的优点是服务半径近，每一组群内的村民使用都很方便，村庄服务条件整体均衡。

9.3 历史文化古镇的更新

根据历史文化古镇保护规划的定位，其保护规划属于古镇控制性详细规划的历史文化保护专项规划，古镇镇区的经济社会发展有专门的专项规划。因此，保护规划现代适应性更新的内容只包含古镇镇区内历史文化街区的改造与更新的内容。

9.3.1　历史文化古镇的特点

一般的历史文化乡镇就是一个小型的城镇，而城关镇虽名为镇，其实是县城所在地，已经是小城市的规模。因此，历史文化古镇一般具有一条以上的历史文化街区。古镇历史文化街区中的居民由于生活在城镇内部，与外界交流频繁，与街区外部的城市居民相比，这部分居民有相似的思想观念和生活方式，但其实际生活状态已落后于城市居民。快速城市化所带来的是现代居住生活模式的转变，科技的进步和居民生活质量的大幅提高更加促进了这种现代转变的进行。传统的历史文化街区为了追求其形式的传统性与真实性，正是抑制了居民生活的现代需求。

雅各布斯在《美国大城市的死与生》中说过："有一种东西比公开的丑陋和混乱还要恐怖，那就是带着一副虚伪的面具，假装秩序井然，其实质是视而不见或压抑正在挣扎中的并要求给予关注的真实的秩序。"

1. 现代居住模式——家庭结构小型化

当今社会，家庭组织特点和现代居民的居住模式发生了巨大改变，大家族的概念逐渐瓦解而趋于核心化，家庭结构从以前的大家族模式转变成了小家庭模式，越来越多"四二一"家庭。男女平等的观念代替了以往的男尊女卑，家庭功能的社会化削弱了以往家庭与家族、宗族、氏族的紧密联系，甚至出现了"空巢居""丁克"等多种家庭形式。

根据调研的几个历史文化古镇数据显示，古镇居民户均人口从1985年的3.49变化为2007年的2.98。可见，古镇居民家庭的总体变化趋势是朝着小型化的结构演变。家庭结构小型化的趋势在历史文化街区中表现得更为明显。现代家庭结构的演变对居住环境提出新的要求，不仅要"住得下"，更应该"住得舒适"，在考虑基本空间需求的前提下，还应进一步满足内部家庭成员对私密性的需求。

2. 现代生活水平——生活设施现代化

随着现代社会建设与经济发展，居民生活水平得到大幅度提高，古镇居民对现代生活设施的需求度日益增长。在笔者对历史街区的调研中可以发现，一些现代设施的踪影，如生活条件较好的居民家庭安装了空调，一些条件较好巷道内随处可见宽带网络转换器，科技化和信息化高度影响着街区居民的生活。

然而，在调查过的古镇历史文化街区中，普遍存在基础设施落后的共同特点，居民大多数没有自家独立的厨卫设施，天然气管道和上下水等基础设施也不完善。然而，这些基础设施在街区形成之初是符合当时的居住标准的，不仅表现在基础设施与当时居民生活的契合，更体现在管道、线路的建设标准与铺设方式对传统街区格局的适应。

在传统的大家庭模式下，往往是大家庭共同居住，独立厨卫设施的需求量相比今日要少得多。在居民互相熟悉的情况下，公共空间的使用率相对较高，如每家的厨房设置于走廊两边，居民一边聊天一边做饭，从而促进了邻里的交往。在传统生活水平下，家庭对物质的享受较少，夏日傍晚，巷道内挤满了乘凉的居民，躺着竹椅，摇着蒲扇，小孩追跑打闹。在家用电器普及率较低的年代，用电负荷较小，电力供给基本能满足当时需求。总之，历史文化古镇内的基础设施建设是根据当时居民生活水平和需求而建，符合当时生活需求。

目前，古镇历史文化街区在基础设施建设方面存在的普遍问题是负荷低、线路乱、设施不足等。因此，改造的重心是在现有规范条件和需求水平下，对原有设施进行升级或改建。

3. 现代出行方式——交通工具机动化

通过调查发现，街区居民出行距离和出行方式都随着城乡交通设施建设步伐的加快而发生相应的改变。具体表现在以下两个方面：

首先，随着城乡道路设施的建设，各种机动交通方式得到广泛普及，居民出行交通方式呈现出多元化发展趋势。高效和便捷成为现代居民选择交通工具的前提，受当地古镇经济条件的限制，摩托车等小型机动车较为普及，迎合了现代人对交通高效化的需求。历史文化街区中小型交通工具越来越常见，居民家庭在日常生活中对机动车的依赖呈上升趋势。

其次，居民出行范围的扩大和出行时间的复杂化，也为交通的组织和疏导带来一定难度。根据调研结果显示，历史街区中居民就业范围有明显的扩大趋势，因而对古镇交通的依赖性增加，历史街区中居民家庭人均交通消费支出也呈现增长的趋势。

4. 现代社区特色——居民结构流动化

在对古镇历史街区的调研过程中发现，街区居民构成中外来租住居民所占比例较大。以东莞市石龙镇为例，街区中转租户占到总数的1/4，且包括私产转租户、公房转租户和单位房转租户三大类，其中公房转租户占转租户总数一半以上。街区原本相对稳定的居民结构发生瓦解，大量外来底层人口渐渐占据了街区，居民流动性强，居民构成复杂。

外来居民的介入，带来的不仅是社区结构的改变，更明显的是推动了历史街区原有生活方式的演变。在现代社会开放性主题的影响下，居民生活的开放性加强，交往方式多样，交往范围扩大，交往活动频繁。如何处理好原有居民与外来居民的关系，必须借助居民良好的交往与互动来解决。

5. 现代文化内涵——文化形式多元化

城镇是人类聚居的产物，在古镇中成千上万的居民由于其千差万别而构成多样性。同样，文化的多样性也是由于不同人群的聚集而产生的。从文化角度来看，古镇呈现错综复杂并且相互制约和支持的文化多样性，来满足文化发展的需求。现有的文化兼容并包，而在建设趋同化的时代背景下，文化面临着"中西文化撞击"和"传统文化与现代文化交融"的双重挑战。

因此，历史文化街区的文化更新应建立在对古镇传统文化和现代多元文化的深刻认识上，同时满足居民对历史文化街区传统文化的体验，以及居民对现代文明的共享。

6．现代经济背景——消费方式差异化

我国在经济发展初期，由于国情的限制，居民收入水平相似，高积累、低消费是当时城市居民的主流消费观。然而，随着国民经济的发展，人们的收入差距拉大，居民的消费方式和消费观也相应出现分化。目前我国已形成贫困型、温饱型、小康型、富裕型和富豪型五个消费阶层，贫富差距悬殊。不仅如此，居民消费需求的范围也不断拓宽，从基本的物质消费，逐渐发展到文化、精神消费。受收入水平和物价因素影响，目前历史文化古镇中的居民明显消费能力不足，并呈现出弱势化趋势。历史街区居民多数是享受城市低保的人员，生活仅能维持温饱。他们主要依靠单位的生活费、下岗费、最低生活保障费和不稳定的临时打工收入，靠自身能力无法保持个人和家庭成员的基本生活水准。并且，依靠自身力量无法改变目前的弱势地位，必须借助国家和社会力量给予帮助。

因此，历史街区居民的贫困一方面来自于自身的绝对贫困，另一方面来自于与城市居民相比较的相对贫困。街区居民处于贫困型消费阶层，由此决定了其消费方式和消费范围都处于最低水平，满足最基本的生存需求。并且随着居民消费价格指数不断上涨，街区居民的生活必然会更加困难。历史街区居民对消费层次上升的需求只能通过改变和提高街区居民经济收入，提供自给自足的经济活力才得以实现。

对于古镇历史文化街区来说，其赖以生存的外部环境变化深刻影响着街区中最主要的因素——居民。一方面，居民作为历史文化街区的主人，沿袭着过去的传统；另一方面作为古镇居民中的一个普通群体，对现代生活方式有着无限的憧憬。这些历史文化街区既是历史的诉说者，同时也为居民的生活提供物质环境，只有保持其作为现代居民生活载体的使用功能，才能使这些街区焕发新的活力而得以延续。

通过对古镇历史文化街区在缓慢发展时期，面对变化中的外部环境而建立的"平衡−失衡−平衡"的动态平衡适应机制的总结，以及对快速发展时期，外部环境激变带来的历史街区生存危机的分析，我们不难看出，历史文化街区更新的关键，是寻求街区与外部环境之间的适应机制，进而重新建立平衡。而建立平衡的关键，是通过分析居民在外部环境刺激和引导下，层级化发展的现代需求，以此为依据建立新的供求平衡关系。

9.3.2 历史文化古镇更新目标与原则

1. 现代适应性更新方法的目标

（1）历史文化遗产保护是前提

现代适应性更新的基本目标是通过相应的保护更新手段，延续历史文化街区的物质、文化、经济环境，避免在大拆大建中摧毁历史文化。在全面调查的基础上，还要继续进行提炼，因为历史保护不是意味着对全部历史信息的保留，而是对不同历史价值和保留现状的信息采取不同层次的保护方式，以理性而灵活的方式对待历史信息。

（2）满足现代生活需求

"人"是历史文化街区的居住主体，现存的街区内部住户大多数属于社会阶层较低的人群，使得他们在街区保护与更新的过程中话语权较低，处于被动地位。我们在此探讨历史文化街区的现代适应性，不应仅仅把物质环境的改善视为唯一目标，而应对居民的利益给予足够的重视和具体的分析，以此为探索的基础，在更新改善街区环境的同时，真正实现社会的公平和公正。

因此，唯有与居住者的生活模式转变相适应的更新，才能保证其社会、空间结构的延续，成为活的传统居住博物馆。街区保护和更新的目标应该以满足生活在其中的居民的精神和物质等多方面需求为目的。

实现这一目标的关键，是对适应性要素的提炼。通过对居民的调查和走访，获取居民现代生活的信息，分析并寻找到现代需求的各个方面，以此来对应出需要进行更新的各街区要素。如满足现代出行需求的要素，对应的是街区街巷空间的更新。采取这一方式，寻找到街区物质环境中存在的根本问题，使更新的措施将更具可操作性。

2. 现代适应性更新方法的原则

（1）连续性原则：街区传统的保留与萃取

在历史文化街区的更新过程中，连续性的保存是其重要的一部分，其连续性分以下两个部分。

1）街区历史的连续性

历史文化街区的构成要素有很多，其中主要有历史建筑（传统建筑形式、风格、地标等）、空间组织（平面形式、路网结构、空间轴线关系、序列关系、空间尺度等）、社会组成、风土人情等。基于这些历史元素，无论时代如何变迁，只要历史延续，人们就不会丧失对街区的熟悉记忆。因此，在现代适应性更新中，新的需求要素的植入要以不破坏街区历史连续性为前提。在更新中保证街区历史的延续方式有以下几种：空间特征的抽象继承、保留原有风貌和城镇格局、传统社会生活风土人情的延续、空间含义的表达和拓展等。

2）街区文化的连续性

历史文化古镇是一个有机体，是具有地域文化的人居环境，古镇的持续发展需要保持具有历史价值和精神价值的人工环境，在文化的继承性与变异性相统一的过程中完成。自社会转型时期以来，大规模的建设与改造破坏了历史文化古镇街区环境的延续性，造成社会历史文化的断裂和历史文化古镇特色的丧失，居民认同感和社会归属感逐渐消失。因此，在对历史文化古镇中历史环境进行保护的同时，也要保持社区结构和文化的多样性，满足人民精神上和心理上的要求，使社会文化得以持续发展。

在现代适应性更新中，对待传统文化的态度不是静止的传承，而应当是在继承原有文化传统的同时，创造符合时代进步要求的新型文化，使街区的文化不是被动式的保护性传承，而是主动的自我适应调节，具有长期传承下去的基础。

3）街区社会的连续性

居住性历史文化街区保护与发展的根本基础，是同时保证街区的物质环境空间和社会网络空间的协调发展，两者的统一保证了街区的活力与魅力。

（2）人本主义原则：居民需求的提炼与转化

街区和建筑归根结底是为居住在里面的居民提供活动交往的空间，丧失人类活动的建筑是无生命的，把原居民都迁出的更新是不合理的。现代适应性更新的出发点是以人为本，这就包含两个方面的意义。其一，注重人的行为心理需求，强调以需求为导向的环境综合治理与街区更新；其二，更新中鼓励居民参与，体现公众参与的价值。

1）需求导向

现代适应性更新采取通过分析居民需求，寻找到历史文化街区与现代不相适应的问题根源，处处体现了"以人为本"的思想。在更新过程中，物质层面和精神层面的需求同等重要，需一视同仁。物质层面强调构造一个空间满足人们现代生活的功能需求和审美需求，而精神层面则强调人们的归属感和认同感。

2）公众参与

人本主义原则的另一方面意义在于更新过程中居民的公共参与，在保护更新中，公众参与是不可缺少的重要原则。在街区的保护与更新工作中如何有效激发居民的参与积极性，是街区保护更新工作的一个重要方面。而在现代适应性更新中，居民的参与显得尤为关键。

第一，在前期工作阶段，资料的收集工作必须有助于居民的积极参与。规划者具有良好的专业素质，对街区物质方面的缺点和不足能通过观察和踏勘而进行收集，但对现代生活需求的了解只能通过长期居住在此的居民来了解。如果在这一关键环节缺少居民的协助，更新工作将出现较大的盲目性。

第二，从社会角度而言，公众参与基于大众利益，有助于调动居民保护的主动性和积极性，使得保护更新规划建立在广泛的群众基础上，从而确保规划的可实施性。同时，公众参与有利于加强社会网络和邻里关系，只有建立良好的邻里关系才能留住居民，塑造良好的社区形态，使物质环境和社会网络得到较好的延续。

（3）现代适应原则：传统基底的现代要素注入

历史文化街区的结构形态和功能特点是由当时特定的历史环境决定的，前文提到过自然环境、历史人文环境和社会环境三方面因素对其的影响和作用。在历史演变中，环境因素的改变带来的是街区自身的不断完善与发展。目前国内针对这些有历史价值的街区而采取的保护更新工作往往包括积极和消极两个方面的意义。积极的方面表现为对历史性物质空间的保留和保护，使得这些珍贵的历史文化得以延续；消极的方面表现为传统空间与现代生活模式往往不相适应，这些保护外力的强加，将会遏制住街区长久以来形成的与环境调节适应的动态平衡机制，使街区生命停滞在历史的状态上，无法继续发展。

因此，现代适应性更新的一个重要原则是保证街区的时代性特征，鼓励新要素的加入，创造符合时代特色的新型历史环境。这不仅符合街区自身发展特点，也是动态历史观的最好体现。

9.3.3 历史文化古镇更新策略

1. 适应现代居住需求

策略一：更新方式的分级选择

居民现代居住需求的满足首先是通过住宅改造而实现，通过调整内部结构或整体更新，增加人均居住面积，且对不同保护要求和历史价值的建筑应采取不同的更新方式。更新等级的划分应充分考虑历史价值与现状两方面因素。首先，从文化、历史等建筑价值上将建筑分为三类，即"A：建筑价值很高、较高；B：一般；C：价值较低"。其次，根据建筑状态和居民生活状况，也可分为三类，即"A：良好；B：一般；C：较差"。综合评价建筑价值和使用状态后，可将建筑的更新类型分为三类，即"A：保护为主；B：局部改造；C：整体更新"。

策略二：居住功能的结构更新

满足居民现代居住需求的空间要素可分为外部空间和内部空间两部分，内部空间即居民的住宅，外部空间即天井、院落及其他附属空间。住宅内部空间的更新涉及根据不同家庭的需要而对居住户型的重新划分，以达到安全、私密和舒适的要求。而住宅外部空间包括民居中具有地域特色的建筑附属空间，如天井、出檐、凉亭、院落等。外部空间的合理调整目的在于重新建立适于现代家庭需求的空间秩序，进一步优化传统空间特色。

由于经济状况较好的居民部分外迁，留在历史街区继续居住的，大部分是无力选择自身居住环境的老年人、低收入家庭以及外来租住户，又由于历史街区固有的建筑形式制约，加大了改善居住状况的难度。

（1）居住户型的调整

居住户型的调整主要针对目前普遍存在的乱搭建现象，改善住宅不成套和拥挤现象。而对于不同街区，应采取差异化的调整方式。如上文所述，根据建筑的历史价值与使用状况的差异，采取保护为主、局部改造和整体更新三个级别的更新方式。因而户型的调整也应该采取相应的差异化手段。

对于以保护为主的街区，居住的拥挤状况首先应考虑通过疏解过密人口来达成。拆除违章搭建的棚屋，恢复原有空间形态，重新设置居住相关配套功能。此方法能有效保护街区传统风貌，并防止过度密集的居住人口对历史建筑的破坏。而对于局部改造的街区，历史建筑一般，根据采取改建、新建的方式来满足现代家庭的居住需求。在新建或改建中，必须考虑街区的整体风貌，保障新建筑要素与周边环境的统一协调。

（2）空间秩序的梳理

居住空间秩序的梳理主要针对建筑内部空间与外部空间的秩序重建，创造符合现代小家庭居住要求的"公共-半公共-私密"空间等级。住宅空间的更新不仅仅是对居住户型的改良，以符合现代居民的生活习惯，更应该对住宅的外部空间进行整合。院落空间作为居民生活的外部空间，尤其在历史文化风貌街区中，承担了相当大部分的生活功能。由于室内空间有限，许多生活中必需的空间功能由院落空间提供。如居民的厨卫设施，往往利用公共院落的一角搭建，几户共同使用。而院落也承担了居民储存物品、堆放货品，甚至家庭会客的功能。院落空间原为街道与住宅之间的过渡空间，属于半公共空间，而现状公共性增强，加上街道空间公共性的延伸，院落逐渐失去了空间过渡的作用。

在调研中发现，居民对院落空间过度使用，但不经常进行清洁和维护，其根源在于院落空间归属不清，不是私人空间，但又具有高频的使用率。院落空间的适应性更新问题，不仅仅是要解决居民的空间争夺问题，更是要通过院落空间的改造，建立院落与居住空间的联系，重新塑造空间秩序。

2．适应现代供给需求

策略一：商业设施的内外联系

现代居民的消费行为，不仅考虑时间和经济的合理性，而且开始关注购物环境的优劣、商品所传达的生活方式。通过调研中对居民不同消费品购买情况的分类统计可以看出，对于不同类型的商品，居民表现出差异化的购物方式。对于日常生活消费品，居民侧重于就近直接购买，便利性是考虑的主要因素；而耐用消费品，倾向于专程前往并对商品进行反复比较后购买。与历史文化街区居民日常生活息息相关的这两类消费品，应当建立系统性的商业体系，营造相对应的消费空间。

居民实际生活需求相差甚远。对于这类街区，应调整街区内部小型商业的比例，对居民生活产生干扰的业态进行遏制和疏散。此外，还应通过对相应物质空间环境的改善来满足居民现代消费心理对环境质量的重视，将物质空间纳入统一规划中。

策略二：基础设施的技术改良

古镇的市政基础设施，就如同人的躯体，是实现各种机能、满足居民生活需求的基本工程设施。历史文化街区作为古镇的一部分，同样需要各种基础设施的支持，如给水、排水、电力、电信、供气、空调、卫生、消防、防灾等。历史文化街区中的基础设施本身存在很大的问题，市政设施普遍落后。

为满足居民对基础设施的更高需求，街区内通信线路、基础设施管道和电力线路走线混乱，严重影响街区景观，裸露的电线也带来不少安全隐患。只有不断更新历史文化风貌街区中的基础设施，才能适应居民日常生活所需。历史街区基础设施落后是由历史、经济、社会多方面的因素造成的，其中最直接的原因是历经几百年风雨的历史街区本身筋骨僵化的老年病，街巷空间狭窄且曲折多变，难以适应一般现代基础设施建设从设计规范到施工对空间的要求。

基础设施的技术改良应当从街区内部和外部两个方面同时进行。首先是对街区内部街巷梳理，对不同宽度的街巷采取不同的管线铺设方式，并对基础设施的技术进行改良，适应某些特殊街巷要求。其次是从街区外部解决，镇区的设施负荷不应施加于街区，尽量分散街区负荷。

（1）技术的改良

历史文化街区内部建筑和街巷的局部更新，为市政设施的补充完善提供了物质基础。街巷的拓宽和梳理有助于管道铺设和走线，新的建筑建造方式也为服务设施的补充创造条件。但对于难以进行街巷和建筑改造的历史地段，针对街区自身存在的种种困难，适应性的更新方式应当是对市政工程技术本身的改良，以非标准设计适应街区物质环境。

（2）负荷的分散

分散历史文化街区本身的负荷也是更新措施之一。市政设施的规划应当以历史文化街区的长远发展为前提，区域内的市政设施应当以满足现有居民为目的，而不能过多地将镇区层面的需求强加其上。历史文化街区不应承担镇区其他地区的设施需求负荷，相反，镇区周边地块应当为其主动分担负荷，以促进街区的良性发展。分析居民需求，调查梳理现有设施状况，对原有的功能进行补充，并且加强外部设施的共享性，以满足街区需求。

3．适应现代出行需求

策略一：交通系统的内外连接

历史文化街区的交通系统作为城镇大系统中的一个子系统，必然与外部系统相互作用和协调。街区交通系统的外部协调既包括外部交通系统对内部系统的影响和支撑，也包括其对外部系统带来的反馈。

策略二：道路结构的分级优化

现代居民生活方式的改变，带来的是对机动车交通的依赖越发强烈，街区中出现的小型机动化交通工具和消防车通行的要求，对街区交通方式的优化提出挑战。目前街区中街巷格局都是以满足步行交通为主的，应进一步考虑在局部地段通过道路结构的优化，满足小型机动车的进入。历史文化街区内部交通系统的更新重点，是如何形成一个有效而便捷的交通网络，并与外界公交网络密切联系，道路结构的分级优化成为实现这一目标的最重要手段。

首先是对整体结构进行结构划分，分为步行核心区、机动车介入区和两者之间的连接转换区三个部分，然后针对每个区域分别进行优化。步行核心区是街区内以步行为主导方式的场所，占街区绝大部分区域，更新中的重点是打造典型步行空间的连续性和可达性。机动车介入区是随着居民出行方式机动化而改良的区域，并不是完全由车行覆盖，而是车行交通的适当介入，以引导辅助步行交通的现代适应性更新与完善，满足居民的基本生活需求。此区域的打造策略可以借鉴西方"交通安宁理论"和"共享理论"中人车平等共存的概念。机动车的介入以不破坏街区街巷格局为基础，遵循原有街区尺度。连接转换区是步行核心区与机动车介入区之间的连接区域，实现从车行到步行的空间过渡转换。

策略三：步行环境的人性设计

在历史文化古镇交通系统中，步行交通扮演了极为重要的角色。对于历史文化街区来讲，大量街巷狭窄且老化，只有依靠步行道才能到达，成为居民出行中不可或缺的通道。目前街区居民仍以步行为主要短距离出行方式，然而街道的老化和陈旧，造成居民出行质量下降。

4．适应现代交往需求

策略一：社会网络的多样构成

历史文化街区内的居民大多数对目前的社区状况表现出强烈的认同感和归属感。尽管现状居住环境和生活设施很不理想，但邻里间长期建立起来的和睦交往氛围成了维系居民情感的重要纽带。这些街区虽然有良好、稳定的社会网络，但不可否认的是这种社会结构体系过于封闭。随着街区居民结构发生流动性变化，这种社会网络在面对外界快速发展的冲击下，难以保持自身的活力。

要保持持续的活力，就要求社区能够与外界进行信息与能量的交流，以促进其发展。在调查中发现，对新迁入的居民，原居民大多持欢迎态度，并期望通过自己积极的行动"同化"外来者。居民把日常生活中的邻居间互相帮助视作理所当然的行为，这些无意识的自发行动使得新居民很快便能融入社区，建立起较强的认同和归属感。

建立社会网络的"多样性"正是基于历史文化街区居民社区适应现代发展需求而提出的，"多样性"意义广泛，涉及居住人口、年龄、收入层次、文化知识层次等，"多样性"的策略对街区文化积淀的延续、多元社会网络的重构、发展动力的增强都具有重要意义。

策略二：公共空间的系统整合

社会学家的观察表明，不同的社会阶层之间的相互接近未必能创造社会融合，而且社会融合不能以专制的形式或者是固定的程序获得。社会融合需要通过个体自由选择达到，但是可以激发其产生。

历史文化街区的公共空间是街区的魅力所在，是体现街区历史文化的重要载体；同时，公共空间也是历史文化街区居民交往活动发生的主要场所。人、社会生活和公共空间三者之间存在着紧密的联系，公共空间与居民之间存在着"人造空间，空间塑人"的关系。空间的灵活和多样，会促使社会生活向更新、更复杂的方向发展。居民交往空间的现代适应性更新的重点是公共空间以及周围不同活动和功能的整合，促使不同人群彼此影响、相互激励，并参与进来。

首先，是梳理公共街巷空间。历史文化街区中的街巷空间可以分为三个层次，即交通性街巷空间、穿越性街巷空间和停留性街巷空间。交通性街巷空间承担的是街区主要步行出行的功能，居民对其使用时带有一定的目的性，属于必要性活动层面。停留性街巷空间是联系居民住宅院落的最小单位，是居民日常使用最频繁、居民自发性活动的场所，同时也是以邻里为单位形成的活动场所，居民之间相熟度高。而介于两者之间的穿越性街巷，作为从街区交通性街巷到街坊组团之间的过渡，是产生社会性活动的主要场所，承担着增进不同邻里街坊居民社会性交流的任务。

其次，是强化穿越性公共空间带来的社会性活动。此类空间是加强街区中不太熟悉，特别是新旧居民之间互动和交往的重要场所。维持原有穿越性功能，并适当通过空间手段增加此类街巷的停留性，促进不同人群的交流发生，如增加绿化空间、停留设施等。

最后，是增加和优化公共节点空间。考虑现代居民对一些大型公共活动的参与越来越常见，公共空间的类型亟待丰富和完善。在更新中，对一些无保留价值的建筑予以拆除，借以增加一些新的公共节点空间，在原有空间形态的基础上，形成新的公共空间。

策略三：设施要素的优化完善

首先，是活动设施的完善。历史文化街区中的活动设施建设主要是面对老年人的健身设施和儿童的游憩设施，因为这是街区人群中比较突出的一个群体，也是公共空间最主要的使用主体之一。因此，活动设施的完善在丰富居民社会交往活动上起着极为重要的作用。

其次，是休憩设施的补充。目前街区中相应的设施比较缺乏，大大降低了居民对公共空间的使用效率。休憩设施在公共空间中的设置必须充分考虑到式样、材料、间隔和布局等，同时应结合空间的整体环境来设置，不破坏街区整体风貌。

5．适应现代文化需求

策略一：多元文化的再生融合

历史文化街区中的非物质文化遗产由两个部分组成，一是民俗文化，二是传统文化。民俗文化是历史文化街区非物质文化遗产的重要组成部分，同时也是街区活力的主要体现，包含居民的生活方式、交往方式、社会网络结构等。在历史文化风貌街区中，居民传统的生活方式、形态、个性、邻里关系和交往空间是街区空间形态的主要影响因素，深刻影响着街区的形成与演变。街区居民的生活方式、邻里关系代表的是一种文化，是居民内在的精神需求，也是居民的文化载体。

民俗文化的特点在于随着时代变迁而具有时代性特征。街区人口的流动，外来人口的干预，现代文明的进入，新的商业内容的进驻，这些因素影响着历史文化街区中的居民，使内部传统文化发生变化。居民的价值观念发生变化，不再固守传统，思想变得日益开放，对现代城市中的多元文化接受度增强，这些变化决定了民俗文化的发展和延续与传统文化有所差异。民俗文化与现代多元文化的交织融合，构成历史文化街区居民生活的基础，也是民俗文化得以延续的保障。多元文化的再生融合强调的是对民俗文化的延续和对现代文化的接受，因此，在现代适应性更新中，为社区居民的现代民俗文化建设提供充分的空间、载体和财力支持，应当成为文化更新的重要组成部分。

同时，对街区中的传统文化也应当给予发展的空间。传统文化相对于民俗文化，是代表传统居民集体智慧的产物，是街区在发展过程中的文化积淀，往往代表着城市形象。如在重庆历史文化风貌街区中的建筑文化、茶馆文化、戏曲文化等，都是属于传统文化的范畴。

现代人被历史文化街区所吸引，一方面是蕴含在街区物质空间中的传统文化，另一方面是体现于街区居民生活中的民俗文化。两者对于历史文化街区同等重要。前者强调延续与发展，与时俱进；后者强调保护与传承，原汁原味。

策略二：空间载体的分类打造

在进行文化的空间载体建设过程中，应对不同人群定位而展开。对来自于外界的传统文化体验者，空间载体的打造偏重于传统文化的诉说；而对于街区居民来说，空间载体的建设更应注重人文关怀，着力于对现代民俗文化的关注。在文化空间载体的建设、活动和产品的提供方面，理性吸收外来文化和本土传统文化中的积极元素，重塑具有鲜明特色的现代文化。

策略三：活动载体的多样选择

如果缺乏街区居民的普遍参与、响应和支持，街区的文化建设往往只能停留在博物馆式的保护层次，难以实现文化再生。因此，活动载体的选择与空间载体的打造同等重要，以街区居民更为积极的参与，建立"文化自觉"。文化自觉本质上是一种能力，一种对传统文化、本土文化、外来文化的辨识能力，建立在文化自觉基础之上的街区文化建设，将能够带动居民的自主意识，参与街区文化特色的打造。文化活动载体的选择是树立居民文化自觉的有效手段，通过专业的活动策划和居民自主的活动开展，将有利于街区多元文化的建设。

6. 适应现代产业需求

策略一：街区产业的理性定位

把历史文化街区放在"消费"的时代背景下，通过将历史文化风貌街区作为一种消费的空间，既为古镇居民提供良好的体验场所，又能带动街区整体发展，提高本地居民经济收入。与产品和服务能直接通过经济活动带来收益不同，体验经济是通过激发消费者和游览者游览动机和冲动性购买，间接地带来收益。因此，能否向消费者和旅游者提供与众不同的、具有明确主题内容的体验，关系到街区经济运作的成败。更新改造时应深刻全面地剖析各个街区的特色，抓住并强化特色，使隐形的文化内涵得到显性。

策略二：业态功能的灵活组合

在街区产业定位的同时，街区业态功能的选择也必须纳入更新规划中。街区基本功能和引导功能的选择应考虑多方面因素。从保护规划确定的功能定位分析空间供给，确定街区的基本功能，然后结合市场需求趋势及各种业态自身的空间供给确定街区的引导功能，从而为街区的功能拓展和组合确定依据。由于历史文化街区地段的特殊性，既给产业的发展带来一定的机遇，也因为街区特定的建筑高度、风貌乃至门面装修的规定和控制，对产业的发展将产生较大的限定作用。应充分分析哪一些业态类型可能会从建成环境的历史意义中受益，同时应从对产业的现实不利因素出发，从供给的角度出发分析最大的开发容量和可承受范围，避免过度开发对历史建筑造成毁坏。基于历史建筑与街区的分类，再结合该种业态的经营需求，可以细分出不同业态对应于不同物质形态之间的相互关系，如商业形态、休闲形态、旅游形态等。

最后，街区业态功能的组合还要考虑不同业态之间的相互关系，商业、餐饮、文化、休闲、商务、旅游和酒店公寓等不同业态对物质环境有不同要求，实现不同业态的合理搭配和组织，使各业态之间建立良好的互补、促进、共生关系。

策略三：居民就业的政策扶持

历史文化街区经济复苏的目的是带动当地居民经济收入的增加和生活水平的提高，而从目前已有的历史文化古镇旅游开发情况来看，对当地居民收入的影响不大，受益者多为外来经营者。在街区产业合理定位和业态功能组合的基础上，对当地居民创业行为给予一定的政策性扶持，才能从根本上满足公众利益与个人利益的平衡。

9.4 保护与展示利用规划

保护规划作为一类以历史价值特色保护和传承为导向的专项规划，通常是以历史文化资源及其遗存环境的保护为重点，也是我国文物管理和城乡规划体系的重要组成部分。它要在有效保护历史文化资源的基础上，改善城乡环境，适应现代生活的物质和精神需求，促进经济、社会的协调发展。保护规划所强调的并非消极、静态的极端保护，而是一种"保护为主、积极展示、合理利用"的辩证思维，倡导"历史保护/展示利用"关系的正确处理，亦即：该规划需要同时研究确定历史文化资源的保护措施和利用途径，一方面挖掘和体现历史文化资源及其环境的历史文化内涵、科学艺术价值及其对城市发展的积极意义，另一方面必须对资源展示利用的方式、强度等提出要求和建议，将文化遗产融入人类现代生活、发挥更大作用。由此不难看出，对于展示利用的探讨业已成为保护规划编制中不可或缺的工作内容之一。

9.4.1 展示利用规划原则

1. 价值为核原则

"价值特色"研判作为整个历史保护规划的核心环节和关键依据，无疑也是引导和贯穿于展示利用环节的核心主线。历史文化资源的展示利用需要以发掘和彰显名城、名镇、名村和历史街区的价值特色为导向，在维持其原真性、完整性和协调性的基础上进行，避免缺乏历史依据的仿古建设，避免割裂价值特色的绅士化改造，也避免滥用土地资源、破坏文物和环境的商业化开发。

2. 资源基础原则

展示利用规划作为历史保护规划中不可或缺的内容构成，势必要利用特色资源（包括各类历史文化资源及其山水农田等环境要素）作为基础性的依托和节点，从空间、交通或是主题上整合一体。但这需要以资源认知的深度与广度为保障，尤其需要从宏观层面上强调资源本体与环境的整体展示、考量资源同所在区域的格局关系、把握其在地区或城市平台上的价值作用。

3. 统筹一体原则

考虑到历史文化资源类型丰富、形态各异的现实状况，展示利用需要紧扣名城、名镇、名村和历史街区的价值特色研判，借助于各类手段将分散为主的不同资源统合串联。这便需要在空间上依据点、线、面的形态，进一步将特色资源集聚成区、串联成线，或是设点成系，依据展示区、展示线路、博物馆展示系列等梯度化策略来构筑多层次、复合性的展示利用体系。

4. 衔接一致原则

无论是特色展示区的设置和展示线路的选点组织，还是专题博物馆的布点，除了要评估和利用现有的历史文化资源及其环境要素外,还需同已批准的上位规划和相关规划相衔接,重点是判断:上述规划中是否还新建和增补了一批休戚相关的特色资源?通过规划解读采集其定性、定点等信息,并借助于展示利用的规划将其通盘考虑、整合在内,避免不必要的重复和冲突。

9.4.2 展示利用规划内容

1. 展示利用框架的确立

作为启动展示利用规划的基础性步骤,其总体框架的确定需要考虑两点:一是如何确定多样化的展示利用手段?这关键取决于展示利用方式和既定价值特色之间的内在关联,涉及"价值导向"下的遴选基准问题;二是确定的展示利用手段呈现出怎样的形态特征?这则为下一步源于形态的展示利用体系建构提供了直接依据,涉及基本形态的分类梳理问题。该阶段的工作重点是:通过"价值导向"和"形态分类"两条主线的双向交叉和归并筛选,共同构筑一个完整的展示利用框架,也为展示利用体系的转译建构奠定基础。

"价值–形态"交织共轭的展示利用框架包括历史沿革、资源评估、传统格局等专题在内的大量基础研究和论证,确定了总体概念,并在此统领之下,按重要度提炼了历史文化村镇的价值特色——"整体格局+文化空间+传统风貌",以此为依据构建展示利用的框架,具体方法如下:

(1)展示利用手段的遴选:主要根据历史文化村镇的价值特色加以判断和筛选,但遴选的基准却各有偏重——"整体格局"偏重于宏观层面的手段,关注影响整体格局的结构性要素;而"文化空间"和"传统风貌"更偏重于中微观层面的手段,多限于村镇内的历史地段。相对而言,后者更关注于空间与形态方面的手段。

(2)展示利用框架的构建:主要围绕着所选的展示利用手段,由纵横双轴交织构成"价值–形态"共轭的整体框架——纵轴上选列的是价值特色相关联的系列展示利用手段,横轴则代表着上述展示利用手段同形态分类之间的对应关系。

(3)展示利用手段的分合:主要表现为不同遴选基准下展示利用手段的局部交叉和互含关系。一方面,根据不同基准而遴选的某些手段可同时服务于多类价值特色;而另一方面,不同的手段之间还会存在着包含甚至互替关系。

(4)展示利用体系的生成:基于纵横双轴的交织,再次将各类展示利用手段归并、取舍、分类,经由空间化而转译生成的展示利用体系的总体结构。

2. 展示利用体系建构

作为展示利用规划的核心步骤,其体系的建构需要以既定的总体框架为依据,遵循"分层次、分区域,现场展示与室内展示相结合"的原则,借助于不同的策略和具体手段,构建同"点线面"形态相呼应的"展示区+展示线路+博物馆展示系列"多层次体系。

（1）展示区

展示区作为一类适用于资源密集区段的展示利用策略，在操作时需要重点关注两点：①如何确定各区的特色定位？这主要取决于区内特色资源的价值集聚特征，同时也不排斥某一展示区内多元特色的并置共存；②如何确定各区的功能布局和空间结构？无论是单一特色还是多元特色的展示区，均需通过既定特色的空间化来确定其功能结构，并建议采取以结构性规划和概念性表达为主的操作方式。其工作重点是：确定各展示区的特色定位，规划各展示区的功能结构，探讨各展示区（尤其是重点资源）的展示利用方式。

（2）展示线路

展示线路作为一类强调交通体验的展示利用策略，具有明显的方向性和连续性，在操作时也需要注意两点：①展示线路必须拥有明晰的主题特色，并据此将相关的历史文化资源及其环境要素串接其上，形成节点序列化的内容组织方式。②展示线路的路径规划：主要根据水陆载体、历史文化资源及其环境要素的空间布局来组织。首先，路径的规划最好依托于现有的水陆交通载体，而非无中生有组织打造，其中游船游线主要结合重要水路规划主题支线，而慢行游线则结合现有的（或部分规划的）生活性道路规划支线；其次，路径的规划需要尽可能地将相关历史文化资源及其环境要素串联起来（包括相关规划中新建和增补的相关特色资源），以规模化地展现历史文化村镇"历史文化"和"休闲文化"的丰富内涵；最后，路径的规划最好还能打破水陆分立的局限，使其彼此环扣相接、便于水陆换乘，从而形成同展示利用总体结构相对应的展示线路。

（3）博物馆展示系列

相对于展示区和展示线路而言，博物馆展示系列更倾向于一类微观尺度的展示利用，因而更需要以历史文化资源为依托、同相关规划相衔接，也更强调博物馆在数量和类型上的系列化。该策略在操作上通常涉及两个环节：①主题。主题的设定必须紧扣名城、名镇、名村和历史街区的价值特色研判，同样涉及"价值导向"下的遴选基准问题；②选点。一般遴选和利用现有的历史文化资源，需优先考虑同主题设定具有历史关联性，而又拥有重要价值特色的法定保护游线主题。

3. 分期实施

作为展示利用规划的实施保障，其分期实施计划需要结合国家、地方和行业发展规划，根据上位规划周期和名城、名镇、名村及世界遗产的申报时间表，区分轻重缓急，辨析改造难度，合理地安排近远期的项目重点和实施内容。其规划周期可与上位规划保持一致，并通过适当的时间阶段划分，将分期的展示利用项目和工作落实在空间之上。该阶段的工作重点是：从时间和空间两个维度上统筹落实展示利用的分期实施计划。

展示利用规划作为整个历史保护规划中不可或缺的编制内容，可以遵循"框架确立－

体系建构--分期实施"的基本脉络进行操作，并在不同的阶段、不同的策略中形成不同的工作重点和思路方法——在框架确立阶段，其重点通过"价值导向"和"形态分类"两条主线的双向交叉和筛选，共同构筑一个完整的展示利用框架；在体系建构阶段，其重点是构建同"点线面"形态相呼应的"展示区+展示线路+博物馆展示系列"多层次体系；在分期实施阶段，其重点则是从时间和空间两个维度上统筹落实展示利用的分期实施计划——借此在当前保护与发展的两难境地间探寻城乡均衡协调的良性演进之道，在快速城市化和社会经济转型期发掘、传承和彰显历史文化资源的价值特色。

10
历史文化村镇保护规划的评估与实施

- 保护规划编制的评估
- 保护规划效果的评估
- 保护规划的实施与管理

"良好的规划应该能够有效地传达各种规划决策，并且应该具有高水平的内容与格式。"
——《城市土地使用规划（美）》

规划文本自身表达明晰、指标完备合理、具有科学的逻辑性是保障其能够顺利实施的前提。本章将针对目前国内已经编制的保护规划文本，对其进行分析归纳，并用层次分析的方法构建一套可行的评价指标体系。

历史文化村镇保护规划是一个不断发展的技术体系，随着社会的发展、编制技术的进步，以及公众对于历史遗产价值观的变化，保护规划的编制也会随之更新。因此，对于评估的指标应该做到及时更新；同时，对于评价的方法也应保持不断更新。

10.1 保护规划编制的评估

10.1.1 保护规划元素评估的原则与方法

保护规划仅仅包含法律法规及各种标准和编制办法中规定的各项基本要素是不够的，在各个要素之间还必须有科学合理的逻辑关系，这是影响保护规划有效性的关键因素。

1. 选取评估元素的原则

（1）全面性的原则

通过对国际上针对遗产保护的内容以及国内相关法律法规对保护规划内容的规定，同时参照国内保护规划案例，提取历史文化村镇保护规划所应具有的所有要素。力求能够较全面反映历史文化村镇保护规划各个方面的特征，以这些必要性元素作为评估保护规划编制最重要的指标。

（2）灵活性的原则

不对具体的保护方法做评判，只要该方法足够健全，能自成一体就行，因此可避免规划文本和保护措施的千篇一律，提倡因地制宜，关注不同村镇的特殊性。

保护规划的文本评估主要对保护规划必要性指标以及整个文本逻辑体系的科学与合理性进行分析评估，而对于其具体的保护措施与保护风格则采用客观与包容的态度，不设定统一的"标准"。对于其具体保护措施的效果优劣则以后续的保护规划效果评估为准。

具体操作上将评估指标分为两部分：必要性指标与扩展性指标。其中必要性指标即为了保证历史文化村镇历史资源得以有效保护和可持续利用必须加以控制的指标；而扩展性指标则为立足当地村镇的现实特殊情况，进行特殊控制的指标。

（3）实用性与可操作性的原则

对保护规划各个要素分别进行完备性、明晰性、合理性与可实施性的评估，最终形成一套评估表格。做到指标易于获取，且评价过程简便易行。

2. 元素评估的原则

对保护规划文本的评估，主要评估其内部逻辑体系是否合理，指标来源是否科学、符合规范，对于其规划目标及手段是否采用了国际先进的理念则不在评估范围之内。手段的高明与否、技术体系的先进与否并不是判断其有效性的标准，而是要看其实施效果是否达到了对历史文化村镇物质资源和文化资源的保护要求。

（1）成果要素的完备性原则

保护规划的成果应该具备表达规划目标、规划策略、实施计划等规划信息所需的全部要素。

（2）内容表达的明晰性原则

保护规划的成果表达要清晰，并可以被公众理解和阅读，有利于保护政策的表达。同时对于各项保护规划的措施应该采用明确、量化、易于评估的指标，不能过多采用只定性、不定量或者口号式的表述。

（3）保护措施的可实施性、指标的合理性原则

从各个要素内部关系层面进行分析：规划目标的得出是否基于基础资料，有无脱离实际的成分；规划措施是否符合相关规范，是否能够通过更加详细的规划策略来支撑其实现；规划策略是否与基础资料有过大的偏差；各个规划策略之间是否有冲突；规划策略是否具有可实施性，以及是否有详细的实施计划和保障体系；整个实施过程有无监督；有无反馈机制传导监督部门与实施部门。

10.1.2 评估指标框架的构建

1. 评估指标的基本框架

基于对国内历史文化村镇保护规划、相关规划编制要求的解读，同时参考国外较成熟的城市规划策略，可以将历史村镇保护规划的基本内容划分为现状研究与评估、保护框架的制定、保护范围与保护措施、各类专项规划、规划实施与管理五部分。

（1）现状分析与评估

历史文化村镇的基础资料调研对规划范围内村镇现状的"客观事实"进行了分析与描述。现状资料不是对收集来的材料的简单罗列，而要对这些现状基础数据进行分析与评估，总结村镇历史资源的特色，发现村镇保护与发展中面临的问题，寻找历史文化资源保护的切入点，从而为制定可行的历史村镇保护目标以及相应的保护措施提供依据。

（2）保护框架的制定

保护框架是对整个保护规划所做的结构性规定，包括保护规划的指导思想、目标和基本原则，以及规划范围、规划依据、规划期限的说明等内容。

其中，规划原则是整个保护规划编制的指导思想，应在满足相关规范的基础上符合历

史文化村镇当地的历史资源和经济社会现状。规划目标是基于对基础资料的分析，充分考虑现状村镇的历史文化、社会、自然景观及经济资源，挖掘历史村镇发展与保护中的主要矛盾，以及进行广泛的沟通协商工作，生成历史村镇未来发展与保护的总体意向。

（3）保护范围与措施

历史文化村镇保护规划应该根据村镇的历史建筑集聚规模、传统风貌的完整性以及文物保护单位的分布情况来划定保护范围。目前保护范围的划定多采用三区法，即核心保护范围、建设控制区和风貌协调区。还有一种不同名称但包含的内容类似：保护范围、建设控制地带、环境协调区。

（4）各类专项规划

各类专项规划是在现状分析和规划目标的指导下，对村镇某方面在未来所应达到特定状态的描述，如道路交通与市政工程规划、风貌景观保护与旅游发展规划等。

（5）规划实施与管理

实施计划是基于规划目标与规划策略，结合政府、发展企业与村民的关系、市场形势、村镇文脉以及意识形态等多方面的因素，提供的一整套用于指导历史文化村镇保护规划策略落实以及监控保护规划实施的操作指南。它主要包括三方面的内容，即对保护规划策略、措施的实施先后顺序，为保护规划实施的具体工作制定责任，制定各项工作的时间安排表。

2．评估指标框架的初步构建

通过对保护规划文本的归类与遴选，确定保护规划评估的初选指标（表10-1）。

历史文化村镇保护规划编制评估初选指标体系　　　　表10-1

大类	中类	次中类	小类
1 现状分析与评估	1.1 现状概况	1.1.1 自然地理	1. 自然地理
		1.1.2 行政建制	2. 行政建制
		1.1.3 社会经济	3. 社会经济
		1.1.4 乡村风俗	4. 乡村风俗
		1.1.5 历史建筑资源	5. 历史建筑资源
	1.2 价值特色评估	1.2.1 自然环境要素	6. 山体
			7. 水系
		1.2.2 人工环境要素	8. 村落风貌
			9. 街巷格局
			10. 建筑遗存
			11. 文物古迹

续表

大类	中类	次中类	小类
1 现状分析与评估	1.2 价值特色评估	1.2.3 人文环境要素	12. 历史人物
			13. 传统节庆
			14. 风俗习惯
			15. 文化艺术
	1.3 破坏因素	1.3.1 破坏因素总结	16. 破坏因素总结
2 保护框架的制定	2.1 保护原则	2.1.1 保护原则	17. 保护原则
	2.2 保护目标	2.2.1 保护目标	18. 保护目标
3 保护范围与措施	3.1 保护范围	3.1.1 划定的层次与原则	19. 划定层次与原则
		3.1.2 保护范围的划定	20. 保护范围的划定
		3.1.3 建设控制要求	21. 建设控制要求
	3.2 保护内容	3.2.1 物质文化遗产	22. 传统格局和风貌
			23. 自然及农业景观
			24. 历史街巷
			25. 文物保护单位
			26. 历史建筑
			27. 历史构筑物
		3.2.2 非物质文化遗产	28. 名人轶事
			29. 风俗习惯
			30. 文化艺术
	3.3 保护措施	3.3.1 传统格局和风貌	31. 自然环境
			32. 视线通廊
			33. 高度控制
		3.3.2 历史街巷	34. 历史街巷
			35. 历史河道
			36. 休憩空间
		3.3.3 文物保护单位	37. 文物保护单位
		3.3.4 历史建筑	38. 历史建筑保护
		3.3.5 历史构筑物	39. 历史构筑物
		3.3.6 非物质文化遗产	40. 非物质文化遗产
		3.3.7 人口控制	41. 人口规模预测
4 专项规划	4.1 专项规划	4.1.1 功能结构	42. 功能结构
		4.1.2 土地利用	43. 土地利用
		4.1.3 道路交通	44. 道路交通
		4.1.4 绿地系统	45. 绿地系统

续表

大类	中类	次中类	小类
4 专项规划	4.1 专项规划	4.1.5 环境保护与卫生	46. 环境保护与卫生
		4.1.6 公共服务设施	47. 公共服务设施规划
		4.1.7 市政设施	48. 市政设施
		4.1.8 防灾规划	49. 防灾规划
		4.1.9 旅游开发规划	50. 开发引导
			51. 开发控制
5 规划实施与管理	5.1 分期规划	5.1.1 规划分期	52. 规划分期
		5.1.2 近期规划	53. 近期规划
	5.2 保障措施	5.2.1 行政保障	54. 行政保障
		5.2.2 技术保障	55. 技术保障
		5.2.3 经济保障	56. 经济保障

10.1.3 评估指标的修正与完善

国内历史文化村镇保护规划的编制有着浓重的文物保护单位保护规划的影子。国内历史村镇保护规划的编制工作从20世纪90年代（如《吴县甪直古镇保护与整治规划》，1999年）开始到现在已经有二十多年的发展，虽然有少数几个研究型设计院对历史村镇保护规划进行了深入的研究与完善，但是普遍仍有盲目模仿抄袭的现象发生。因此，保护规划编制的整体水平偏低，有必要根据国际公约宪章、国内学者的相关研究成果对编制评估的指标进行修正与完善。

1. 国际公约宪章对历史遗产保护的指导性思想

《保护文物建筑及历史地段的国际宪章》主要是针对历史文物建筑的保护和修复措施进行了比较详细的规定，对历史地段只强调保护它们的整体性。

《保护世界文化和自然遗产公约》的制定提出了文化遗产和自然遗产的定义，并对缔约国之间的权利和义务作了限定说明。该公约未对具体的保护措施和预防措施做出规定，但指出文化遗产和自然遗产的破坏因素有两方面：年久腐变所导致的损坏；变化中的社会和经济条件也会使文化遗产和自然遗产遭受损害或者破坏。因此，保护规划的编制应注重针对历史遗迹年久腐变的修复措施，并制定顺应社会和经济发展的保护性再利用方案。

《关于历史性小城镇保护的国际研讨会的决议》适用于对历史小城镇的保护，这里历史小城镇的历史发展与历史文化村镇的历史演进有着异曲同工之处，如"在工业化国家中，历史小城镇过去通常是以前一个重要中心，没有被19世纪工业化和城市发展浪潮波及"。该决议针对历史小城镇的破坏因素，提出了各个级别的保护策略，其中对历史文化村镇保护规划有指导意义的包括：①恢复经济功能，调整产业结构；②处理历史建筑和景观的联系；③对历史元素的保护；④将空闲或者废弃的历史建筑重新利用起来，避免衰败；⑤在进行规划之前，对历史文化村镇进行调查和评估；⑥激励当地居民，使他们对历史保护充满荣誉感和责任感；⑦鼓励立法。

《关于历史地区的保护及其当代作用的建议》对历史地区的定义，国家、地区和地方政策，保护措施等方面进行了翔实的规定。该建议对历史文化村镇保护规划的编制具有指导意义的方面有：①应该对整个地区进行一次全面的研究，而不仅仅是个别的历史村镇；②除了建筑以外，还应对社会、经济、文化等方面进行全面的研究；③应制定翔实的实施计划，该实施计划应由相关的社区和人民团体密切参与；④保护规划最好由制定者本人或在其指导下进行实施；⑤应划定保护范围及其限制条件、相应的维护、修复的标准；⑥对政府或者保护规划实施主管部门不公正的决定应提供上诉的机制；⑦应设有专门的跨学科小组，包括所有涉及历史遗产保护和发展的学科方面，用于进行必要的科学研究和保护规划制定，并传播民众意见和组织民众积极参与；⑧对新建建筑进行控制；⑨保护修复工作应与经济发展齐头并进；⑩建立自愿保护团体和非营利性协会，并设立荣誉或物质奖励机制。

《保护历史城镇与城区宪章》主要是对城市、城镇、历史中心区及居住区进行的保护规定。在方法论上，有些原则和目标是适用于历史文化村镇保护规划的，主要包括：①保护区与周围环境的关系，包括人工环境和自然环境；②居民的参与；③在进行任何措施之前，应该对本地区的现状做出全面客观的记录；④应得到原著居民的支持。

《保护非物质文化遗产公约》对非物质文化遗产进行了定义，并对公约相关的行政机关职能进行了介绍和规定，以及国际合作、资金管理、缔约国等相关事宜。公约对非物质文化遗产可借鉴的保护措施有：①指定或建立主管机构；②进行相关方面的研究；③指定法律、技术、行政和财政措施；④提供相应的场所和空间。

2. 历史文化村镇保护评价体系

历史文化村镇保护评价是对历史村镇的历史价值进行客观定量的评价，作为历史文化名镇名村的评选标准，同时在保护评价过程中及时发现保护中存在的问题，为针对性的保护措施提供依据。目前，住房与城乡建设部和国家文物局审定采用的《中国历史文化名镇（名村）评价指标体系》将评价指标定为2个大类、12个中类和23个小类（试行评价体系中有24个小类）。保护评价体系为历史文化村镇中历史价值元素的缩影，本着保护规划应对历史价值进行保护的思想，通过对评价体系关键词的提取，得到对保护规划有指导意义的内容（表10-2）。

中国历史文化名镇（名村）评价指标体系关键词　　　　　表10-2

序号	关键词	序号	关键词
1	文物保护单位	10	原住居民
2	重大历史事件	11	传统节日、手工艺、风俗
3	名人	12	诗词、传说戏曲、歌赋
4	历史传统建筑	13	登记建档、挂牌保护
5	历史街区	14	规划公示栏
6	历史建筑	15	保护标志
7	景观连续	16	管理办法
8	聚落与自然环境和谐度	17	保护机构及人员
9	空间格局及功能特色	18	资金

资料来源：根据《中国历史文化名镇名村评价指标体系》整理。

另外，张艳玲博士在2011年的博士论文中对历史村镇保护价值体系进行了更细致的研究，并将原评价体系分为主观评价体系和客观评价体系两部分。其中主观评价体系包括3个大类、10个中类和31个小类，客观评价体系包括3个大类、9个中类和29个小类。主观评价体系和客观评价体系均是对历史文化村镇历史资源的总结，通过对其进行关键词筛选，得出对历史文化村镇保护规划有指导意义的指标（表10-3）。

《历史文化村镇评价体系研究》保护体系关键词　　　　　表10-3

序号	关键词	序号	关键词
1	古井、古树	9	原著居民百分比
2	宅院、祠堂	10	登记建档、挂牌保护
3	历史街巷	11	公示栏
4	核心保护范围	12	国家基金、地方财政、社会基金
5	自然景观、古园林	13	旅游业
6	名人、历史事件	14	历史建筑改造
7	文化艺术、传统民俗	15	居民好客度及自豪感
8	文化空间	16	民间保护组织

资料来源：根据张艳玲《历史文化村镇评价体系研究》博士论文整理。

由以上两套历史文化村镇评价体系的关键词可以看出，国内历史文化村镇保护规划的编制已经完全覆盖国家标准及相关学者研究中对历史文化村镇中体现历史资源的要素。其中，上述主观评价体系中"居民好客度及自豪感"是一个值得借鉴的要素。

3. 对指标的修正总结

通过研究国际公约宪章对历史遗产保护的指导性思想、历史文化村镇保护评价体系、国内学者对历史村镇保护规划的研究，将编制评估的指标框架进行修正与完善。

（1）简化层级结构和指标数量

为了保证评估的简易性与可操作性，将五层结构降低为四层，即总体目标–大类–中类–小类四层结构。同时将内涵过小的指标和有内涵重复的指标进行合并，如乡村风俗和历史建筑资源合并为历史资源，山体、水系的评价合并为自然环境的评价，历史人物、传统节庆、风俗习惯、文化艺术的评价统一为人文环境的评价等。

（2）现状分析与评估部分

破坏因素总结不仅强调风雨侵蚀、虫蛀等自然因素，也应注重社会经济变迁要素对传统建筑和村落风貌的影响分析。

增加民意调查部分，历史文化村镇保护规划要保护的是与当地村民密切相关的生活环境，而编制保护规划的设计人员则多是深居在遥远城市里的市民，两者必然有意识形态等方面的出入。为了使保护规划有更好的适应性和民意支持，有必要在编制规划前期和过程中进行比较彻底的民意调查，这也符合国际公约宪章中普遍对原著居民的尊重。

（3）保护框架部分

将保护内容和保护范围移入保护框架，该部分属于比较基本的内容，大多数案例都做得比较充实。三者中的弱项为保护内容的梳理，许多保护规划案例较少对应保护的要素进行归纳总结，使得在后期的保护措施制定中难以做到有的放矢。

（4）保护措施

已有保护规划的编制普遍考虑较细致，基本满足国际宪章和国内学者的研究范围，只需稍加梳理即可。将农业景观并入传统格局和风貌，并调整为村落格局和风貌，其内涵包括了自然环境、村落格局、视线通廊及建筑高度的控制；历史街巷增加核心地带的内容。

（5）专项规划

将功能与结构并入土地利用规划中；旅游开发规划更名为经济发展规划，以提升"激活本地经济"的地位，同时经济发展规划包含了旅游开发规划的内容；防灾规划并入市政设施；将原专项规划的中类调整为土地利用、基础设施和开发规划三项。

（6）规划实施与管理

为避免重复，将规划分期与近期规划合并，考虑到有近期规划内容的编制文本多已经考虑了规划分期，同时两者有含义重复的地方，将保障措施增加两项，分别是社会保障和制度保障。社会保障包含村民和社会团体的参与，适应世界范围内非政府主导规划的潮流与趋势。

通过以上分析最终归纳出保护规划编制评估指标体系（表10-4）。

历史文化村镇保护规划编制评估指标体系 表10-4

A层	B层	C层	D层
A1历史文化村镇保护规划文本质量评估体系	B1现状分析与评估	C1现状概况	D1自然地理与区位
			D2社会经济
			D3历史资源
		C2价值特色评估	D4自然环境
			D5人工环境
			D6人文环境
		C3破坏因素总结	D7破坏因素总结
		C4民意调查	D8村落价值认知
			D9生活环境满意度
			D10保护与发展模式
	B2保护框架	C5保护原则	D11保护原则
		C6保护目标	D12保护目标
		C7保护范围	D13划定的层次与原则
			D14保护范围的划定
			D15建设控制要求
		C8保护内容	D16物质文化遗产
			D17非物质文化遗产
	B3保护措施	C9保护措施	D18村落格局和风貌
			D19核心地带与历史街巷
			D20文物保护单位
			D21历史建筑
			D22历史构筑物
			D23非物质文化遗产
	B4专项规划	C10土地利用	D24功能结构与土地利用
		C11基础建设	D25道路交通
			D26绿地系统
			D27环境保护与卫生
			D28公共服务设施
			D29市政设施
		C12开发规划	D30经济发展规划
	B5规划实施与管理	C13规划分期	D31规划分期
		C14保障措施	D32行政保障
			D33技术保障
			D34经济保障
			D35社会保障
			D36制度保障

10.1.4 评估指标的评分标准与释义

1. 评估指标的评分标准

通过对评估指标自身特征的分析，将其分为客观描述型、客观判断性、政策编制型与指标制定型四个类别，并根据每个类别分别赋予其各自的评分标准，使评分工作在不至于模糊混淆的同时，更加趋于简便和易操作化（表10-5）。

保护规划编制体系评估指标赋值标准　　　表10-5

类别	描述	特征	赋值标准	备注
A类	客观描述型	对客观事实进行描述	对于现状概况等客观描述型评估指标，根据其对事实描述的全面性与客观性两个标准予以判定，赋值大小为该评估指标总分的0%、25%、50%、75%、100%	适用D1、D2、D3
B类	客观判断型	对客观事实进行判断	对于现状评估等客观判断型评估指标，根据其对事实判断的全面性与客观性两个标准予以判定，赋值大小为该评估指标总分的0%、25%、50%、75%、100%；另外，对客观事实的判断需要提供明确的判断标准，对于无法提供明确判断标准的，减掉最终得分50%的分数	适用D4、D5、D6、D7、D8、D9、D10
C类	政策编制型	针对特定的对象编制一系列政策来规范或限制其发展、运作，不需要赋值	对如保护原则、保护目标或保障机制等政策编制型评估指标，根据其政策制定的完备性、明晰性和易读性三个标准来判定，赋值大小为该评估指标总分的0%、25%、50%、75%、100%	适用D11、D12、D13、D15、D16、D17、D18、D19、D20、D21、D22、D23、D32、D33、D34、D35、D36
D类	指标制定型	针对特定的对象制定一系列指标来限制其发展和运作，需要提供明确的指标或者路径	对于建筑限高以及各类专项规划等指标制定型评估指标，根据其指标的合理性与可实施性两个标准来判定，赋值大小为该评估指标总分的0%、25%、50%、75%、100%	适用D14、D24、D25、D26、D27、D28、D29、D30、D31

2. 评估指标的释义

（1）现状分析与评估

《关于历史地区的保护及其当代作用的建议》第十条和第十一条指出，在进行保护计划编制之前，应该对整个地区进行一次全面的研究，不仅包括对建筑物与建筑群历史价值的分析，还应对社会、经济、文化数据以及更广泛的地区进行全面的研究，以应对区域内部的相互联系。

1）现状概况

对现状的介绍应包括自然地理与区位、社会经济、历史资源三个部分，同时对三者的连贯介绍也应符合渐进式思维逻辑。

①D1自然地理与区位

对自然地理与区位的描述，包括历史村镇的地理位置、气候条件和周边交通等内容。

②D2社会经济

对历史文化村镇社会经济状况的描述，包括行政建制、人口、产业等内容。

③D3历史资源

对历史资源的描述，主要集中在历史、文化、科学及艺术美学等方面，具体表现在村落选址、建筑风貌、街巷空间等物质环境，以及反映地方民俗、节庆艺术、神话传说等传统生活的人文环境等方面。

2）价值特色评估

在进行保护规划的编制之前，有必要对历史村落的价值进行专项评价，国家住房和城乡建设部制定了关于国家级历史文化名镇名村的评价指标体系。该指标体系中关于价值特色评价的指标共有9个一级指标和16个二级指标（试行标准中含有10个一级指标和17个二级指标），这些指标可以简单概括为针对自然环境、人工环境和人文环境的评价。

①D4自然环境

自然环境是由地质和自然地理结构或者天然名胜等因素构成的自然区域，包括山体、水系两个方面。对自然环境的价值评估需要根据当地的特殊情况进行针对性的价值判断。

②D5人工环境

人工环境是为了满足人类生产生活的的需要，在自然物质的基础上，通过长期的劳动，创造物质生活条件、积累物质文化等所形成的环境体系，包括田园、村落风貌、街巷格局、建筑遗存、文物古迹五个方面。

③D6人文环境

人文环境专指历史文化村镇的社会大环境，是人为因素造成的、社会性的，而不是自然力量形成的，包括历史人物、传统节庆、风俗习惯和文化艺术四个方面。

3）D7破坏因素总结

破坏因素应该在充分对历史文化村镇进行基础调研并对价值特色进行评估的基础上，将导致历史遗产破坏的因素进行总结，并应用于保护规划措施的制定，如风雨侵蚀、经济和文化的发展、旅游的影响等因素。

4）民意调查

民意调查是为了让保护措施得到更多村民的理解与支持，同时可以进一步了解村民在历史建筑保护、改造及公共设施方面的意愿。对村民进行的保护意向调查包含村落价值认知、生活环境满意度、保护与发展模式三个层面。

①D8村落价值认知

村落价值认知为村民对于自身所生活环境历史价值的认知程度，主要反映在价值特色的认识、自豪感等内容上。对该项内容的调查有助于培养当地村民对本地特色的再认识与自豪感的提升。

②D9生活环境满意度

对生活环境的满意度调查有助于获取当地村民对生活环境的需求，在未来的保护措施中做到有的放矢，更好地改善当地村民的生活环境品质，提升原著居民比例。

③D10保护与发展模式

对保护与发展模式的调查包括修建与改造的意愿、改造意向、对旅游发展的态度、保护与发展模式的合作意向等。

（2）保护框架的制定

不同的设计单位对保护框架有不同的界定，在此为了统一标准，将对保护规划的编制起到统领作用的内容界定为保护框架，包含提出保护原则与保护目标、划定保护范围和梳理保护内容四个方面。

1）保护原则

①D11保护原则

规划原则体现了保护规划编制的价值观，最低标准必须满足历史资源的原真性和整体性，并且要做到保护与发展统筹协调的原则。

2）保护目标

①D12保护目标

规划目标应充分考虑现状村镇的物质和非物质资源，挖掘历史村镇发展与保护中的主要矛盾，进行广泛的沟通协商工作，生成历史村镇未来发展与保护的总体意向。

3）保护范围

对保护范围的评估包括保护范围划定的层次和原则、具体保护范围的划定、保护范围内的建设控制要求三个层面。

①D13划定的层次与原则

保护范围的划定一般分为三类：核心保护范围、建设控制区和环境协调区；也有的分为两类：核心保护范围、普通保护区。无论如何分类，均应明确划定层次与划定原则。核心保护范围的划定应能集中体现历史文化村镇的历史文化价值特色；建设控制区是历史文化村镇历史风貌的背景区域，应能起到衬托的作用；环境协调区为历史风貌的外延。

②D14保护范围的划定

各保护范围的划定要有明确的界限和面积，用图纸和文字表示。保护范围的面积应该大小适度。

③D15建设控制要求

必须对各个层次的保护范围制定明确的建设控制要求。

4）保护内容

在制定保护措施之前，需要对应进行保护的历史资源进行梳理，明确保护对象。

①D16物质文化遗产

可以将物质文化遗产分为三个层面：区域层面包含传统格局和风貌、农业景观；线层面为历史街巷；点层面包含文物保护单位、历史建筑和历史构筑物。

②D17非物质文化遗产

非物质文化遗产是历史文化村镇区别于现代城市的主要特色之一。对非物质文化遗产的保护包括名人轶事、风俗习惯、文化艺术等内容。

（3）保护措施

制定保护措施属于保护规划的核心内容，保护措施的制定应有利于历史文化村镇的整体保护、传统格局和历史风貌的延续，不得破坏与之相关的自然景观和环境。

1）D18村落格局和风貌

属于整体格局的保护层面，村落格局和风貌是历史文化村镇重要的景观构成要素。村落格局和风貌的保护包括自然地理环境、视线通廊、高度控制、传统生产方式所构成的农业景观等内容。

2）D19核心地带与历史街巷

历史街巷是村民重要的公共空间，也是游人体验历史风貌的主要通道，一般包括街道、巷道、弄道三种类型，有的村镇还包括河道等类型。对历史街巷的保护应保证原有空间不被破坏，同时还应注意沿街巷建筑立面和街巷铺地的保护。

3）D20文物保护单位

文物保护单位承载了历史文化村镇历史信息的真实记忆，集中体现了历史文化村镇的风貌和特色。因此必须做好文物保护单位的保护措施，满足《中华人民共和国文物保护法》和《全国重点文物保护单位保护规划编制要求》中对文物保护单位保护措施的规定。

4）D21历史建筑

历史建筑是历史文化村镇带给人们最直观的印象，对历史建筑的保护与整治是很重要的技术措施。应首先对历史建筑进行鉴定分析，将历史建筑的类型、完整度和价值进行评价和分类，作为后续保护措施的依据；然后制定历史建筑的保护清单；最后制定保护与整治的模式。一般保护与整治模式包括五种：保存、修复、更改、更新和再生。

5）D22历史构筑物

如古井、古树、牌坊等能集中体现历史文化村镇地方传统特色和典型特征的构筑物，以及如古树等历史要素，均应与历史建筑一样受到保护，并制定相应的保护措施。

6）D23非物质文化遗产

保护规划应深入挖掘历史文化村镇非物质文化遗存，制定相应的保护措施，避免在现代城市化进程中出现衰落，或者因历史村镇的历史开发出现过度商业化，失去原有的个性。应保护历史文化村镇现有居民构成和社会结构，保留历史地段内的原著居民；同时对特色历史文化传统如文学艺术、传统技艺、节庆习俗等在不影响当地经济文化发展的前提下，制定适当的保护政策。

（4）各类专项规划

1）土地利用：D24功能结构与土地利用

为了缓解历史文化村镇经济和人口增长造成的压力，有必要进行功能结构与土地利用的调整。利用与整治应该以小规模渐进方式进行，不得进行大规模调整。可以考虑开辟新区以满足经济和人口的发展需求，避免对保护区空间格局的破坏。应注意适当增加绿化、公共服务设施、市政设施的用地，以改善保护范围内的人居环境。

2）基础建设

保证历史文化村镇可持续发展和保护规划的实施，离不开道路交通、绿地系统、环境保护与卫生、公共服务设施及市政设施等基础建设，它们共同保证了历史文化村镇综合环境的宜居性，对避免原著居民的流失和吸引游客等有重要的作用。

①D25道路交通

道路交通应充分考虑历史文化村镇保护的要求，结合现状道路和当地的自然条件，制定功能明确、结构合理、等级完备的道路交通系统，同时应注重步行系统的设计。

②D26绿地系统

绿地系统以不破坏原有历史风貌为原则，应注意绿化景观与自然环境的协调。在树种的选择上应使用本地树种，不应盲目引进与本地自然条件和历史传统不相称的树种。

③D27环境保护与卫生

在环境卫生设施的设置上，应根据历史文化村镇目前的垃圾排放量设置卫生设施的数量、布局等方式；不得在核心保护范围设置大型垃圾处理设施；同时应对环境卫生设施的外形提出控制性建议，使其与历史文化村镇的环境相协调。

④D28公共服务设施

公共服务设施规划应满足当地村民的生活需要，同时公共服务设施的布局应考虑保护范围区划的性质和功能，以及当地经济发展水平和环境承载力。公共服务设施的设置应与自然环境及周围的历史风貌相协调，避免造成影响。

⑤D29市政设施

历史文化村镇所涉及的市政设施主要包括给水排水、电力电信、防灾规划等工程设施。按照不同的保护范围区划，制定相应的市政设施建设标准，并且注重所选材料和形式不应破坏当地的历史风貌和价值特色。防灾规划应在根据当地的地质条件、地形地貌、气候条件和建筑构造等情况进行深入研究的基础上，做好潜在的灾害分析和避免措施，一般情况包括防火和防洪两方面。

3）开发规划

历史文化村镇历史资源的保护不应该以抑制当地的经济发展为前提，反而历史资源的保护应利于其经济的复兴。不仅仅是历史文化村镇的村民，在国内大多数的村镇内，农民对现代生活的渴望和物质条件的追求都直接影响村落的物质形态和文化环境，因此做好经济发展的引导对历史资源的保护有着至关重要的作用。

D30经济发展规划：

包括经济发展规划、旅游规划或者其他商业开发规划，要求规划包含开发引导与开发控制等内容。目前大多数保护规划的经济发展规划都是围绕发展乡村旅游而制定，并且引导的内容多于控制的内容，这与当前历史文化村镇旅游市场不够深入有关。但是在进行市场引导的同时必须制定相应的控制内容，如人口容量等。

（5）规划实施与管理

1）规划分期

历史文化村镇的保护具有高度的复杂性与难度，为了达到有效保护与永续发展的目的，应进行分期保护规划，制定分期保护规划，并对近期建设做比较详细的规划。

D31规划分期：

规划分期应注明相应的规划期限和措施。

2）保障措施

保障机制是历史文化村镇保护规划的重要组成部分，它能有效促进保护规划的实施。2008年7月1日起施行的《历史文化名城名镇名村保护条例》明确了地方政府是在规划实施的过程中主导并控制历史村镇进行保护及其建设的重要实施主体。

历史村镇保护规划的实施保障机制，是地方政府包括村镇政府以保护规划为载体，运用法律所授予的行政手段，统筹协调各方的利益关系，完成保护规划目标的体系。

①D32行政保障

保护规划成果属于政策性文件，它的落实需要各个政府部门进行任务分解和衔接。县级以上政府部门负责协调同级规划行政主管部门编制保护规划，在实施过程中还应该担当促进下级政府各部门协调实施的角色。

因此，保护规划实施的行政保障机制应包括两个层面的内容：垂直层面上下级政府之间协调实施，以及水平层面同级政府各部门之间的协调合作。

②D33技术保障

技术人员在现场的缺位是造成保护规划实施中反馈效率降低的主要因素。在国内现行相关条例规范中，一般只有对保护规划编制内容的强制性规定，并无对实施过程中如何进行技术支援的规定。同时，规划单位为了追求经济利益，往往只注重前期的设计回报，忽略了对其保护规划的跟踪研究和指导。因此亟须建立一套技术保障体系，使历史文化村镇保护规划可以更加完整、顺利地得到实施。

③D34经济保障

经济保障是历史文化资源得以有效保护以及保护规划得以顺利实施的有力保障。为了便于保护资金的申请与管理，各级政府应该设立相应的保护资金管理机构，该管理机构负责对历史村镇保护资金的申请，同时面向政府、社会团体和个人进行资金的筹措工作。在保护规划的实施过程中制定保护资金的运作方案，专款专用并接受社会监督，使之有效地用于历史文化村镇的维护和整治。

④D35社会保障

为了更有效、和谐、健康地实施保护规划，政府部门应该与企业、社会团体和民众等进行广泛、平等的协作与配合，加强在社会领域的保障。在历史文化村镇保护中，村委会可以充当民间保护团体，村委员会起着带头、监督和管理的作用，领导当地村民保护好村镇文化遗产。同时，民间团体对文化遗产的保护无不发挥着重要作用。因此，我国也应重视并扶持这种民间保护力量。

⑤D36制度保障

对于文化遗产仅仅依靠技术性保护措施是不够的，还必须建立一套科学的保护文化遗产的管理制度，正确地处理政府、公民在保护文化遗产中的相互关系。制度保障一般包括土地政策、产权制度、奖惩制度、监管制度四个层面。

10.1.5 评估指标权重的确定

1. 评估指标权重确定的方法

（1）绘制评估指标的层级结构图（图10-1）

（2）编制权重值调查表

权重调查表设计成四个层次，调查对象给每个层次的评价因素赋值，每层权重值或者下层同类别的因素权重值之和均为100。

（3）调查表派发

将调查表派发给调查对象对权重调查表进行评估，途径为面对面、电话、网络或问卷的方式。调查对象来自各个历史文化村镇的居民，或从事本领域工作的研究人员和设计人员。为了保证结果的正确性，调查对象要求对历史文化村镇的保护工作有一定的熟悉程度。经过专家的筛选，权重因素值可以避免因不熟悉历史遗产保护规划而导致的偏差。通过制作调查表格，同时注明调查用途及目的，广泛征求群众与专家意见。

（4）结果统计

根据调查的各个指标的权数，分别计算各指标权重的均值和标准差，对评估的结果计算平均数。当我们对若干人的不同判断结果取平均数值时，应该使用几何平均数而不是算术平均数，以避免随机出现较大偏差。

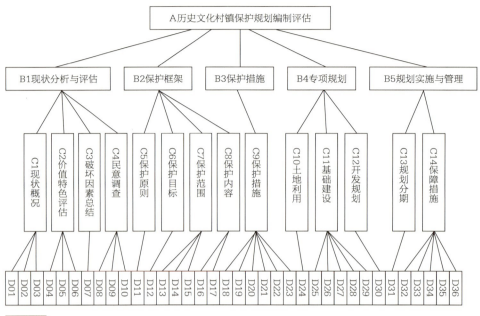

图10-1
历史文化村镇保护规划编制评估指标层级结构图

最终将取得自然平均数以后的问卷结果统计见表10-6。

保护规划编制评估权重调查表几何平均值统计　　　　表10-6

A层指标	B层指标	B层权重	C层指标	C层权重	D层指标	D层权重
A1历史文化村镇保护规划文本质量评估体系	B1现状分析与评估	17.41	C1现状概况	19.90	D1自然地理与区位	28.32
					D2社会经济	29.48
					D3历史资源	42.20
			C2价值特色评估	32.58	D4自然环境	36.60
					D5人工环境	30.29
					D6人文环境	33.11
			C3破坏因素总结	26.20	D7破坏因素总结	100.00
			C4民意调查	21.32	D8村落价值认知	32.77
					D9生活环境满意度	33.70
					D10保护与发展模式	33.53
	B2保护框架	14.49	C5保护原则	18.37	D11保护原则	100.00
			C6保护目标	22.86	D12保护目标	100.00
			C7保护范围	26.02	D13划定的层次与原则	20.99
					D14保护范围的划定	36.37
					D15建设控制要求	42.64

续表

A层指标	B层指标	B层权重	C层指标	C层权重	D层指标	D层权重
A1历史文化村镇保护规划文本质量评估体系	B2保护框架	14.49	C8保护内容	32.75	D16物质文化遗产	55.25
					D17非物质文化遗产	44.75
	B3保护措施	22.07	C9保护措施	100	D18村落格局和风貌	19.37
					D19核心地带与历史街巷	24.65
					D20文物保护单位	14.92
					D21历史建筑	14.10
					D22历史构筑物	11.55
					D23非物质文化遗产	15.41
	B4专项规划	21.18	C10土地利用	29.10	D24功能结构与土地利用	100.00
			C11基础建设	36.35	D25道路交通	16.90
					D26绿地系统	17.88
					D27环境保护与卫生	21.96
					D28公共服务设施	26.46
					D29市政设施	16.80
			C17开发规划	34.55	D30经济发展规划	100.00
	B5规划实施与管理	24.84	C18规划分期	37.36	D31规划分期	100.00
			C19保障措施	62.64	D32行政保障	18.75
					D33技术保障	15.84
					D34经济保障	24.18
					D35社会保障	17.72
					D36制度保障	23.51

2. 评估指标分值确定

通过层次分析法进行的指标权重矩阵计算，可以得出各个层次指标的最终综合权重，将最终综合权重乘以100可以得出以100分为标准的指标值。从表10-7中可以看出，B5指标在各个单位的保护规划编制中占有较少的比重，但是在本次专家调研中占据了很大的权重，这从侧面反映出专家对规划实施与管理的重视。而从指标权重导向性的角度考虑，可以认为此权重指标表带有明显的导向性作用。保护规划编制评估体系本身就是一个变化的体系，它可以随着时代的发展和人们观念的变化而在某些指标以及权重上产生变化。

保护规划编制评估体系指标权重分配表　　　　　　　　　　　表10-7

A层	B层	C层	权重	D层	权重
A1历史文化村镇保护规划文本质量评估体系（100.0）	B1现状分析与评估（17.4）	C1现状概况	3.5	D1自然地理与区位	1.0
				D2社会经济	1.0
				D3历史资源	1.5
		C2价值特色评估	5.7	D4自然环境	2.1
				D5人工环境	1.7
				D6人文环境	1.9
		C3破坏因素总结	4.6	D7破坏因素总结	4.6
		C4民意调查	3.7	D8村落价值认知	1.2
				D9生活环境满意度	1.3
				D10保护与发展模式	1.2
	B2保护框架（14.5）	C5保护原则	2.7	D11保护原则	2.7
		C6保护目标	3.3	D12保护目标	3.3
		C7保护范围	3.8	D13划定的层次与原则	0.8
				D14保护范围的划定	1.4
				D15建设控制要求	1.6
		C8保护内容	4.7	D16物质文化遗产	2.6
				D17非物质文化遗产	2.1
	B3保护措施（22.1）	C9保护措施	22.1	D18村落格局和风貌	4.3
				D19核心地带与历史街巷	5.4
				D20文物保护单位	3.3
				D21历史建筑	3.1
				D22历史构筑物	2.5
				D23非物质文化遗产	3.4
	B4专项规划（21.2）	C10土地利用	6.2	D24功能结构与土地利用	6.2
		C11基础建设	7.7	D25道路交通	1.3
				D26绿地系统	1.4
				D27环境保护与卫生	1.7
				D28公共服务设施	2.1
				D29市政设施	1.3
		C17开发规划	7.3	D30经济发展规划	7.3
	B5规划实施与管理（24.8）	C18规划分期	9.3	D31规划分期	9.3
		C19保障措施	15.6	D32行政保障	2.9
				D33技术保障	2.5
				D34经济保障	3.8
				D35社会保障	2.8
				D36制度保障	3.7

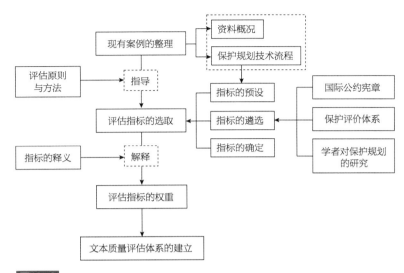

图10-2
保护规划编制评估技术框架图

国内对城市规划文本编制的研究主要从其外部有效性和内部有效性入手。外部有效性反映利益相关者的利益协调关系以及上下层次规划之间的协调性，而内部有效性则指规划自身的内容和格式是否符合逻辑。由于历史文化村镇保护规划属于地域范围较小、政策规定较细的层面，因此对历史文化村镇保护规划编制的评估则主要为验证其自身的内部有效性。

本章在查阅大量规划案例的基础上整理出保护规划文本常用的逻辑框架和基本内容，并通过对每个案例编制要素的梳理及相关规范的对照，将保护规划编制评估的指标进行归纳和修正，最后通过群众与专家打分法确定每个指标的权重（图10-2）。

10.2 保护规划效果的评估

"人应该在实践中证明自己思维的真理性。"——《马克思恩格斯选集》

保护规划效果的评估和保护规划编制的评估是对保护规划同一对象不同时期的检验，通过对保护规划效果的评估可以及时发现问题，有利于保护规划编制技术体系有针对性地进行修正完善。

10.2.1 效果评估的框架

1. 效果评估的目的和原则

（1）保护规划实施效果评估的目的

建立历史文化村镇保护规划实施效果评估体系的最终目的是通过对保护规划实施遇到的各种问题以及居民意愿的收集、判定，为未来的保护规划修编工作提供更好的设计思路。

同时效果评估的成果亦可作为当地政府以及建设部门、文物部门、研究单位及时对不理想因素进行政策研究、保护策略调整等的依据。

（2）保护规划实施效果评估的原则

保护规划实施效果的评估应立足于数据获取的便利性、评估方法的简便可行和定期（与批准规划的分期一致）原则。在体系构建过程中，尽量制定比较全面的指标框架；在评估实施前，根据具体的案例进行指标的再筛选，做到具体案例具体指标，数据获取简便易行。

2．效果评估体系构建的方法

（1）效果评估体系的研究框架

保护规划效果的评估建立在保护规划的实施和当地居民对保护措施体验的基础上。因此，首先要在科学分析影响历史文化村镇保护规划的实施和居民使用感受的众多因素中，选择能够合理反映其效用的指标体系。该指标体系应能有良好的预见性，符合保护和增长当地历史遗产价值的原则。其次，在对具体案例进行效果评估前，针对本地实际情况筛选出针对本地特色的指标，建立本地保护规划效果评估体系，并对本地保护规划效果评估体系的指标进行权重分析。然后进行指标的获取和判定，并得出效果评估的结果。最后根据效果评估的结果得出一份评估报告，用以指导保护规划编制或者对保护规划进行调整。

（2）效果评估体系的指标获取

①指标上报与访谈

指标上报与访谈是针对相关领导的资料获取策略。通过行政体系内部的职能关系，对历史村镇的各项指标进行逐级上报，该方法具有方便快捷的特点，但要同时考虑行政效率的问题以及各级政府部门估报的可能。与当地保护规划实施的相关人员进行访谈可以避免行政效率低下的问题，同时根据访谈问题的设计，将估报的可能性降到最低。

②调查问卷与公众参与

调查问卷与公众参与是资料获取比较常用的办法，效果评估中的居民使用评价即基于此方法。城市规划作为一种公共政策，其宗旨是为公众服务，保护规划也不例外。因此，公众参与保护规划的编制、实施及其相应阶段的评估将体现并强化保护规划为公众服务的宗旨。总的来说，我国现阶段城市规划的公众参与主要是被动地学习国外的经验，公众参与的程度比较浅，比较流于形式，对于公众参与保护规划的评估则几乎空白。

10.2.2 效果评估体系的构建

1．评估指标选取的原则

（1）实用性与可操作性的原则

评估指标的选取不宜过多，避免指标之间存在意义上的重复，造成理解与统计上的复杂性；同时所选指标应尽可能采取方便的量化途径，并且较容易获取。

（2）主观与客观相结合的原则

效果评估采取保护方案自身指标评价和居民使用评价相结合的方法，同时兼顾保护规划方案的实施性与使用者感受两个方面，使评估结果更加可靠。

（3）相对指标与绝对指标相结合的原则

可以利用某指标数据的绝对值作为评估指标，也可以对以前的原始数据进行对比分析，如增长率等的相对数值作为评估的指标。

（4）普遍性与特殊性相结合的原则

指标的来源为众多历史村镇调研情况的总结，以及国内学者对相关领域的研究，选取了具有普遍意义的评估指标。而在具体案例的实际研究中，则从这些具有普遍意义的评估指标中选取专门针对本地特殊情况的指标进行评估。

2. 评估指标的选取

历史村镇保护规划效果评估设计内容较全面，是一个较为复杂的系统，既涉及保护规划编制的实施效果，也涉及当地居民的使用评价。保护规划编制的实施效果则要综合考虑保护规划编制内容中的各项措施是否能够有效实施，这其中既包括了对物质文化遗产的保护措施，也包括了对非物质文化遗产的保护措施。

（1）针对保护规划编制实施以及居民使用效果的指标体系

针对保护规划编制实施效果的指标，是效果评估指标体系中最关键、最敏感的指标，其能否顺利实施并发挥保护的作用直接反映了保护规划编制的有效性。例如，保护范围的划定是否过大或过小，或者建设控制要求是否脱离实际，过于严格则使该地区失去活力，过于放松则使该地区可能面临建设性破坏。

居民使用效果评价则是效果评估指标体系起辅助作用的指标，是从侧面对保护规划编制的实施效果产生影响的指标。使用后评价的意义在于通过反馈机制，帮助保护规划改善环境质量，使其能够更好地满足使用者的要求。同时检视现有的编制体系，对设计的成败进行检讨，促进保护规划编制与理论研究的发展。

在实地调研中发现，虽然有些村镇资金充裕、领导重视、技术支持完善，呈现出一片欣欣向荣的保护景象，但是其村民并未真切感受到获益，并认为这些事情与自己无关；而有些村镇缺少大部分外部条件，但是村民凝聚力较强，对整个村镇的保护也比较关心。

因此，在历史文化村镇保护规划效果的评估体系中，应同时结合编制指标的实施效果评估以及村民的使用评价两项指标统筹考虑，在两个指标体系之间进行必要的衡量。

（2）保护规划效果评估指标体系框架

《关于历史地区的保护及其当代作用的建议》（又称《内罗毕建议》）指出，应该制定必要的保护计划和文件，保护和修复工作应该与经济发展齐头并进，同时保护措施不应导致社会结构的崩溃。《保护历史城镇与城区宪章》(又称《华盛顿宪章》)指出,为了鼓励全体居民参与保护,应该为他们制定一项普及保护信息的计划。《保护世界文化遗产和自然遗产公约》指出:"激励小城镇居民及其行政代表以所在历史环境为荣的意识和维护的责任感是很有必要的。"

按照上述有关国际公约和宪章对历史遗产保护的思路,借鉴国内专家学者对历史文化村镇保护规划的研究,以及本文对保护规划编制评估体系的研究,历史文化村镇保护规划效果评估指标体系选取如下(表10-8):

1)保护规划编制指标体系

历史文化村镇保护规划编制指标体系包括四个方面,即保护范围的控制、保护措施的执行、社会经济指标和保障机制的建立情况。

①保护范围的控制。针对保护规划中划定的保护范围及其建设控制规定,判断其控制效果,包括核心保护范围的控制情况、建设控制地带的控制情况、环境协调区的控制情况三个指标,部分保护规划方案划定了两层范围,因此指标数量根据具体方案确定。

②保护措施的执行。保护措施属于保护规划编制中的核心内容,针对保护措施的效果评估指标有八项:自然环境的保护、视线通廊的控制、建筑高度的控制、历史街巷的保护情况、文物保护单位的保护情况、历史建筑的保护情况、历史构筑物的保护情况、非物质文化遗产的保护情况。

③社会经济指标。考察近几年的居民社会结构有无影响、经济发展有无提升,包括经济增长率、原著居民比例、高峰日游客量三个指标。

④保障机制的建立情况。针对保护规划编制中提及的保障机制,包括保护机构的设置情况、技术援助情况、资金到位情况、社会参与机制、法律法规的制定五项指标。

2)使用者评价体系

历史文化村镇保护规划使用者评价体系包括三个方面:居民使用评价、居民认知和居民参与意识。

①居民使用评价。主要针对保护规划中一些针对居民居住环境的保护与更新措施,包括生活环境是否有所改善、居住意愿、对新建基础设施的评价、生活习惯有没有被打扰。

②居民认知。该项内容用于考察保护规划与当地居民之间的关系,评价其是否充分调动当地居民的积极性和荣誉感,包括对保护规划的了解、对保护范围的了解、对控制要求的了解、对建筑限高的了解四个方面。

③居民参与意识。包括是否参与过保护活动、是否主动愿意参与活动、对村镇保护的支持程度三项内容。

具体指标的选定应该结合研究案例的实际情况,考虑保护规划编制方案的实际情况,以及资料数据的可获取性,对本指标体系中的指标进行适量的增减和调整。

历史文化村镇保护规划效果评估指标体系　　　　　　　表10-8

A层	B层	C层	D层
A1保护规划效果的评估	B1保护规划编制指标	C1保护范围的控制	D1核心保护范围的控制情况
			D2建设控制地带的控制情况
			D3环境协调区的控制情况
		C2保护措施的执行	D4自然环境的保护
			D5视线通廊的控制
			D6建筑高度的控制
			D7历史街巷的保护情况
			D8文物保护单位的保护情况
			D9历史建筑的保护情况
			D10历史构筑物的保护情况
			D11非物质文化遗产的保护情况
		C3社会经济指标	D12经济增长率
			D13原著居民比例
			D14游客量
		C4保障机制建立情况	D15保护机构设置情况
			D16技术援助情况
			D17资金到位情况
			D18社会参与机制
			D19法律法规的制定
	B2使用者评价	C5居民使用评价	D20生活环境是否有所改善
			D21居住意愿
			D22对新建基础设施的评价
			D23生活习惯有没有被打扰
		C6居民认知	D24对保护规划的了解
			D25对保护范围的了解
			D26对控制要求的了解
			D27对建筑限高的了解
		C7居民参与意识	D28是否参与过保护活动
			D29是否主动愿意参与保护活动
			D30对村镇保护的支持程度

10.2.3 效果评估指标的释义与评分标准

1. 保护规划编制指标

（1）保护范围的控制

1）D1核心保护范围控制情况

核心保护范围是历史文化村镇历史风貌的核心区域，集中体现了历史文化村镇的历史文化价值特色，根据指标的有效控制率基于相应分值。

2）D2建设控制地带控制情况

建设控制地带是历史文化村镇历史风貌的背景区域，能起到对核心保护范围的衬景作用，根据指标的有效控制率基于相应分值。

3）D3环境协调区控制情况

环境协调区是历史文化村镇历史风貌的外延区域，能够对历史文化村镇的整体风貌产生一定影响，根据指标的有效控制率基于相应分值。

（2）保护措施的执行

针对保护规划编制实施效果评估，是效果评估指标体系中最重要的指标。历史文化村镇发展的自然规律决定了历史村镇将不断有新的元素介入，村镇的空间结构也会不断变化。如何引导控制这种过程，使得历史文化村镇的发展变化朝着有利于传承文化、延续文脉、改善环境的方向进行，首先就必须保证保护规划实施的有效性。保护规划作为指导历史文化村镇实施保护的基本手段和依据，其内容必须综合考虑历史文化村镇的历史遗存、村镇发展需求，否则很难得到有效的实施。

以下D4~D11几项指标均以指标的有效控制率基于相应分值。

1）D4自然环境的保护

自然环境是历史文化村镇历史风貌的背景景观，对历史文化村镇整体的空间格局具有衬托的作用。

2）D5视线通廊的控制

在历史文化村镇中存在具有一定高度的视觉眺望点，如山峰、古塔、城墙、骑楼等，控制各个视觉眺望点周围及其相互之间的建筑高度，保证在一定区域内的实现可达性和各眺望点之间的通视性，形成较好的历史文化村镇历史风貌的观赏线路。

3）D6建筑高度的控制

对建筑高度的控制主要是控制保护区的天际轮廓线，应严格控制新建和更新建筑的建筑高度。保护历史文化村镇周边山体的天际轮廓线，山体周边建筑形成的天际轮廓线应不破坏原有山体的起伏形态。

4）D7历史街巷的保护情况

历史街巷是人们体验历史风貌的主要通道，该项指标主要考察对街巷的空间尺度、街巷立面、街巷铺地等要素进行控制的情况。

5）D8文物保护单位的保护情况

文物保护单位为被评为国家级文物保护单位、省级文物保护单位、市级文物保护单位的文物建筑、古迹。对文物保护单位的保护应按照文物保护法，对保护单位周围划定保护范围，一般包括文物保护区、建设控制区和风貌协调区三个层次，同时对保护范围内制定明确的保护和管理措施。

6）D9历史建筑的保护情况

历史建筑为建造年代较早，具有较好的建筑质量、丰富的建筑细节，保存完整，能够体现历史文化村镇建筑艺术和时代特征的历史建筑。由于历史文化村镇大都经历了较长时间的演变，历史建筑的保存状况有些保存良好，有些已经破损，保护规划的制定可以有效减缓这种老化的速度，同时较好的修复手段可以将整个村镇的历史建筑风貌得到更新。

7）D10历史构筑物的保护

该项指标主要考察对如古井、古树、牌坊等能集中体现历史文化村镇地方传统特色和典型特征的构筑物的保护情况，以及如古树等历史要素，均应与历史建筑一样受到保护，并制定相应的保护措施。

8）D11非物质文化遗产的保护

历史文化村镇保留的传统非物质文化遗产主要体现在民间信仰、风俗习惯、文化艺术及其相关活动方面。延续和发展非物质文化遗产的空间线索，除了需要必要的社会和经济条件以外，还需要在规划和城市设计层面，提供给其相应的存在空间。同时加强对历史文化村镇的非物质文化遗产的发掘和整理。

（3）社会经济指标

应考察保护规划的实施对居民社会结构有无影响，经济发展有无提升，包括经济增长率、原著居民比例、游客量三个指标。

1）D12经济增长率

经济增长率反映了历史文化村镇村民的富裕程度。经济增长伴随着人均收入的增加，是衡量一个地区居民是否富裕的最重要指标。如果历史文化村镇村民的经济水平处于比较低的状态，时间长了就会为了获得更好的经济收入而离开自己的村镇进城打工或者进行一些对历史村镇的环境有破坏性的产业，同时也会对历史文化村镇的保护产生厌倦的情绪。

分值确定采取与全国农村平均水平的比较关系：高于平均水平、与平均水平持平、低于平均水平20%、低于平均水平20%以上，共计四个档次，分别给予100%、75%、50%、25%的分数。

2）D13原著居民比例

本指标反映了对历史文化村镇生活延续性的保持。在快速城市化过程中，农民出于对经济收入与现代生活的渴望，开始大量向城市转移。而面对居住环境的改善，其成本又非常大，技术要求较高，因此村民宁愿离开阴暗潮湿的老房子，去新建一些成本低的"现代化"房屋。人是建筑的灵魂，没有了人的使用，建筑便会快速衰老，历史村镇很容易没落，历史价值也会大打折扣。因此，有必要将原著居民的比例进行一定的引导和控制，使其生活延续性得以保持。

分值确定采取原著居民80%以上计满分，60%以上计75%分数，40%以上计50%分数，40%以下计25%分数。

3）D14游客量

高峰日游客量反映了旅游发展对历史文化村镇社会经济、生态环境和居民生活的影响程度。旅游的过度开发会产生大量的本地垃圾，同时也给历史文化村镇的服务设施、基础设施等带来巨大的压力，导致当地政府和村民盲目搞建设。游客量与保护规划中的游客正常水平之间的关系为最高分，高于环境容量或者游客量过低均按程度给予相应分数。

（4）保障机制建立情况

保障机制反映了历史文化村镇保护在政策、技术、资金等方面保障机制的建立情况。保护规划的开展应以必要的保障措施为基础。联合国教科文组织于1976年通过的《关于历史地区的保护及其当代作用的建议》（又称《内罗毕建议》）中明确提到了立法和行政措施，认为必要的监督是十分必要的，以避免保护工作过多地受到利益驱动或服务于其他的目的。另外，保护资金的支持以及技术力量的介入都是保护规划的必要保障措施。

1）D15保护机构设置情况

历史文化村镇保护规划的组织制定、政策规定的出台、保护规划的实施、保护修复工作的安排、宣传教育的开展等工作都需要一个专门的保护管理机构来具体操作。由于保护规划的实施牵涉很多相关部门，因此需要制定相应的保护协调机构，来统筹安排与保护有关的各项事宜。在评价时，应按照是否已设立保护管理机构和保护协调机构来进行评分。此项指标根据保护机构设置的情况，以及是否能够满足保护规划的事务需求来给予分数。

2）D16技术援助情况

《关于历史地区的保护及其当代作用的建议》（又称《内罗毕建议》）指出，应设有一个跨学科小组，进行必要的科学研究及制定保护计划和文件，他们应在传播有关民众的意见和组织参与方面起带头作用。同时，为了保障保护规划的实施与解读，应有技术人员对于保护规划的实施进行必要的指导。此项指标根据保护实施中遇到的问题能否得到有效的技术援助来给予分数。

3）D17资金到位情况

保护资金的到位情况反映了历史文化村镇保护的资金保障情况。历史文化村镇保护规划的实施需要一定的资金支持，主要用于保护规划的编制、历史建筑的维修、自然环境的整治、基础设施的改善等方面。资金的筹集渠道可以是多方面的，如财政支出、旅游收入、银行贷款、社会捐赠等。此项指标根据保护资金到位的程度给予分数。

4）D18社会参与机制

保护活动应通过在历史文化村镇和村民之间建立各种层次的合作，鼓励建立自愿保护团体和非营利组织，并设立相应的荣誉或物质奖励。此项指标根据社会参与机制建立的完善程度给予分数。

5）D19规章制度的制定

规章制度的制定情况反映了政策制度层面上的保障情况，主要涉及管理办法的制定和颁布。保护管理办法是对历史文化村镇保护修复、建设发展、责任与权利以及公众参与、社会监督等方面的限制性规定。《内罗毕建议》规定，历史地区要制定关于保护制度的计划和文件，包括保护目的，保护地区及环境的一般性限制条件，保护范围内任何修复、更改、新建的规定，保护资金的支持以及保护执行的程序等。此项指标根据规章制度制定的完善程度给予分数。

2. 使用者评价指标

（1）居民使用评价

居民使用后评价是对历史文化村镇新建成环境所进行的评价。它关注的是建成环境的实际使用状况以及使用者的意见和要求。通过收集使用者的意见和建议，以及将保护规划的规划设计目标及其环境的实际使用情况加以比较，能为规划师提供极具价值的反馈信息，使设计人员得以据此有针对性地改进其规划设计工作。

以下D20～D30几项指标均根据调查问卷中设定的选项统计给予分数。

1）D20生活环境是否改善

该项指标评价当地村民对生活环境的主观感受，主要反映保护规划中基础建设的认可度。

2）D21居住意愿

该项指标考察当地居民对留下来居住的意向。一项比较好的保护规划应能维持村镇原有正常的乡村生活，保持本地民俗文化的延续。

3）D22对新建基础设施的评价

该项指标反映新建的基础设施是否方便当地村民使用。

4）D23生活习惯有无被打扰

带有乡土风情的生活习惯是历史文化村镇的重要资源，另外历史文化村镇作为社会的一个有机体，需要有真实的居民生活化的文化。因此需要对当地村落的生活习惯有无被打扰进行评估。

（2）居民认知

《关于历史地区的保护及其当代作用的建议》（又称《内罗毕建议》）指出，应鼓励全体村民认识到保护的必要性并参与保护工作。为了对此起到引导作用，有必要设立居民认知的评估，以引导村民对保护规划的制定和实施情况有充分的了解。该项指标包括对保护规划、保护范围、控制要求和建筑限高的了解。

1）D24对保护规划的了解

该项指标考察保护规划在当地的宣传影响力，主动或者被动地了解保护规划的制定和实施，都会加强本地村民的支持力度。

2）D25对保护范围的了解

考察村民对保护规划中非常重要的一个内容"保护范围的划定"是否了解。这是保护规划最基本的指标，对该项指标应制定相应的告示牌予以明示。

3）D26对控制要求的了解

对控制要求的了解有助于村民有意识地、主动地参与保护，而不是因为不了解而导致违建的发生。

4）D27对建筑限高的了解

该项指标考察村民对建筑限高的了解，这些指标都是直接限制村民进行建设活动的指标，因此理论上需要做到深入人心。

（3）居民参与意识

《华盛顿宪章》明确指出："居民的参与对保护计划的成功起着重大的作用，应加以鼓励。"历史文化村镇保护规划的实施离不开公众参与。公众参与可以提高村镇保护管理部门的回应力，使管理者知晓公众对历史文化村镇保护的评价和意见；同时向公众提供了信息，这些信息有助于公众做出判断；另外，公众参与也极大程度地调动了当地人作为主人翁的意识和自豪感。

1）D28是否参与过保护活动

此项指标考察村民是否曾经或正在参与保护活动，如建筑的修缮、基础设施的建设等。

2）D29是否主动参与保护活动

此项指标考察村民是否是出于自愿的原则，或者是由于经济利益的驱使，由此可以制定相应的措施引导村民更多地参与到保护规划中来。

3）D30对村镇保护的支持程度

对村镇保护的支持态度很重要地影响到村民是否意愿实行公众参与的权利。

10.2.4 评估指标的权重

效果评估指标的权重同样采用层次分析法（AHP）来确定各项指标的权重。

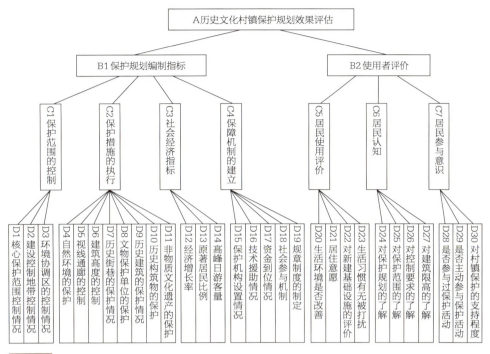

图10-3
历史文化村镇保护规划效果评估指标层次结构模型

1. 建立保护规划效果评估指标体系层次结构模型

根据保护规划效果评估指标体系，建立指标体系的层次结构模型，包括四层结构（图10-3）：

（1）第一层：历史文化村镇保护规划效果评估。

（2）第二层：保护规划编制指标与使用者评价。

（3）第三层：包括7个指标，用C1～C7表示，涵盖保护规划编制指标与使用者评价两个层面。

（4）第四层：包括30个指标，用D1～D30表示，包括第三层的7个层面。

2. 发放权重调查表并进行权重统计

采用与上一章类似的做法，将构建好的层次结构模型的指标计算权重值（表10-9）。

将已经制作好的保护规划效果评估指标权重调查表派发给历史文化村镇保护规划领域内的专家、研究者，首先将回收的有效问卷进行熟悉程度分类，即按照对历史文化村镇保护规划的熟悉程度分成非常熟悉、比较熟悉、一般三个层面，并对三个层面的问卷分值赋予4：2：1的权重比例。最后通过求集合平均数法得到每一项的专家打分平均值。

保护规划效果评估权重调查表几何平均值统计　　　　表10-9

A层	B层	C层	权重	D层	权重
A1保护规划效果的评估	B1保护规划编制指标（43.41）	C1保护范围的控制	19.55	D1建设控制地带的控制情况	40.77
				D2核心保护范围的控制情况	31.47
				D3环境协调区的控制情况	27.76
		C2保护措施的执行	30.63	D4自然环境的保护	12.09
				D5视线通廊的控制	11.42
				D6建筑高度的控制	11.42
				D7历史街巷的保护情况	13.45
				D8文物保护单位的保护情况	13.98
				D9历史建筑的保护情况	13.28
				D10历史构筑物的保护情况	8.83
				D11非物质文化遗产的保护情况	15.53
		C3社会经济指标	21.00	D12经济增长率	28.69
				D13原著居民比例	43.39
				D14游客量	27.92
		C4保障机制建立情况	28.82	D15保护机构设置情况	17.83
				D16技术援助情况	19.41
				D17资金到位情况	20.23
				D18社会参与机制	20.51
				D19规章制度的制定	22.01
	B2使用者评价（56.59）	C5居民使用评价	46.65	D20生活环境是否有所改善	23.34
				D21居住意愿	28.82
				D22对新建基础设施的评价	20.90
				D23生活习惯有没有被打扰	26.94
		C6居民认知	24.64	D24对保护规划的了解	27.01
				D25对保护范围的了解	25.66
				D26对控制要求的了解	23.99
				D27对建筑限高的了解	23.34
		C7居民参与意识	28.71	D28是否参与过保护活动	28.69
				D29是否主动愿意参与保护活动	28.13
				D30对村镇保护的支持程度	43.18

3. 效果评估指标分值确定

通过层次分析法进行各层次权重计算，可以得出每个指标的最终综合权重，将最终综合权重乘以100可以得出各自的评分值（表10-10）。

保护规划效果评估体系指标权重分配表　　　表10-10

B层指标	C层指标	权重	D层指标	权重
B1保护规划编制指标（43.4）	C1保护范围的控制	8.5	D1建设控制地带的控制情况	3.5
			D2核心保护范围的控制情况	2.7
			D3环境协调区的控制情况	2.4
	C2保护措施的执行	13.3	D4自然环境的保护	1.5
			D5视线通廊的控制	1.5
			D6建筑高度的控制	1.4
			D7历史街巷的保护情况	1.6
			D8文物保护单位的保护情况	1.7
			D9历史建筑的保护情况	1.6
			D10历史构筑物的保护情况	1.1
			D11非物质文化遗产的保护情况	2.9
	C3社会经济指标	9.1	D12经济增长率	2.6
			D13原著居民比例	4.0
			D14游客量	2.5
	C4保障机制的建立情况	12.5	D15保护机构设置情况	2.2
			D16技术援助情况	2.4
			D17资金到位情况	2.5
			D18社会参与机制	2.6
			D19规章制度的制定	2.8
B2使用者评价（56.6）	C5居民使用评价	26.4	D20生活环境是否有所改善	6.2
			D21居住意愿	7.6
			D22对新建基础设施的评价	5.5
			D23生活习惯有没有被打扰	7.1
	C6居民认知	13.9	D24对保护规划的了解	3.8
			D25对保护范围的了解	3.6
			D26对控制要求的了解	3.3
			D27对建筑限高的了解	3.3
	C7居民参与意识	16.2	D28是否参与过保护活动	4.7
			D29是否主动愿意参与保护活动	4.6
			D30对村镇保护的支持程度	7.0

历史文化村镇保护规划效果的评估是对保护规划编制有效性比较客观的检验。保护规划是一项长期性的公共政策，涉及土地、经济、社会、文化等方方面面的内容。为了保证规划

方法的合理有效和可持续发展，需要制定针对保护规划实施效果的评估体系（图10-4）。

本章首先阐明效果评估的目的和原则，以及效果评估体系的构建方法，然后从效果评估的指标选取入手，构建效果评估的指标体系，并通过专家打分法、层次分析法和矩阵判断模型来确定各个指标的比重，这些工作可以利用现在智能化的手段协助完成。

综上所述，通过历史文化村镇保护规划评估，将整个保护规划过程由直线形的规划设计模式变成了规划设计的环形模式（图10-5、图10-6）。

不仅历史文化村镇保护规划，目前绝大多数的规划设计过程都是"直线形"的设计模式。这种模式有一个固定的开端和一个理所当然的固定结尾，并且整个规划实施过程都是严格按照规划设计合同来执行的，即：参与投标/委托–方案设计–专家评估–方案修改–最终方案–方案实施。

在这种模式下，很少有规划设计人员在规划实施若干年后回到地块上，进行系统、客观的评价，因此也无法验证其规划手段是否合理有效（利于当地可持续发展或者当地居民的使用需要）。如果规划设计人员能够定期进行项目实施的反馈工作，则可认识到规划设计中的失误和成功之处，从而应用于规划设计的修改或者未来其他规划项目的设计中。

"环形"设计模式不同于"直线形"的设计模式，它通过各种评估工作将整个设计过程进行首尾相连，形成一种"闭环"的设计程序。

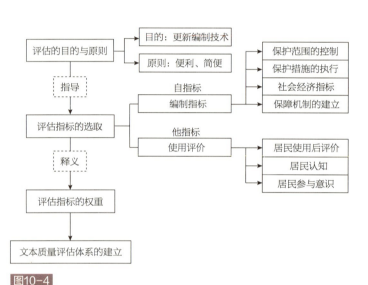

图10-4
保护规划效果评估技术框架

图10-5
"直线形"的设计模式

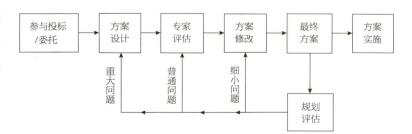

图10-6
"环形"的设计模式

10.3 保护规划的实施与管理

保护规划的实施就是将保护规划文本付诸实践并取得规划预期效果的过程。它通过对历史文化保护和村镇建设活动的引导和控制，一方面将保护规划的意图、原则实施于村镇建设过程，使每项建设活动成为保护过程的一部分；另一方面则保证村镇建设行为不超越保护规划文本所规定的许可范围。经过社会决策确立的保护规划文本，以及社会各方面的共同参与，建立起了相互之间的"契约"关系，使得各个方面在今后的行动中有了相互制约的、共同的规范，使他们在谋求各自利益的过程中，接受社会整体的价值基础，从而制约其行为方式和结果。保护规划的实施在更为具体的操作层面上，提供更为详细的指导和实行更为细致的控制，使每一项建设活动都与保护规划保持联系。

保护规划的编制是将历史文化村镇中各类有关历史文化遗产保护的要素进行综合，形成一份统一的保护规划文本，而保护规划的实施则是将这个统一的规划文本进行再分解，并对之进行具体化，采取种种手段使它们在社会运行过程中逐步得到确立。通过对历史文化遗产保护和村镇建设中的各项具体活动提供指导和控制来巩固、协调和完善这些关系，使历史文化遗产保护和村镇发展的整体目标得到完整的实现。

10.3.1 规划引导

规划引导就是通过立法、政策、政府投资分配等方式方法，控制形成历史文化保护和村镇建设活动的初始条件，影响决策，使之与保护规划的意图和原则相一致。保护规划的引导作用，主要通过对历史文化遗产的保护和社会资源的分配而得到实现。

保护规划的立法是规划发挥作用的重要保障，是规划文本协调村镇社会发展、发挥权威作用的基础。保护规划文本在经过社会公众参与的基础上建立起了一种契约的关系，这种关系经过立法过程而确立了其在社会运行过程中的合法的、超越于各类利益团体自身作用的社会准则，使社会各组成要素在顾及其自身利益要求的基础上，必须以此作为决策的出发点和行动的规范，使其活动沿着保护规划所确定的方向而展开，使其具体行动通过对保护规划的遵守和执行而与历史文化的保护和村镇发展的整体目标结合在一起。

保护规划除了得到立法和执法的保障外，还需要有政府政策的配套。保护规划在整体上是地方政府管理历史文化村镇的重大政策之一，因此政府在其行政工作中制定完整的、协同一致的政策体系来具体和深化保护规划的内容，使政府工作围绕着保护规划的实现而展开。政策，一方面作为保护规划法律文本的补充和具体化，另一方面则将面对更为广泛的、实际问题，在工作中更具操作性。政策的范围还应包括各个部门和团体，为了实现其自身的利益而制定的政策，这些政策通过法律的控制和政府协调，使保护规划的社会意义与各部门、机构、单位的具体情况和实际利益结合在一起，使保护规划通过政策的转换，与历史文化遗产保护和村镇的具体决策统一起来，成为保护活动的内在因素。

政府公共投资的分配，也起到了按照保护规划引导历史文化遗产保护和村镇建设的作用。当地政府利用公共投资，根据保护规划的内容和布局建设必要的社会和市政公共设施，形成一定的人口、设施规模，提高了特定地区的吸引力和投资的安全性，就会吸引大量私人投资的介入，参与该地区的建设和重建。同时，由于公共投资建设基础设施的种类、规模和容量，都在一定程度上影响甚至规定了周围地区建设的方向和状态，因此将这些建设限定在保护规划所引导的范围之内。

10.3.2 规划控制

规划控制就是在具体的历史文化遗产保护和村镇建设活动不断展开的过程中，通过规划许可和规划监督的途径，运用该项保护和建设活动本身及其他相关活动状态、结果的反馈，借助法律、行政、经济以及社会舆论、团体力量等手段，将建设活动限定在保护规划所确定的方向和范围之内。保护规划控制受到其发挥作用的权力和范围的严格控制，这是由社会赋予保护规划的一定的操作领域，是由地方和国家法律以及政府规章和组织机制所限定的。因此，保护规划只能在特定的范围内实行控制，其所采用的控制手段也受到社会系统的限制，这些都直接规定了城市规划控制的广度和深度。

保护规划控制是针对具体的每一项保护和建设活动展开的，这就要求保护规划建立起这些具体的活动与历史文化遗产保护、村镇发展目标以及保护规划整体构架之间的相互关系，使具体行为与整体目标统一起来，能使保护规划直接指导具体活动的展开，并保证目标实现的完整性。同时，保护规划控制也需要考虑各项具体活动的特殊要求，兼顾其对自身利益的追求。保护规划控制只有将两者结合起来，才能发挥作用并体现其工作的意义。如果只强调规划文本内容和规定，忽略了各项活动的利益要求，就会妨碍甚至中止这项活动的进行，从而减少或取消其对社会目标实现的贡献；而如果只强调各项活动的利益要求，就有可能损害到社会利益，削弱或延缓城市发展目标的实现，甚至对此产生消极作用。因此，保护规划控制首先就要在此两者之间建立起适度关系，为控制的进行提供基础。

规划许可就是在历史文化村镇建设活动之初，由建设活动的行为者按照有关程序向村镇规划管理部门提出申请，规划管理部门根据该活动的规模、内容、形态及与其他因素的相互关系等，与法定的保护规划文本及有关政策和规章进行对照，以保护规划目标及其对实施发展目标的契合程度作为标准进行评价。当它们相符合时就予以同意，不相符合的则不予批准，从一开始就将各项建设活动中偏离规划目标的行动控制起来。通过规划许可，在具体建设活动的细节上，也纳入实施保护规划和历史文化村镇发展目标的轨道上，并使各项建设活动之间建立起协同关系。

规划监督就是在历史文化遗产保护和村镇建设活动不断展开的过程中，搜集该项活动和相关的活动，以及与国家、城市有关的政策等多种信息，与规划文本、政策进行比较研究，分析建设活动之间的相互关系及可能产生的后果，采用奖励或惩罚的手段对该项建设活动的进一步展开提供规划指导和控制，使其不损害规划目标的实施。在特定情况下可限制其不利于规划实施的行为内容，同时也为今后的规划许可审查提供经验和数据。通过规划监督，使各项建设活动在进行过程中不出现偏差和影响保护规划实施效应，强化各项保护和建设活动之间的协同工作关系，完善其对社会利益和发展目标实现的贡献。

10.3.3 规划编制和规划实施的关系

规划编制和规划实施是相对于同一规划过程而言的，是两个前后相继的阶段。规划编制的目的就是要为规划实施提供依据，这种依据既包括技术的、内容的，也包括法律的、思想性的，而规划实施就是要将由规划编制过程所确立的规划文本在村镇范围内得到实现，体现保护规划对历史文化遗产保护和村镇建设发展的真正作用。但是这一过程也并非是直线式向前的过程，它们是互相交织、互相重叠的。规划编制既然要为规划实施提供依据，就要考虑规划实施的条件、可能、要求及实际操作，将其组合进规划文本内容之中；而规划实施通过对规划文本在历史文化村镇中不断付诸实践的过程，结合社会、经济、环境等各方面因素的演进和变化，通过经验积累和对比研究，对规划实施的后果进行调查和研究，总结其中正负两方面的作用，及时进行反馈，修正其中不正确或不确切的成分，完善规划文本的内容，同时也为下一个规划修编过程提供依据。

规划编制和规划实施，在完整的保护规划过程中，它们并不独立存在，而是互相包含的，是一个循环往复的关系。在每一个阶段中都包含着前一阶段和后一阶段的内容。规划编制面对的是由前一次规划编制和实施过程所形成的结果，同时也继承了以前形成的状态和延续而来的思想方法，是历史文化村镇连续发展过程中的一个部分。规划实施则更将前后规划编制阶段连接起来。相对于历史文化遗产的保护和村镇的发展建设过程，它们是共同起作用的。

10.3.4 保护规划的管理与公共政策

1. 保护规划实施的公共政策

随着人类社会的进步，社会的发展已不再是人们自发行动的结果，而越来越体现为政府的公共政策引导下的自觉行为的产物。公共政策是指国家机关制定并付诸实施的旨在解决某个问题的具有权威性的行为准则，是一系列谋略、法令、规划、计划、方案、措施、项目、办法等的总称。公共政策总是针对解决社会中出现的公共问题而来的。从某种意义上说，历史文化村镇保护工作是一项社会公共事业，需要依靠公共政策的力量来克服各地历史文化村镇面临的保护不力的困境，对其实施积极有效的公共政策管理。公共政策对于历史文化村镇保护的作用表现在以下四个方面：

第一，公共政策是历史文化村镇保护最为有效的手段。一方面公共政策体现的是政府的意志，比其他保护措施更具权威性和公信力，也更有指导和示范效应；另外，公共政策的实施可以进入整个政府的行政管理体系，能够调动各级政府的行政资源来贯彻执行，使保护措施的实施与管理真正落到实处。

第二，公共政策起着承上启下的纽带作用。国家颁布的有关村镇历史文化遗产保护的法律法规和规章制度广度与深度不足，可操作性不强，对保护运行过程中具体管理操作所涉及的问题需要地方政府根据当地历史文化村镇的实际情况制定相应的公共政策来贯彻实施。

第三，公共政策是保护规划等技术文件实施的必要条件。作为社会精英的专家学者为历史文化村镇保护提供的技术支持，主要体现在保护规划、历史建筑修缮设计及施工指导等技术文件。虽然，《城乡规划法》和新版的《城市规划编制办法》的有关规定使包括保护规划在内的城乡规划具有了某些公共政策的属性，但毕竟还不是公共政策，这些技术文件的实施更需要公共政策来贯彻实施和有效管理。

第四，公共政策在促进和引导公众参与方面起着重要作用。一方面，可以通过制定恰当的教育和宣传政策来提高人们对历史文化遗产保护的认识；另一方面，可以改善历史文化村镇居民的人居环境，提高生活水平，实行政策倾斜，使他们愿意留在历史文化村镇生活，并积极参与村镇历史文化遗产保护。

历史文化村镇保护既要保护物质文化遗产，又要传承优秀的传统文化，还要延续和发展当地居民的正常生活，是一种动态的保护。在研究制定公共政策时应该综合考虑历史文化村镇的自然、社会、经济、文化等特点，出台有针对性的保护政策，既保护历史文化遗产，又发展当地经济，提高人们生活水平，从而提高社会对历史文化遗产保护的意识，调动社会各阶层积极参与历史文化村镇的保护。

我们在历史文化村镇调研的过程中，走访了大量的当地群众和基层政府管理人员，他们也意识到村镇的历史文化遗产需要得到保护，但由于普遍经济比较落后，他们希望在保护的过程中能够切实改善生活。这让我们强烈地感受到，要破解目前历史文化村镇保护工作面临的困局，唯有从公共政策角度切入，制定一系列能够充分调动当地群众和基层政府积极性的公共政策，让他们在保护村镇历史文化遗产的同时，真正得到实惠。

2. 历史文化村镇保护规划管理实施措施
（1）法律法规

历史文化村镇保护所依据的法律法规经历了一个历史发展的过程。先是1982年的《文物保护法》，规定了对村镇中文物保护单位的保护；然后是借鉴历史文化名城保护的相关法规，如1994年实施的《历史文化名城保护规划编制办法》；2002年颁布的新版《文物保护法》也有历史文化村镇的相关规定；2005年的《历史文化名城保护规划规范》也为此后一段时期的历史文化村镇保护规划编制工作提供了依据；直至2008年，国务院颁布实施了《历史文化名城名镇名村保护条例》，才真正有了针对历史文化村镇保护工作的法规，此后地方各级政府也纷纷推出了各地的历史文化名镇名村保护条例。专门用于历史文化村镇保护规划的《历史文化村镇保护规划规范》也正在制定中，历史文化村镇保护的相关法律法规逐渐完备。

（2）乡规民约

如上所述，有关历史文化村镇保护的法律法规在近现代才逐渐完备起来。在长期的历史发展过程中，乡规民约在保护历史文化遗产和自然环境中起到关键的作用。这些乡规民约的奖惩措施规定得非常具体，可操作性很强，很好地保护了历史文化村镇的历史文化遗产。如贵州省雷山县西江千户苗寨2007年的村规民约有这样的规定：在本辖区内造成火灾的，按四个一百二（一百二十斤米酒、一百二十斤猪肉、一百二十斤糯米、一百二十斤蔬菜）处罚，并罚鸣锣喊寨一年，所造成损失报上级部门处理。

（3）经济政策

我国社会主义市场经济逐步发展成熟，无论是在城市，还是边远的乡村，市场经济的观念已经深入人心。因此，历史文化村镇的保护工作也应该适时地引入并发挥经济规律和经济杠杆的作用，制定一些鼓励历史文化村镇保护的经济政策，往往能够起到事半功倍的效果。

（4）中间组织

我国古代的政权组织机构到县衙为止，县以下的乡村治理主要靠乡绅阶层来充当基层民众与县衙官员之间的中间层次。现在，我国的政权体系也是到乡镇政府为止，乡镇以下主要靠村委会及村小组来组织村庄事务；农业税取消后，村委会及村小组开始逐渐萎缩，导致有关政策执行不到位。相应地，历史文化村镇保护也需要有效的中间组织机构来具体组织实施保护规划，如近年在一些民族村镇建立的生态博物馆、梅州市茶山村成立的历史文化保护公司以及中山市翠亨村的孙中山故居纪念馆等就是一些有效的尝试。

（5）公众参与

保护历史文化村镇的行为主体是当地的居民。因此，保护规划一定要体现当地居民的意愿，调动他们积极参与历史文化村镇的保护工作。

余 论

当今中国的乡村已是发展的前沿，又是人民心灵的后方。说它是前沿，因为三农是全社会聚焦的焦点，是国家富强的关键；说它是后方，因为每个从那里走出来的人都会泛起挥之不去的乡愁。我们研究历史文化村镇保护和保护规划，需要把它们放到国家经济社会发展的大背景中来理解，才能看清其历史局限性和把握未来的发展方向。

1. 历史文化村镇保护的时代背景

我国正处于由传统农业文明向现代工业文明发展转型的过程中。为了实现广大农村地区的现代化，十六届五中全会提出了对农村影响深远的"建设社会主义新农村"战略，社会主义新农村建设的目标是"生产发展、生活宽裕、村容整洁、管理民主、乡风文明"。2012年底，中共十八大报告提出了建设美丽中国的宏伟构想。美丽乡村是美丽中国的起点，按照"规划科学布局美、村容整洁环境美、创业增收生活美、乡风文明素质美"的要求，建设宜居、宜业、宜游的新型乡村，全面追求村庄的外在美（生态良好、环境优美、布局合理、设施完善）与内在美（产业发展、农民富裕、特色鲜明、社会和谐），并纳入新型城镇化的战略框架，共筑美丽中国。

但是，由于前述的"观念"和"技术"的原因，历史文化村镇的文化遗产遭到大量的毁坏。其实，历史文化村镇的保护与国家全面提高农村经济社会发展水平的战略并不矛盾。社会主义新农村建设不是片面的"拆旧建新"，新型城镇化也不是消灭村庄。乡村既是食物资源的供给者，也是几亿人生活和精神的家园；既是城镇化廉价土地的供给者，也是生态环境的保育者；既是内需市场的提供者，也是新兴产业的发展地；既是传统文明的载体和源头，也是现代文明的根基和依托。对于历史文化村镇的发展，应根据其自身的特点，在经济社会发展的目标中关注历史文化的内涵，在文化遗产保护的前提下，挖掘历史文化资源，发展地方经济。让历史文化村镇通过文化遗产的保护和利用，实现"生产发展、生活宽裕"。通过历史风貌的整治和传统文化的发扬，达到"村容整洁、乡风文明"的目标。处理好历史文化村镇保护与城镇化的关系，要"让城市融入大自然，让居民望得见山，看得见水，记得住乡愁"。

2. 保护规划技术的历史局限性

本书研究的是我国当代历史文化村镇保护现实中的保护规划技术。由于它是在我国当前特定社会背景下的产物，因此也一定会受到时代现实的制约而具有历史局限性。

对比发达国家的历史文化遗产保护理念，可以看到它们在更为成熟的社会机制中形成了不同于我国现实的历史文化遗产保护规划架构，其中最主要的区别就是对历史文化村镇遗产中原著居民主体地位的强调。可以想象，这种包括政府、市场、社会等多方力量在内的组织架构，不仅可以保证历史文化遗产保护中多层次目标的协调实现，而且也必然会在"保护规划"之外有更丰富的遗产保护方式。这在我国当前乡村社会力量偏于弱小、一切遵循行政和市场逻辑的现实中是难以实现的。但发达国家这种目标更全面协调、手段更可持续的历史文化遗产保护策略，无疑也应是我国未来的发展目标。但这不是仅在保护规划层面就能解决的问题，而是需要全面深刻的社会进步。对于本书研究的历史文化村镇保护规划，也应把它放到历史文化村镇持续发展的历史进程中进行把握。因此要求我们不能把适应当下现实的特定的历史文化村镇保护规划，认为是解决历史文化村镇保护问题的一劳永逸的灵丹妙药，而是要在以今天的策略解决今天问题的同时，还要在解决问题的过程中不断反馈和调整修正。

3. 保护规划的发展趋势

历史文化村镇保护发展的下一个历史阶段是中国社会完成从传统农业社会向现代工业社会的转变。虽然经历了第一次否定的阶段，有许多历史文化村镇遭受了破坏，甚至灭失，但是通过这一阶段艰苦的保护工作，保留下来一大批历史文化村镇的实体和数据资料。历史文化村镇的保护进入第二次否定阶段，社会经济得到很大发展，农村居民物质生活和精神生活极其丰富，人们自觉保护历史文化遗产，历史文化村镇保护的目标是在上一阶段保护成果的基础上注重传统文化的传承与创新。因为社会已经形成了保护历史文化遗产的公众意识，历史文化遗产所面临的被破坏的人为威胁基本解除。历史文化村镇保护规划的目标就不再是强调对历史文化遗产的强制性保护措施，而是转变为能够引导传承和创新历史文化遗产的保护体系。

随着社会经济发展，中国社会由农业文明经过工业文明，进入生态文明的发展阶段。在经历过"否定之否定"螺旋上升的发展过程后，历史文化村镇的保护在更高的层次上达成新的平衡，社会发展进入下一个持续稳定发展的周期，历史文化的传承与延续进入正常的新陈代谢生命周期。那时的稳定发展周期与近现代时期的稳定，在内涵和外延上有了质的飞跃，经济大发展，科技更发达，仍有可能对历史文化遗产造成毁灭性破坏。这一阶段历史文化村镇保护的目标就是要维持历史文化的正常新陈代谢；相应地，保护规划的目标是建立起一套涉及立法、资金、机构、管理等方面较为完整的保护体系，民间自发的保护意愿能够通过一定的途径实现为具体的保护参与，使自上而下的保护约束和自下而上的保护要求在一个较为开放的空间中相互交流接触，并经过多次反馈而达成共识。明天的历史文化村镇会更美好！

参考文献

一、论著

[1] 费孝通. 乡土中国［M］. 上海：上海人民出版社，2005.

[2] 张杰，张军民，霍晓卫. 历史文化村镇保护发展规划控制技术指南与保护利用技术手册［M］. 北京：中国建筑工业出版社，2012.

[3] 李百浩，万艳华. 中国村镇建筑文化［M］. 武汉：湖北教育出版社，2008.

[4] 胡彬彬，李向军，王晓波. 中国传统村落保护调查报告（2017）［M］. 北京：社会科学文献出版社，2017.

[5] 秦晖. 传统十论［M］. 北京：东方出版社，2014.

[6] 赵勇. 中国历史文化名镇名村保护理论与方法［M］. 北京：中国建筑工业出版社，2008.

[7] 陆元鼎，杨谷生. 中国民居建筑［M］. 广州：华南理工大学出版社，2004.

[8] 陆元鼎，陆琦. 中国民居建筑艺术［M］. 北京：中国建筑工业出版社，2010.

[9] 吴庆洲. 中国客家建筑文化［M］. 武汉：湖北长江出版集团，2008.

[10] 陈志华，李玉祥. 楠溪江中游古村落［M］. 北京：生活·读书·新知三联书店，1999.

[11] 王景慧，阮仪三，王林. 历史文化名城保护理论与规划［M］. 上海：同济大学出版社，1999.

[12] 王瑞珠. 国外历史环境的保护和规划［M］. 台北：淑馨出版社，1993.

[13] 张松. 城市文化遗产保护国际宪章与国内法规选编［M］. 上海：同济大学出版社，2007.

[14] 王建国. 城市设计（第二版）［M］. 南京：东南大学出版社，2004.

[15] 阮仪三，李红艳. 真伪之问［M］. 上海：同济大学出版社，2016.

[16] 徐嵩龄. 第三国策：论中国文化与自然遗产保护［M］. 北京：科学出版社，2005.

[17] 马骏华. 城市遗产的公共空间化［D］. 南京：东南大学，2012.

[18] 孙施文. 城市规划哲学［M］. 北京：中国建筑工业出版社，1997.

[19] 伍江，王林. 历史文化风貌区保护规划编制与管理［M］. 上海：同济大学出版社，2007.

[20] 黄平. 乡土中国与文化自觉［M］. 北京：生活·读书·新知三联书店，2007.

[21] 董鉴泓. 中国城市建设史［M］. 北京：中国建筑工业出版社，2005.

[22] 彭一刚. 历史文化村镇聚落景观分析［M］. 北京：中国建筑工业出版社，1994.

[23] 陈威. 景观新农村：乡村景观规划理论与方法［M］. 北京：中国电力出版社，2007.

二、研究论文

[1] 黄家平，肖大威. 历史文化村镇景观环境层次探析[J]. 中国园林，2012，28（02）：58-62.

[2] 赵勇，张捷，秦中. 我国历史文化村镇研究进展[J]. 城市规划学刊，2005（2）：59-64.

[3] 刘沛林，董双双. 中国古村落景观的空间意象研究[J]. 地理研究，1998，17（1）：31-37.

[4] 巫清华，肖红. 中国历史文化村镇保护体系研究述评[J]. 内蒙古农业科技，2010（4）：6-8.

[5] 张大玉，李伦喜，牛健. 传统乡土园林研究初探[J]. 中国园林，2002，18（5）：81-84.

[6] 马寅虎. 试论徽州古村落景观的人文特色[J]. 安徽工业大学学报（社会科学版），2002（1）：71-73.

[7] 刘艳娟. 皖南古民居村落景观构成特征及其规划启示[J]. 规划师，2008（7）：71-74.

[8] 刘沛林. 古村落文化景观的基因表达与景观识别[J]. 衡阳师范学院学报（社会科学），2003（4）：1-8.

[9] 刘滨谊，陈威. 中国乡村景观园林初探[J]. 城市规划汇刊，2000（6）：66-68.

[10] 张晋石. 乡村景观在风景园林规划与设计中的意义[D]. 北京：北京林业大学，2006.

[11] 刘沛林，申秀英. 诗意地栖居：和谐社会人居环境建设的新境界[J]. 求索，2005（12）：52-54.

[12] 刘沛林. 传统村落选址的意象研究[J]. 中国历史地理论丛，1995（1）：119-128.

[13] 王娟，王军. 中国古代农耕社会村落选址及其风水景观模式[J]. 西安建筑科技大学学报（社会科学版），2005（3）：17-21.

[14] 姚光钰，刘一举. 徽州古村落选址风水意象[J]. 安徽建筑，1998（6）：123-124.

[15] 杨晨鸣. 查济古村落的选址风水现象综述[J]. 山西建筑，2009（13）：24-25.

[16] 刘沛林. 论中国古代的村落规划思想[J]. 自然科学史研究，1998（1）：82-90.

[17] 吴庆洲. 仿生象物的营造意匠与客家建筑（上）[J]. 南方建筑，2008（2）：40-49.

[18] 吴庆洲. 仿生象物的营造意匠与客家建筑（下）[J]. 南方建筑，2008（3）：45-51.

[19] 李思宏，柳肃. 湘西山地村落建筑的生态特性研究[J]. 中外建筑，2009（7）：66-68.

[20] 邵若男. 皖南黟县明清古村落建筑的美学思考[J]. 装饰，2005（8）：73.

[21] 曾艳，陶金，贺大东，等. 开展传统民居文化地理研究[J]. 南方建筑，2013（01）：83-87.

[22] 罗德启. 中国贵州民族村镇保护和利用[J]. 建筑学报，2004（06）：7-10.

[23] 吴承照，肖建莉. 古村落可持续发展的文化生态策略——以高迁古村落为例[J]. 城市规划汇刊，2003（04）：56-60.

[24] 阳建强，冷嘉伟，王承慧. 文化遗产推陈出新——江南水乡古镇同里保护与发展的探索研究[J]. 城市规划，2001（05）：50-55.

[25] 王颖. 传统水乡城镇结构形态特征及原型要素的回归——以上海市郊区小城镇的建设为例

[J]. 城市规划汇刊, 2000 (01): 52-57.

[26] 李和平. 山地历史城镇的整体性保护方法研究——以重庆涞滩古镇为例 [J]. 城市规划, 2003 (12): 85-88.

[27] 朱光亚, 杨丽霞. 历史建筑保护管理的困惑与思考 [J]. 建筑学报, 2010 (2): 18-22.

[28] 武艳文, 于洋. 基于GIS构建的历史文化村镇动态监测系统 [J]. 新建筑, 2011 (04): 134-136.

[29] 武艳文. 基于聚类分析的历史文化村镇动态监测系统数据库研究 [J]. 西安建筑科技大学学报 (自然科学版), 2012 (05): 756-760.

[30] 赵勇, 张捷, 李娜, 等. 历史文化村镇保护评价体系及方法研究——以中国首批历史文化名镇（村）为例 [J]. 地理科学, 2006 (4): 4497-4505.

[31] 张艳玲, 肖大威. 历史文化名村镇评价体系的新探索 [J]. 华中建筑, 2012 (06): 175-178.

[32] 肖大威, 张艳玲. 历史文化村镇主观评价体系 [J]. 华中建筑, 2013 (12): 144-147.

[33] 邵甬, 付娟娟. 以价值为基础的历史文化村镇综合评价研究 [J]. 城市规划, 2012 (02): 82-88.

[34] 赵勇, 张捷, 章锦河. 我国历史文化村镇保护的内容与方法研究 [J]. 人文地理, 2005 (1): 68-74.

[35] 袁媛, 肖大威, 许吉航, 等. 碎片整理——历史文化村镇街区形态保护研究 [J]. 新建筑, 2011 (4): 119-121.

[36] 李哲, 柳肃. 湘西侗族传统民居现代适应性技术体系研究 [J]. 建筑学报, 2010 (3): 100-103.

[37] 魏成. 路在何方——"空巢" 古村落保护的困境与策略性方向 [J]. 南方建筑, 2009 (4): 21-24.

[38] 张万玲. 历史文化村镇保护的经济政策分析——对城镇张力下的经济杠杆作用的思考 [J]. 规划师, 2011 (5): 116-119.

[39] 刘艳丽, 陈芳, 张金荃. 历史文化村镇的保护途径探讨——参与式社区规划途径的适用性 [J]. 城市发展研究, 2010 (1): 148-153.

[40] 苏勤, 林炳耀. 基于态度与行为的我国旅游地居民的类型划分——以西递、周庄、九华山为例 [J]. 地理研究, 2004 (01): 104-114.

[41] 保继刚, 苏晓波. 历史城镇的旅游商业化研究 [J]. 地理学报, 2004 (03): 427-436.

[42] 王晓阳, 赵之枫. 传统乡土聚落的旅游转型 [J]. 建筑学报, 2001 (09): 8-12.

[43] 江晓云. 少数民族村寨生态旅游开发研究——以临桂东宅江瑶寨为例 [J]. 经济地理, 2004 (04): 564-567.

[44] 阮仪三, 黄海晨, 程俐聪. 江南水乡古镇保护与规划（摘登）[J]. 建筑学报, 1996 (09): 22-25.

[45] 黄蓓, 阮仪三. 周庄市河街区保护规划 [J]. 城市规划, 1987 (04): 33-34.

[46] 阮仪三, 曹丹青. 永葆水乡古镇的风采——苏南古镇甪直保护规划 [J]. 新建筑, 1989 (04): 64-67.

[47] 阮仪三. 苏南名镇——甪直[J]. 新建筑，1988（02）：43-45.

[48] 阮仪三，刘勇，吴凝. 扬州小秦淮保护规划[J]. 新建筑，1985（03）：49-52.

[49] 阮仪三，乐义勇. 历史文化名城之根与实的追寻——绍兴越城传统文化街规划[J]. 新建筑，1986（01）：11-16.

[50] 王浩，朱晓华. 江南历史文化古镇保护规划探析——以常州市焦溪古镇为例[J]. 住宅科技，2013（02）：34-36.

[51] 李江荣. 历史文化名村保护规划的相关研究——以浙江金华山头下历史文化名村保护规划为例[J]. 中华民居（下旬刊），2012（12）：15-16.

[52] 邵甬，陈悦，姚铁峰. 华东地区历史文化村镇的特征及保护规划研究[J]. 城市规划学刊，2011（05）：102-110.

[53] 胡力骏，邵甬. 华东地区历史文化名镇保护规划编制特点——以义乌市佛堂镇为例[J]. 新建筑，2011（04）：122-125.

[54] 赵勇，崔建甫. 历史文化村镇保护规划研究[J]. 城市规划，2004（8）：54-59.

[55] 黄家平，肖大威，魏成，等. 历史文化村镇保护规划技术路线研究[J]. 城市规划，2012（11）：14-19.

[56] 黄家平，肖大威，贺大东，等. 历史文化村镇保护规划基础数据指标体系研究[J]. 城市规划学刊，2011（06）：104-108.

[57] 赵勇，高朝暄，李国庆，等. 历史文化名镇规划编制内容与方法研究——以河北省蔚县代王城历史文化名镇为例[J]. 南方建筑，2009（04）：76-79.

[58] 张弓，胡平平，霍晓卫. 历史文化名镇保护规划分层次保护体系的建构研究——以三亚崖城历史文化名镇保护规划为例[J]. 中国名城，2011（06）：68-72.

[59] 周俭，张恺. 历史文化遗产保护规划中建筑分类与保护措施[J]. 城市规划，2001（1）：38-42.

[60] 周俭，梁洁，陈飞. 历史保护区保护规划的实践研究——上海历史文化风貌区保护规划编制的探索[J]. 城市规划学刊，2007（4）：79-84.

[61] 朱光亚. 古村镇保护规划若干问题讨论[J]. 小城镇建设，2002（02）：66-70.

[62] 赵中枢，王川，张键，等. 里耶镇国土空间规划及历史文化名镇保护规划（下）[J]. 城市规划通讯，2004（11）：14-15.

[63] 单霁翔. 城市文化遗产保护与文化城市建设[J]. 城市规划，2007（05）：9-23.

[64] 孙一民，苏平. 南湾古村保护规划[J]. 南方建筑，2008（05）：76-77.

[65] 孙翔. 历史文化保护区保护规划编制工作探讨——以广州市小洲村为例[J]. 规划师，2008（12）：71-75.

[66] 张玉民，田丰. 基于村镇公共管理的村镇保护规划技术要点探索——以寿阳县宗艾历史文化名镇保护规划为例[J]. 规划师，2010：56-61.

[67] 张万玲. 适度经济开发视角下的历史文化村镇保护规划——以岭南水乡古寨小洲村为例[J].

华中建筑，2011（09）：120-124.

[68] 郑晓华，沈洁，马菀艺. 基于GIS平台的历史建筑价值综合评估体系的构建与应用——以《南京三条营历史文化街区保护规划》为例［J］. 现代城市研究，2011（04）：19-23.

[69] 袁丽，傅林，黄俊，等. 基于场所理论的历史文化名镇保护规划研究——以武夷山市五夫镇为例［J］. 中外建筑，2012（05）：74-75.

[70] 任栋. 历史文化村镇保护规划评估研究［D］. 广州：华南理工大学，2012.

[71] 杨剑，查晓鸣. 历史古镇保护规划的基本理论述略［J］. 中国名城，2013（08）：65-69.

[72] 王颖，阳建强. "基因·句法"方法在历史风貌区保护规划中的运用［J］. 规划师，2013（01）：24-28.

[73] 李昆雄，严富艳，王治. 基于文化线路视角的近郊历史村落文化保护初探——以云南省安宁市禄胨村历史村落保护规划为例［C］//城市时代，协同规划——2013中国城市规划年会论文集，2013.

[74] 巴琦. 旅游视角下的古村落保护与规划［D］. 景德镇：景德镇陶瓷大学，2013.

[75] 黄家平. 千年古刹，禅宗祖庭——南华禅寺的佛教空间意境营造［J］. 古建园林技术，2009（1）：29-31.

[76] 苏东海. 生态博物馆的思想及中国的行动［J］. 国际博物馆（中文版），2008（S1）：29-40.

[77] 胡朝相. 论生态博物馆社区的文化遗产保护［J］. 中国博物馆，2001（4）：19-22.

[78] 苏东海. 生态博物馆在中国［J］. 北京观察，2008（7）：53-55.

[79] 刘助仁. 国外农业发展的公共政策与启示［J］. 创新，2007（1）：97-102.

[80] 张艳玲. 历史文化村镇评价体系研究［D］. 广州：华南理工大学建筑学院，2011.

[81] 俞孔坚，李迪华，韩西丽，等. 网络化和拼贴：拯救乡土村落生命之顺德马岗案例［J］. 城市环境设计，2007（02）：26-33.

[82] 陆琦，施瑛. 传统民居园林与设计借鉴——中山泮庐住居［J］. 南方建筑，2010（3）：48-50.

[83] 刘沛林. 论中国古代的村落规划思想［J］. 自然科学史研究，1998（1）：82-90.

[84] 刘锡诚. 论古村镇的非物质遗产保护［J］. 浙江师范大学学报（社会科学版），2007（3）：13-16.

[85] 黄家平，张哲，肖大威. 历史文化村镇风貌保护导控体系研究［J］. 西安建筑科技大学学报（自然科学版），2012（06）：835-841.

[86] 练茂. 重庆主城区历史文化风貌街区现代适应性更新研究［D］. 重庆：重庆大学，2010.

[87] 孙莹，肖大威，王玉顺. 客家古村落人文历史空间解构及保护研究——以梅县侨乡村为例［J］. 建筑学报，2014（S1）：103-107.

[88] 江莉莉. 1世纪的中国与中国地理学：一场文化（地理）革命［J］. 文地理，2013（01）：1-9.

[89] 阮仪三，林林. 文化遗产保护的原真性原则［J］. 同济大学学报（社会科学版），2003，（02）：1-5.

［90］范国蓉. 传统民居的现状和保护对策探讨［J］. 四川文物，2015（02）：87-90.

［91］吴必虎，基于乡村旅游的传统村落保护与活化［J］. 社会科学家，2016（02）：7-9.

［92］常青，过去的未来：关于建成遗产问题的批判性认知与实践［J］. 建筑学报，2018（04）：8-12.

［93］刘馨秋，王思明. 中国传统村落保护的困境与出路［J］. 中国农史，2015（04）：99-110.

［94］杨贵庆，开欣，宋代军，等. 探索传统村落活态再生之道——浙江黄岩乌岩头古村实践为例［J］. 南方建筑，2018（05）：49-55.

［95］许少辉，董丽萍. 论乡村振兴战略下传统村落的产业发展［J］. 民族论坛，2018（02）：64-67.

［96］孙九霞，传统村落：理论内涵与发展路径［J］. 旅游学刊，2017，32（01）：1-3.

［97］张松. 作为人居形式的传统村落及其整体性保护［J］. 城市规划学刊，2017（02）：44-49.

［98］曹玮，胡燕，曹昌智. 推进城镇化应促进传统村落保护与发展［J］. 城市发展研究，2013（08）：34-36.

［99］周立军，苏瑞琪，马维一. 基于体验经济的黑龙江省旅游型传统村落模式探索［J］. 中国名城，2016（07）：88-91.

［100］吴理财. 城镇化进程中传统村落的保护与发展研究——基于中西部五省的实证调查［J］. 社会主义研究，2013（04）：116-123.

［101］王云才，郭焕成，杨丽. 北京市郊区传统村落价值评价及可持续利用模式探讨——以北京市门头沟区传统村落的调查研究为例［J］. 地理科学，2006（06）：735-742.

［102］吴晓庆，张京祥，罗震东. 城市边缘区"非典型古村落"保护与复兴的困境及对策探讨——以南京市江宁区窦村古村为例［J］. 现代城市研究，2015（05）：99-106.

［103］陶金. 城乡结合部历史村落更新模式探讨［C］//规划创新——2010中国城市规划年会论文集，2010.

［104］钱利，王军，段俊如. 生态安全导向下青海小流域与传统村落整体保护策略探析［J］. 中国园林，2018，34（05）：23-27.

［105］梅洪元，张向宁，朱莹. 回归当代中国地域建筑创作的本原［J］. 建筑学报，2010（11）：106-109.

［106］曹易，翟辉. 对传统村落保护与发展模式的几点思考［J］. 小城镇建设，2015（05）：41-43.

［107］邰艳丽. 我国传统村落保护制度的反思与创新［J］. 现代城市研究，2016，（01）：2-9.

［108］戴彦. 巴蜀古镇历史文化遗产适应性保护研究［D］. 重庆：重庆大学，2008.

［109］余建荣. 城市文化遗产的价值及其意义［J］. 重庆文理学院学报（社会科学版），2013，32（06）：120-123.

［110］吴晓，王承慧，滕珊珊，等. 历史保护规划中的展示利用思路初探［J］. 城市规划，2014，38（03）：70-77.